일어생성음운론

김공칠 저

한국문화사

머리말

　구조주의 음운론에 입각한 일본어 음운의 개설서를 필자는 이미 1983년에 일본어음운론의 이름으로 펴낸 바 있다.
　생성음운론에 관하여는 한국어 또는 영어 분야에서 일찍부터 도입되어 그간에 활발한 논의가 있었고 다수의 개론서가 나와 있으나, 일본어에 관한 한, 아직은 일반적으로 생소한 느낌을 줄 만큼 논의조차 전연 없는, 말 그대로 미개척인 채로 있다.
　구조주의 음운론도 아직 제대로 보급되고 있지 않은 실정에서 생성음운론을 거론한다는 자체가 무리일지 모르지만, 끊임없는 연찬과 도전이 없는 한, 학문의 진전을 기대할 수 없는 일이므로 이를 위한 하나의 자극제로서 미숙하나마 그 동안 필자가 닦아온 지식을 바탕으로 이를 정리하고 公刊하기로 한 것이다.
　여기에는 선행학자의 연구가 많이 이용되고 있다. 하나하나 그 출전과 참고문헌을 밝히는 데 애를 썼지만 간혹 누락된 것이나 잘못 이해한 부분이 있을지 모른다. 그 경우는 전적으로 필자의 잘못이니 너그러이 양해를 바란다.
　또한 여기에는 1993년(제2학기)에 담당한, 중앙대 대학원·동국대 대학원 일문과에서의 음운론 강의시에 학생들이 연습용으로 번역한, 이 분야의 영문 논문도 하나의 바탕이 되고 있다. 이외에 제주대학교 일문과 학생이 참여한 것도 있다. 이들 영문 논문은 국내에서 입수하기 불편할 뿐만 아니라 내용도 음운론에 관한 기본 지식이 소용되는 것들이다. 필자는 이를 간추리고 체계적으로 다듬는데 노력하였다.
　지금까지 필자가 내놓은 일본어 관계 서적은 모두가 그러듯이 그 분야의 첫 시도로서 내놓은 만큼 부족한 점이 많고 후일에 마땅히 고쳐 써야 할 것들이었다. 이번의 책자도 그 예외는 아닐 것이다. 그러나 한편으로는 새로운 분야의 입문서로서, 개론서로서 새로운 이론적 세계를 음미하는 기회를 독자들에게 제공하는 면도 없지 않을 것이다. 여러분의 허심탄회한 충언과 편달을 기대할 따름이다.

끝으로, 변변찮은 이 책자를 수지타산을 떠나 출판을 쾌락하여 주신 한국문화사 김진수 사장님과 이를 알뜰하게 다듬어 주신 사원 여러분께 진심으로 감사를 드린다.

그리고 원고의 타이핑에서 교정에 이르기까지 끝까지 애써 준 제주대학교 일문과 여러 학생들에게 사의를 표한다.

1996년 3월 일

지은이 적음

차 례

1. 음운론

1.1. 음운론
음운부의 위치 (11) / 음운부의 일 (12) / 음운론이란 (14)

1.2. 음운론의 흐름
구조주의음운론 (15) / 생성음운론 (17) / 자연음운론 (19) / 자연생성음운론 (20) / 자율분절음운론 (23) / 운율이론 (26) / 음절음운론(34) / 어휘음운론 (41)

2. 음운단위

2.1 음운단위
음소 (45) / 구조주의음운론 이후 (45)

2.2 변별적자질
변별적자질 개념의 발전 (46) / 프라구학파 (46) / 블룸필드학파 (47) / IPA (47) / PSA (48) / SPE (50)

2.3 변별적 자질의 체계
PSA의 자질체계 (51) / 기초자질 (52) / 공명자질 (53) / 자음성자질 (54) /

PSA의 문제 (57) / SPE의 자질체계 (59) / 주요부류자질 (60) / 구강자질 (62) / 조음법자질 (65) / SPE의 문제점 (68)

2.4. 자질의 모형(母型)과 잉여성
자질모형 (70) / 자질의 잉여성 (71) / 분절음잉여성 (72) / 배열잉여성 (75) / 잠재명세 (76) / 자연부류 (78)

2.5. 음절과 경계
음절 (81) / 경계 (83)

3. 음운표시

3.1. 기저음운표시
음운표 (85) / 기저음운표시 (85)

3.2 기저형의 설정
절대적 중화 (88) / 추상성과 구체성 (93) / 동사의 경우 (95) / 기저분절음 /P/ (96) / 동사의 어간과 후속 (99) / 방언 (102) / 모음조화 (103) / 불어형용사의 예 (108) / 영어의 복수·과거의 예 (109) / 영어의 파생어의 예 (110)

3.3 표면음성표시
체계적음성레벨 (117) / 다치적 자질 (118)

4. 음운규칙

4.1 음운과정과 음운규칙
음운과정 (121) / 동화현상 (121) / 탈락현상 (124) / 삽입현상 (126)

4.2 음운규칙의 형식
구조기술·변화 (128) / 표기상의 약정·중괄호 (130) / 소괄호 (132) / 중괄호와 소괄호 (134) / 경계표시 (135) / 알파표기 (137) / 무한식형 (139) / 경상표기 (141)

4.3 음운규칙의 유형
규칙의 유형 (142) / 자질변경규칙 (145) / 탈락규칙 (146) / 삽입규칙 (148) / 치환규칙 (149) / 축약규칙 (150)

4.4. 음운규칙의 적용
규칙 적용순 (151) / 내재적, 외재적 규칙순 (152) / 규칙의 첨가 (153) / 규칙의 재배열 (154) / 상호출혈 (155) / 투명·불투명원리 (158) / 범어적규칙순의 원칙 (159)

5. 음운변화

5.1. 통시적 변화
변동과 변화 (161) / 물결이론 (161)

5.2. 오키나와방언의 예
오키나와방언 (163) / 모음변화 (164) / r탈락 (167) / 전설모음화 (168) / 구

개음화 (169)

5.3. 한국어의 예
제주방언 (173) / 기타의 방언 (176) / 문헌어 (179)

6. 음절이론

6.1 기본적 개념
기본원리 (183) / 운율적인가 (183) / 보편적 핵음절조건 (183) / 음절형성규칙 (184) / 국소성 (185) / Coda조건 (185) / 방향성 (186) / 구조보존 (186) / 외치 운율성과 부유부 삭제 (187) / 음절표시 (188) / 원리의 상호작용의 예 (189)

6.2 음절화조건
형판접근 (191) / 일본어음절의 대표적 예 (191) / 어중 중자음 (192)

6.3 Coda 조건
어말자음 (194) / 규칙접근 (195) / 어중중복비자음 (196) / Coda 규칙 (197) / 적형성조건 (198) / 핀란드어의 예 (199)

6.4 한자어의 음운현상
어중음탈락 (201) / 삽입현상 (202)

6.5 유성음화
우분지조건 (205) / 원자조건 (207) / 구조적인 유성음화 제약 (209) / 유성음화층 삽입 (211) / 유성음 확산 (213) / Lyman 법칙 (214) / 운율적 분석 (214)

7. 악센트

7.1. 악센트 부여규칙
악센트부여의 예측성 (219) / 동사·형용사 (219) / 명사 (219) / 2·3음절어 명사 (219) / 4음절어 명사 (220) / 다음절어 차용어 (221) / 다음절 복합어 (221) / 악센트 이동 (222) / Tone Melody (222) / 복합어의 악센트 부여 (225) / 차용어의 악센트 부여 (227)

7.2. tone 규칙
Harada의 분석 (231) / Tone연결규칙 (232) / 음조곡선 단순화규칙 (233) / 어두저하규칙 (234) / Clarak의 성조분석 (234) / 어휘레벨의 규칙 (235) / 음운론레벨의 규칙 (235) / 구레벨의 규칙 (238)

7.3. 운율적 분석
단일어 운율나무 (241) / 복합어의 운율나무 (245) / Abe의 분석 (246)

참고 문헌 ··· 257

색인 ··· 263

1. 음운론

1.1. 음운론

음운부의 위치 음운론은 언어가 생성되는 과정에서 어휘부와 음운부를 거치는 사이에 겪는 여러 가지 음운현상과 거기에 작용하고 있는 규칙이나 원리 등을 설명하는 이론이다.

기저적으로 어휘부에 음운자질로써 음운표시가 주어지지만, 최종적으로 그것을 음성으로 출력하는 부문은 음운부이다. 그 중간의 통사부에서는 투영원리와 X-바 이론에 의해 투영된 어휘표시를 지배·결속이론과 기타의 하위원리로 그 통사적 적격성을 다듬는데 복합, 파생, 굴절의 변형도 거치는 것으로 본다. 그 출력을 음운부에서는 받아들이고 그것의 실지음성을 부여하는 일을 한다.

이러한 언어생성 메카니즘의 가정은 이론의 변천에 따라 통사부의 모델에 관한 한, 많이 변모하였지만, 그 출력을 음운부의 입력으로 보는 것만은 변함이 없다.

음운부가 통사부의 출력을 바탕으로 한다는 근거는 올바른 음성해석을 위해서는 통사부분의 정보가 필요한 데 있다. 대개 그 정보는 통사부의 최종적인 기호열인 S-구조에 지정되어 있다. 우리는 이를 分枝圖, 범주 표시 등의 방법으로 명시화한다. 동일한 음연속이라 하더라도 1.과 같이 통사적으로 단일요소인가 복합요소인가에 따라서, 또 후자가 두 개 이상의 요소로 분할되는 경우 그것이 2.처럼 右分枝적인가 左分枝적인가에 따라 악센트의 강세의 위치가 달라지기 때문에 통사적 정보가 선행한다고 할 수 있다.

```
1.    2   1                    1  2
   a  big head               b  bighead

      2   1                    1  2
   black board                blackboard
```

2. a

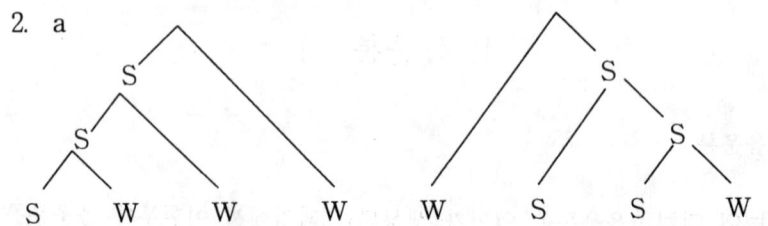

이러한 통사적 정보의 소유는 통사부의 고유영역이다. 마땅히 통사부의 출력이 바로 음운부에의 입력이 된다. 따라서, 음운부는 통사부의 출력을 바탕으로 한 음성의 해석부문이 되는 셈이다.

음운부의 일 구조언어학에서는 형태론과 통사론에 앞서서 음운론이 그 선단계에 있고, 따라서 음운론의 기술에서는 후단계 곧 上位의 통사적 정보 (語와 語의 경계 등)는 이용하지 않는다. 그것은 기술의 기본원칙으로서 레벨의 분리를 고수했기 때문이다. 생성문법에서는 오히려 그 반대다. 음운부를 기술하기 위해서는 통사부의 정보가 꼭 이용되어야만 한다. 그 반대로 통사부를 기술하기 위해서 음운부의 정보를 이용하는 경우는 없다.

 그렇지만, 경우에 따라서는 통사부의 출력인 S-구조가, 그 모습 그대로 음운부의 입력으로 적절하지 못한 경우가 있어서 음운부와의 조정을 거치는 듯한 경우도 있다. 곧, 통사부의 최종적인 기호열은 대개 어휘목록의 어휘모형에 지정되어 있는 그대로이며 그 자체가 어휘표시의 레벨인데(3.의 A, B), 그러한 부분을 3.C와 같이 손질해서 음운부에의 입력으로 손색이 없도록 하고 있다고 볼 수 있다. 그렇다면 그 일은 3.의 a, b와 같은 재조정규칙이 맡는 것으로 본다. #를 +(형식소경계)로 바꾸고 문법적 형식소를 음형으로 유도하는 일들이다.

3.　　A　　　　B　　　　　　　　C
　a.　be　#　present　→　be+present　→　are
　b.　have　#　past　→　have+past　→　had

또한 통사구조에서 이름붙인 分枝와 실지 발음단락하고는 일치하지 않는 점에서 이는 통사구조를 발화단락으로 간략하게 하는 조정규칙이 작동하는 것으로 가정하게 한다.

4. a. This is [NP the cat that caught [NP the rat that stole [NP the cheese]]
   b. [S This is the cat [S that caught the rat [S that stole the cheese]]] ([S 앞에 휴지가 있다.)

Shibatani(1973)는 영어에 1) 어미에 오는 장애음은 모두 무성음이거나 유성음이어야 하며, 2) 치찰음은 나타날 수 없다는 제약이 있다 하고 이를 표면음성 제약(Surface Phonetic Constraint, SPC)이라고 하였다. 1)의 제약은 5.로, 2)의 제약은 6.으로 나타내면,

5. IF   : [-sonorant] [-sonorant] ##
            ↓   ↓
   THEN : [α voiced] [α voiced]

6. ~[+strident] [+strident] (~는 안 된다는 뜻)
   (~$ [+sibilant] [+sibilant]로 고쳐 쓰기도 함. $는 음절경계)

이러한 제약은 7.과 같은 영어의 복수접미사와 3인칭단수 /z/가 8.에 의해 여러 가지 형태를 가지는 것을 일반적인 제약으로 기술하도록 한다.

7. dogs [dɔgz]
   tasks [tæsks]
   busses[bʌsəz]

8. a. ø → ə /[+strident] ___ [+strident]
   b. z → s /[-voiced] ___

5.에 의해 어간이 유성이면 /z/는 그대로 유성음인 [z], 어간이 무성음이면 같은 무성음인 [s]로 바뀜을 나타내고, 6.은 어간 말음이 찰음성(치찰음)으로 끝나면 중복을 피하여 모음이 개입하도록 한다.

이러한 규칙이나 제약이 통사부에 보다 가까운 것인지 음운부에 보다 가까운 것인지 아직은 확실지 않으나, 만일 보다 음운부에 가깝고 음운부에서 소관하는 것으로 본다면 통사부의 출력이 바로 음운부의 입력이라 해도 크게 틀리지 않을 것이다.

어떻든, 음운부는 어휘목록에 추상적인 기저형으로 등재된 것이 통사부를 거쳐 입력되므로 이를 실지 구체적인 음성형(표면형)으로 바꾸는 데는 통사적 관계가 한 몫을 하고 있는 것은 틀림 없다. 이는 특히 형태복합의 경우 현저하다.

9. a. [morai [ko]]   b. [[oya] [ko]]
       ↓
       g

기저형과 표면형이 다르게 나타나는 경우 음운규칙이 중개하는 것으로 본다. 9. a의 유속구조에서는 유성음화규칙이 적용되고, 9. b의 병렬구조에서는 그렇지 않다는 것을 보여주고 있다. 곧, 음운부의 할 일은 통사적 정보에 따라서 기저형(음운표시)을 수정하고 음운규칙의 적용에 의해 최종적인 음성형식을 파생시키는 일이다.

음운론이란   음운론은 인간의 언어능력 그 중에서 소리의 측면을 체계적, 기능적 관점에서 해명하려는 이론이다. 생성문법의 틀에서는,

1) 기저부의 어휘목록에서의 음운자질에 관한 이론과,
2) 음운부에서의 음성표시 도출에 관한 이론

을 포함한다.

1)에서는 음운단위로서의 변별 자질의 문제가 다루어진다. 이 변별적 자질은 matrix로 표시되며 이는 1)에서의 기저부에서뿐만 아니라 2)의 음성표

시하고도 연관된다.
　마찬가지로 2)에서는 음성표시와 그것을 유도하는 음운규칙을 다루는 것이지만 1)의 기저형의 표시문제와도 연관된다. 따라서, 음운론은 기저적으로 어휘부의 이론과 연관되면서 표층적으로는 음운부의 일들을 해명하는 이론이라 할 수 있다.
　이 이론이 지향하는 바는 개별언어의 음성에 관한 능력뿐만 아니라 인간의 생득적이며 보편적인, 음성에 관한 능력의 해명에 있으므로 1)에서는 개별언어에 나타나는 변별적 자질의 특징과 그 배열의 특징, 그리고 그 보편성을 추구한다. 2)에서도 마찬가지로 개별언어의 음운규칙의 특징뿐만 아니라 그 형식이나 방향성, 적용순서 등의 보편성과 음운과정을 추구한다.
　이러한 연구는 음운에 대해 언어능력에 관한 유익한 정보를 제공하고 따라서 인식심리학, 인식론 연구에도 기여할 것이며, 실제적으로 외국어 교육에도 활용될 수 있다.

1.2. 음운론의 흐름

구조주의음운론　1930년대에, Prague 학파에 의해 체계적으로 연구되기 시작한 음운론은 기능과 대립이라는 개념을 사용하여 知的 의미의 변별적 기능의 단위인 음소의 개념을 확립하였다. 여기서는 대립과 상관이 중심적 개념이다. 예컨대, p와 b는 파열음이라는 점에서는 상관하고 聲의 유무에서는 대립(유무대립)한다. 이러한 상관적 대립도 t와 d, k와 g에서 비례적으로 나타난다(비례대립). 그러나, r : l의 대립 같은 것은 다른 음에서는 볼 수 없는 것이기 때문에 고립적 대립이라고 한다.
　어말에서 대립이 상실하는 것을 中和라 했고 中和의 위치에서 두 음이 공통된 음으로 실현되는 것을 原音素라 하였다.

　　10.　독어　Rat '충고'
　　　　　　　Rad '바퀴'
　　　　　　　原音素[ra:T]

　여기서 /T/는 t와 d에서 聲의 유무만을 제외한 나머지 자질을 모두 갖고 있는 것으로 한다. 곧, /T/는 상황에 따라 /t/와 /d/로 교체된다는 것인데, 이로부터 형태음소의 개념으로 발전한다.

  1940년대의 Bloomfield의 구조주의음운론은 음소의 異音의 분포가 관심이었다. 언어분석의 첫단계인 음운론은, 발화체를 최소분절음으로 쪼개고 그것이 어떤 환경에서 상보적 분포성과 자유이음성을 지니는가에 따라 그리고 최소대립성을 지니는가의 판별에 따라 음소와 이음을 구별한다. 다음 11.은 동시대립에서의 최소대립어를 보여주고 12.는 a가 자음의, b가 모음의 이음의 상보적 분포로부터의 음소의 귀납을 보여준다.

11. a. bill   rib   b. beat [i]
      dill   rid   bait [e]
      pill   rig   bat [æ]
      gill   rip   boot [u]
                       but [ʌ]
                       boat [o]
                       bot [a]

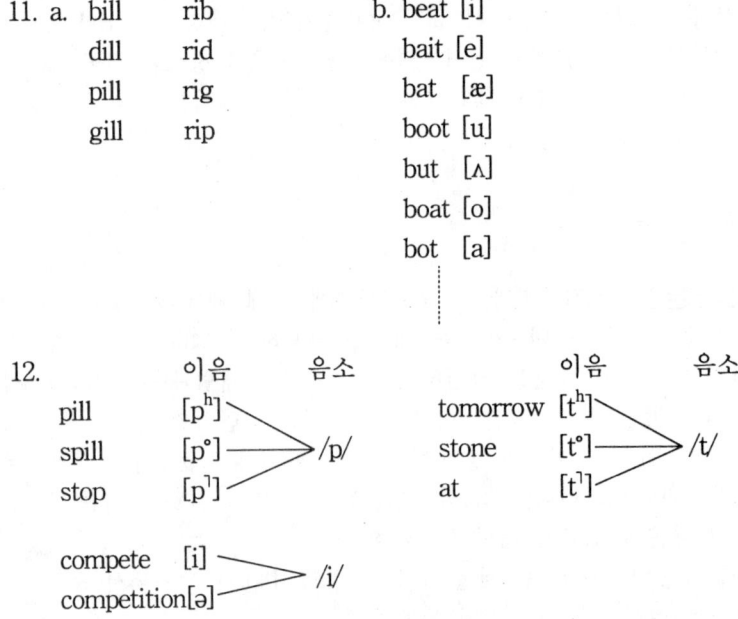

  이렇게 해서 귀납된 음소를 기점으로 해서 그 연결체인 형태소·형태음소를 발견하게 된다. 그 반대로 형태소·형태음소를 기점으로 해서 음소분석하는 일은 없다. 곧 레벨의 분리가 고수된다. 형태적 조건에 따라 음소의 변이가 일어나는 형태음소교체 또는 형태음소규칙은 음운론 위의 문법론과의 사이의 중간단계로 처리된다.

13.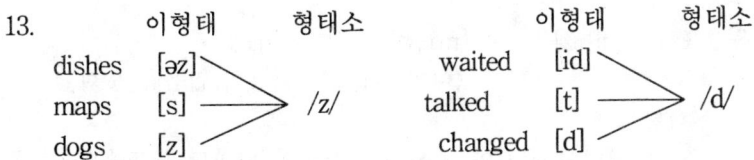

결국, 구조주의음운론은 음소를 발견하고 그 체계를 세우는 일을 주로 하기 때문에 음소 중심이면서 음운표시 레벨에서 멈추는 음운론이 된다.

생성음운론 생성음운론(TGP)의 이론은 Halle(1962)에서 시작되고 Chomsky와 Halle(1968)의 SPE(The Sound Pattern of English)에서 확립된다. 구조언어학의 음운론은 형태론·통사론에의 기반으로서 그 입력이 되는 것이지만 그 반대의 경우는 없었다. 레벨 분리의 원칙에 따라 그런 일은 금지된 것이다.

이에 반하여 생성음운론은 통사론에서 시작되는 음운론이다. 통사론적인 정보의 출력을 음운론에의 입력으로 삼는다. 통사레벨에서 출력되는 기호열을 음성적으로 해석하는 일이 음운론의 한 임무인데, 동일한 통사적 기호열이 경우에 따라 변이형식으로 발음되는 경우 거기에 어떠한 음운규칙이 도사리고 있는가를 구명하는 일을 한다.

구조주의음운론에서는 소리를 단위화할 때에 변이형을 추상화함으로써 음소를 도출하는데 대해, 생성음운론에서는 추상적인 형태음운의 단위를 구체적인 발음인 변이형으로 실현시킨다.

14. 기저형   (추상적인 형태음운)
    ↓ ← 음운규칙
    파생형 (변이형)

예컨대, 복수형태소 /z/의 변이형의 유도과정은 다음과 같다.

15. 음운표시   /diʃ+z/   /mæp+z/   /dɔg+z/
    [ə]삽입   diʃ+ z   u.a.   u.a.
    무성화   u.a.   mæp+s   u.a.

음성표시   [diʃəz]   [mæps]   [dɔgz]
          (여기서 u.a.는 적용치 않음을 뜻함)

이와 같은 각 레벨의 표시와 음운규칙 적용의 단위도 구조주위음운론과는 다르게 쓰인다. 구조주의음운론에서는 음소를 독립된 단위로 삼기 때문에 이러한 단위는 겉으로는 독립적이고 다른 음소하고는 대립적인 별개의 것으로 보이나 실은 서로가 상관적인 공통된 속성을 지닌다.
이러한 대립성과 공통성을 포착하기 위하여 생성음운론에서는 음소보다 작은 변별적 특징을 단위로서 마련한다. 그 변별적 특징의 묶음이 음소에 상당한 것이 되는 셈이다.

16.

	/p/	/t/	/k/	/b/	/d/	/g/	/m/	/n/
자음성	+	+	+	+	+	+	+	+
유성성	−	−	−	+	+	+	+	+
전방성	+	+	−	+	+	−	+	+
설정성	−	+	−	−	+	−	−	+
비음성	−	−	−	−	−	−	+	+

이 같은 변별적 특징의 분석의 이점은 또 예컨대 한국어에서의 무성음이 모음 사이에서 유성음으로 바뀌는 규칙의 기술에서 17.과 같이 p, t, k가 b, d, g로 바뀌었다고 각각 기술하기보다 무성음이 유성음의 전후 환경에서 유성음으로 바뀌었다고 18.과 같이 기술함으로써 보다 간편성과 설명성을 제고할 수 있기 때문이다.

17. $\begin{bmatrix} p \\ t \\ k \end{bmatrix} \rightarrow \begin{bmatrix} b \\ d \\ g \end{bmatrix}$ / V ___ V

18. $\begin{bmatrix} \text{-continuant} \\ \text{-aspirated} \\ \text{-glottal} \end{bmatrix} \rightarrow$ [+voiced]/[+voiced] ___ [+voiced]

자연음운론 생성음운론에 속하면서도 TGP와는 이론을 달리하는 자연음운론(Natural Phonology N.P.)은 음운규칙의 자연성을 추구하는 이론으로서 Stampe(1969, 1979)에 의해 주장되었다. 넓게는 Vennemann, Hooper 등의 자연생성음운론도 포함시키기도 하나 실지로는 그 내용이 아주 다르다.

자연 음운론은 규칙과 과정을 엄격히 구별하는 데서 출발한다. TGP에서는 매우 추상적인 단계에서의 기저표시나 규칙에 관심을 가져 왔을 뿐 음운 현상의 해명을 위하여 설정된 규칙 가운데 어떤 규칙이 생득적이며 어떤 규칙이 습득적인가에 대한 식별을 보여주지는 않았다.

NP에서는 습득적인 음운규칙과 생득적인 음운과정을 구별하고 규칙은 후천적으로 습득하는 것으로 꽤 인위적인 면을 지닌다고 하였다. 따라서 이러한 구별을 소홀히 한다는 것은 생성음운론이 목표하는 생득적인 언어능력의 해명과는 거리가 먼 것이 된다.

생득적인 것은 과정이며, 그것은 선천적으로 저절로 나타나는 것이다. 예컨대, 독어에서 (그리고 러시아에서) 보이는, 어말유성자음에 대한 무성화 규칙은,

19. $\begin{bmatrix} -syll \\ +cons \end{bmatrix} \rightarrow [-voiecd] / \underline{\quad} \#$

여러 언어에서 보이는 자연의 경향으로서 규칙이라기보다 생득적인 과정이라는 것이다. 이러한 어미무성화의 자연의 경향을 억압하여 어말에서 유성·무성의 대립이 이루어졌다면 그것이 바로 음운규칙의 습득이 되는 것이며, 결국 규칙(의 습득)이라는 것은 자연 과정의 억압에서 오는 것으로 보는 것이다.

불어에서 보이듯 모음이 비음 앞에서 비모음화되는 것도,

20. $V \rightarrow [+nas] / \underline{\quad} \begin{bmatrix} C \\ +nas \end{bmatrix} \begin{bmatrix} C \\ \# \end{bmatrix}$

전술한 바 있는, 한국어에서 보이는, 모음 사이의 유성음화 등도 생득적인 과정의 예이다. 이러한 과정에는 발음하고자 하는 음운적 의도(음연쇄)

를 보다 뚜렷하게 하려는 强化과정(fortitions)과 보다 용이하게 하려는 弱化 과정이 있는데 이것이 생득적인 제약이다. 예컨대, 후술하는 N.G.P에서처럼 음절구조의 음절초에서는 강화가, 음절말에서는 약화가 일어난다고 하는 것과 같다.

습득적인 규칙의 예로는, 영어에서의 k·s의 교체(연구개음 연화규칙)와 같은 것을 들 수 있다. 영어 자체에서도 예외가 있고 다른 언어에는 그러한 교체가 없다는 점에서 후천적으로 습득하는 규칙으로 보게 된다.

21. electric ~ electricity
    public ~ publicity
    critic ~ criticism

이와 같이, 생득적인 것과 습득적인 것을 구별짓는 것은, 어른과 어린이가 거의 같은 기저표시를 갖고 있으면서 그에 대응하는 음성표시가 다르게 나타나는 점을 설명한다. 곧 어린이의 경우는 기저표시에서 음성표시를 파생하는데 있어서 비교적 자연스럽게 생득과정을 겪지만, 어른은 그 과정을 억압하거나 제한 또는 순서짓기를 하기 때문에 다른 음성표시로 나타난다는 것이다.

TGP에서 구별하지 않았던 규칙과 과정을 NP에서 그 구별을 시도하여, 규칙이란 타고난 범어적 과정을 후천적인 언어습득으로 수정하는 것으로 새롭게 음운규칙을 바라본 것은 하나의 진전이다. 다만, 그 두 가지를 구별하는 뚜렷한 이론적 규준을 제시하지 못한 것이 아쉽다.

자연생성음운론 자연생성음운론(Natural Generative Pnonology, NGP)은 1971년 Vennemann에 의해 제기된 것으로서, SPE에서의 지나친 음운표시의 추상성을 제약하고 보다 표면형에 충실한 구체적인 음운기술을 주장한다.

TGP의 음운표시의 추상성을 제약하려는 시도는 이미 Postal(1968:73)의 자연성조건, Kiparsky(1973)의 교체조건 등에서 보이긴 하였다. 전자는 가능한 음운규칙에 대한 제약을 통해 기저형 선택에 제약을 가하려고 한 것이고, 후자는 교체형이 있는 형태소의 기저 표시는 교체형 중의 하나가 되어야 한다는 것이다. 이에서 보다 강한 제약을 주장한 것이 Vennemann (1974)의 NGP이고 이는 Hooper(1976:116)에 의해 더욱 진전된다.

다음의 영어 자료에서,

22. ring [riŋ]   ringer [riŋər]
    young[jʌŋ]   younger [jʌŋgər]
                   linger [liŋgər]

철자 ng으로 쓰여지는 [ŋ]의 분석은 세 가지 방법이 가능하다. 그것은 TGP에서 유일한 방법을 선택할 수 있도록 하는 원칙적인 기반을 제시하지 못했기 때문이다.

첫째는 기저형 /ng/의 설정이다. 그렇게 되면 /n/을 연구개폐쇄음 앞에서 [ŋ]으로 동화시키는 규칙(비음동화규칙)과 동화된 ŋ 뒤의 /g/는 어말과, 행위자 표시접미사 앞에서 탈락하는 규칙(/g/삭제규칙)이 마련되어야 한다.

둘째는 기저형 /ŋ/의 설정이다. 이에는 비교급 표시접미사 앞에서 ŋ 뒤에 g를 삽입하는 규칙이 필요하다.

셋째는 기저형 /ŋg/의 설정이다. 첫째 것에 비해서 비음동화규칙은 필요 없고, /g/탈락규칙만이 필요하다.

SPE(1968:85)에서는 기저형은 /Ng/(N은 비자음)이고, 행위자 -er 앞에서 g가 탈락하는 것으로 기술하고 있는 점에서 첫째 것과 같다. 경계에 관한 정보를 이용해서 22.의 예에 따라 그 기저형을 23.으로 나타내고 표면형 파생에 필요한 두 규칙을 24.로 보이면,

23. ring /ring/   ringer /ring#ər/ → [riŋər]
    young /jʌng/   young /jʌng+ər/   → [jʌŋgər]
                             linger /lingər/   → [liŋgər]

24. a. n → ŋ / ____ $\begin{pmatrix} k \\ g \end{pmatrix}$

    b. g → ø / ____ #

ŋ의 기저형을 /ng/으로 보는 이 분석의 이점은, /mb/ /nd/처럼 비음과 다

른 자음의 연쇄가 어두에 오지 못한다는 영어의 일반적인 연속제약과 궤를 같이 하여 그만큼 제약의 일반화에 기여한다는 것이다. 또 /ŋ/음소가 어휘목록에서 제거됨으로써 그만큼 문법의 간결화가 이루어진다.

그러나, ŋ, g 등의 음성적 실현만으로는 추측해 내기 어려운 심층의 기저형 /ng/의 설정도 문제려니와 표면에 존재하지도 않는 분절음에서 두 규칙으로 [ŋ]에 도달하려는 것도 문제이다. 게다가 이 방법이 다른 두 가지의 가능한 방법을 배제시킬 수 있는 뚜렷한 제약이 없다. 여기서 기저형의 추상성에 제약을 가하기 위하여 여러 가지 규약을 제안한 것이 Vennemann의 NGP이다.

제시된 규약은 첫째가 무규칙순의 원리(No Odering Principle)이다. 이는 규칙의 적용순서가 외래적으로 정해지는 것이 아니라는 것이다. SPE에서는 어느 하나의 방법을 택하고 다른 것을 배제시키는 제약이 없었으나, NGP는 기저형 /ng/설정의 방법은 두 가지 규칙의 적용순서가 내재적으로 정해 있다는 점에서 이 원리에 의해 배제시킨다.

그런데, 나머지 두 방법은 모두 한 가지 규칙만을 필요로 하기 때문에 이 원리에 저촉되지 않는다. 다른 원리로 미룰 수밖에 없다.

두번째로 제시된 것은 강력자연성조건(Strong Naturalness Condition)인데, 이는 변이가 일어나지 않는 형태소의 기저표시는 그 표면형과 같아야 하고, 변이가 있을 때는 기본적인 이형태를 택해야 한다는 것이다.

그렇다면 결국 /ng/분석 외의 나머지 두 방법 곧 [ŋ] 혹은 [ŋg] 중에서 어느 하나를 택해야 한다. 이 경우 기본범주원리(Basic Category Principle)에 의해 [ŋg]는 배제된다. 원급-비교급-최상급의 paradigm 중에서 의미상으로 원급이 가장 기본적이기 때문에 그것으로 기저표시를 설정해야 하기 때문이다. 결과적으로 [ŋ]설정의 방법만이 남게 되고 25.와 같은 기저표시와 26.과 같은 규칙이 마련된다.

25. 기저표시
    ring /riŋ/   ringer /riŋ+ər/
    young /jʌŋ/   young /jʌŋ+ər/
                       ling /liŋgər/
                       (이형태가 없으므로 음성표시와 동일한 것으로)

26. 삽입규칙 ø → g/ŋ ____ (비교급 표시접미사 앞에서)

이 분석의 이점은 유일한 예측성을 제고함으로써 설명성을 더한 점에 있다. SPE에서는 younger [jʌŋgər]가 [jʌnər]가 되거나 young [jʌn]이 [jʌŋg]으로 되는 예측을 낳게 하므로 이로 인해 비생산적인 /g/삭제규칙이 필요했던 것인데, NGP의 기술을 가지고는 26.의 삽입규칙만으로 younger [jʌŋ+ər]이 [jʌŋgər]로 될 것이라는 유일한 예측을 하게 하므로 다른 규칙은 필요없게 된다.

이같이 NGP에서의, 기저형에서의 추상성을 제거하기 위한 제약의 제시는 표면형에 보다 충실하는 음운기술을 이루었다는 점에서 하나의 진전이라 할 수 있다.

그 외에도 TGP에서 소홀했던 음절을 음운단위로 채택하여 이후 음절에 관심을 갖게 한 것도 뜻있는 일이다. Hooper(1976:189)에서는 영어에서 stabnik를 허용하면서 *bnik, *stambnik는 허용하지 않는 점을 들어 이는 음절경계 $의 설정으로 설명할 수 있다고 하였다.

27. stab$nik
    *$bnik
    *stam$bnik

여기서 영어의 음절초 위치에서는 /bn/을 허용치 않는다는 일반성이 포착된다. 그리고 음절구조의 이해를 통하여 음절초와 음절말의 상이성을 파악할 수 있고 전자에서는 강화(유기음화)현상이, 후자에서는 약화(역행동화, 탈락)현상이 일어나는 상대성도 파악된다.

언어의 보편성으로 볼 때 CV 음절을 허용하지 않는 언어가 없는 만큼 그것은 最適의 음절이며 어린이들의 언어습득과정에 가장 먼저 익히는 型이라는 것도 이해된다. (Hooper 1976:199)

자율분절음운론 자율분절음운론(Autosegmental Phonology, AP)은 단음과 성조를 별개의 층렬(tier)에서 기술하는 복선적인 음운론이다. 이에 대해 종래의 TGP, NP, NGP는 이러한 문제들을 단선 층렬의 평면적 선상에서 다루었기 때문에 단선음운론이라고 한다. J. Goldsmith(1976)에서 비롯한

AP는 특히 단선음운론에서 풀 수 없었던 성조에 관한 여러 가지 음운사실을 올바르게 포착하는데 도움이 되고 있다.

예컨대, 모음의 변화와 성조의 변화 사이에는 일치하지 않는 사실에 대한 설명과 같은 것이다. 아프리카의 어떤 성조언어(Tone Language) Etsako어는 모음이 변화해서 탈락하면 이와 함께 모음과 연결하는 악센트도 탈락해야 하는데 그렇지 않고 직후의 모음에 이행하는 성질이 있다. 단수의 owa '家'는 그것의 반복으로 복수를 이루는데 이 때에 다음과 같은 모음탈락현상과 성조의 이행이 있다.

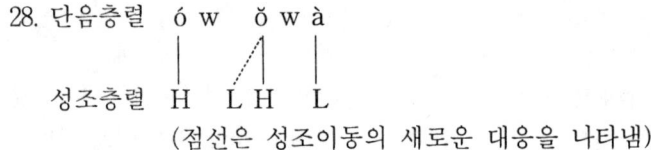

(점선은 성조이동의 새로운 대응을 나타냄)

여기서 분절음 a가 탈락했음에도 그와 대응했던 L은 붕 떠 있고 (浮動성조, Floating Tone) 그래도 남은 채(성조의 상존성, Tone Stability) 다음의 H 성조와 더불어 LH의 상승조(굴곡성조, Contour Tone)를 이루고 있다.

종전에는 성조는 모음의 자질로 여겨져 왔다. 그러나, 하나의 모음이 두 개 이상의 성조(굴곡성조)를 가지는 경우 예컨대 하강성조 /a/의 자질의 기술에서는 문제점이 있다. 곧 29에서 a는 고성조, b는 저성조를 나타내고 있는데 이러한 표기에서는 고성조에서 저성조로 하강하는 시간적 배려가 결여되어 있고 하나의 모음이 a와 b의 상반된 자질을 갖는 것이 되기 때문이다.

29. $\begin{bmatrix} +\text{syllabic} \\ +\text{back} \\ +\text{low} \\ -\text{round} \\ +\text{Highpitch} \\ -\text{Lowpitch} \\ -\text{Highpitch} \\ +\text{Lowpitch} \end{bmatrix} \begin{matrix} \} a \\ \\ \} b \end{matrix}$

29.를 30.으로 바꿔 써도 문제는 마찬가지이다. 성조는 모음의 직접적인 자질이기보다는 어떤 보다 작은 분절소의 요소로 보게 되기 때문이다.

30. $\begin{bmatrix} +\text{syllabic} \\ +\text{back} \\ +\text{low} \\ -\text{round} \\ \begin{bmatrix} +\text{Highpitch} \\ -\text{Lowpitch} \\ a \end{bmatrix} \begin{bmatrix} -\text{Highpitch} \\ +\text{Lowpitch} \\ b \end{bmatrix} \end{bmatrix}$

이러한 문제점을 해결하기 위하여 Goldsmith는 단음층렬과 성조층렬의 두 층렬을 따로 마련하고 이들 두 층렬의 관계를 연결선으로 명시하는 방법을 취하였다.

31.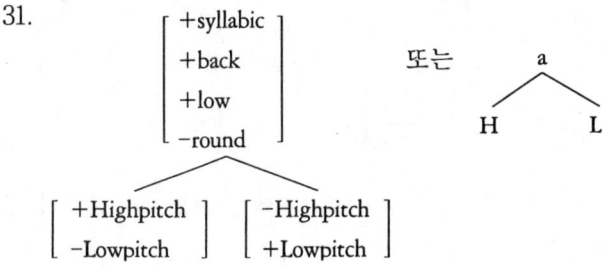

이 두 층렬의 연결에는 다음과 같은 적격성의 조건(Well-Formedness Condition)이 지켜져야 하는데, 이는 보편적인 조건으로 여기고 있다.

32. 적격성의 조건 (WFC)
    1) 모든 모음은 적어도 하나의 성조와 연결된다.
    2) 모든 성조는 적어도 하나의 모음과 연결된다.
    3) 연결선은 교차해서는 안된다.

이에 따르면, 다음은 배제된다.

33.

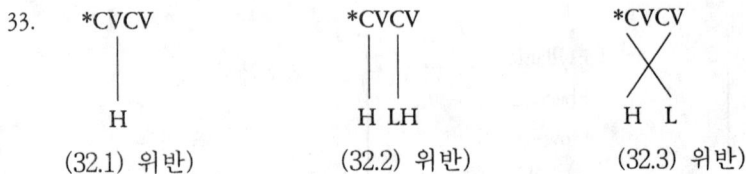

   (32.1) 위반   (32.2) 위반   (32.3) 위반

이 이론에서는 영어의 경우 성조(T), 기본 멜로디(HL) 그것에 음조(파생형/표면형)라는 세 가지의 구별이 있어야 한다. 곧, 영어는 제1강세(*로 표시)가 현저한 언어이고 단음의 연쇄에 대응하는 성조의 연쇄는 HL이라는 중립적 기본 멜로디로 이루어진다.

다음 34.a는 단음의 연쇄와 HL의 기본멜로디와의 대응을 나타내고, 34.b는 악센트를 지니는 임의의 모음(V)과 지정된 성조(T)와의 최초의 연결을 나타낸다(주연결규칙).

34. a. archipelago   b.

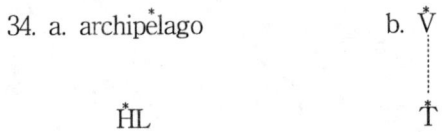

앞서의 적격성의 조건과 여기서의 주연결규칙에 따르면, 이 낱말의 성조형의 파생은 다음과 같다.

35. a. archipelago   b. archipelago

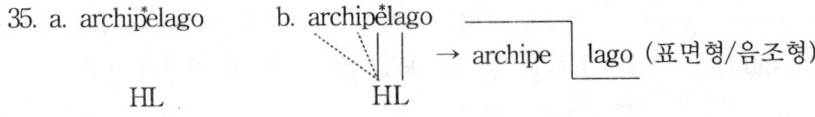

운율이론 운율음운론(Metrical Phonology)은 각 분절음의 강세를, [1 stress], [2 stress], [3 stress]······[-stress] 등의 숫자로 그 정도를 나타냈던 SPE의 방식과는 달리 이웃하는 음절 사이의 상대적 강약의 자질로 규정하려는 것이다.

Liberman과 Prince(1977)가 제창한 이 이론은 음운론 규칙이 적용되는 분절음의 선형배치의 관찰에서 복선 또는 층렬적인 음운현상의 관찰 쪽으로 우리의 관심을 돌려 놓았다. 다시 말해서 강세현상은 단선적인 분절음에의 수치적 강세의 분배로서가 아니고 운율구성소의 상대적인 강약이라고 하는 층렬적인 운율 수형도로서 설명한다.

먼저 수치적 강세의 부여의 경우를 보면, 영어에서 화용론적 요인과 관계하는 강조강세는 일단 두고서 정상적인 강세의 경우 대개 다음과 같은 식으로 표기되어 왔다.

36. a. $\overset{1}{\text{b}}\overset{2}{\text{lackboard}}$ (blackboard) b. $\overset{2}{\text{b}}\text{lack}\overset{1}{\text{b}}\text{oard}$ (blàck bóard)

   $\overset{1}{\text{r}}\overset{2}{\text{edhead}}$ $\overset{2}{\text{r}}\text{ed}\overset{1}{\text{h}}\text{ead}$

   $\overset{1}{\text{b}}\overset{2}{\text{ighead}}$ $\overset{2}{\text{b}}\text{ig}\overset{1}{\text{h}}\text{ead}$

   $\overset{1}{\text{y}}\text{ellow}\overset{2}{\text{h}}\text{ammar}$ $\overset{2}{\text{y}}\text{ellow}\overset{1}{\text{h}}\text{ammer}$

이들 강세는 개개의 분절음 특히 모음의 특성과 관계되는 것으로 여겨져 왔다. 이를 분절적 접근방법이라 한다. 이들 강세부여는 통사구조와 관계된다. 36.a류는 복합명사로서 명사(N)로 묶여지고 36.b류는 형용사+명사로 명사구(NP)로 묶여진다.

37.

이와 같이 통사구조가 달리 표시되는 것은, 영어에 있어서의 강세가 통사구조와 관계가 있기 때문이다. 곧 통사범주 N인 경우는 선행하는 제1강세가, NP인 경우는 가장 오른쪽에 있는 제1강세가 가장 강한 강세를 받고 각각의 나머지 강세는 제2강세를 갖게 된다(제1강세는 acute <揚音>

accent ´, 제2강세는 grave <抑音> accent `). 제1강세와 제2강세와의 관계는 먼저 항상 제1강세(1의 수치로 표시)를 부여하는 강세부여규칙을 38.과 같이 마련하고 다음에 39.와 같은 강세종속규약(Stress Subordination Convention, SSC)을 마련하여 강세들 사이의 상대성이 결정되도록 하고 있다.

38. V → [1 stress] / $\overset{1}{V}$ X___Y]$_{NP}$

(환경부는 V를 포함하지 않는 분절음을 가리킴)

39. 어떤 위치에 제1강세가 주어지면, 그 시점에서 그 연속체의 다른 모든 강세들은 자동적으로 한 단계 낮아진다.(Chomsky and Halle 1968 :16-17)

이에 따라 앞서의 NP의 파생과정을 보면,

40. [$_{NP}$ [A black] [$_{N}$ board]]

[$_{NP}$ $\overset{1}{black}$ $\overset{1}{board}$] 어강세규칙

$\overset{2}{black}$ $\overset{1}{board}$ 규칙 38

여기서는 어경계가 생략되어 있으나, 어경계는 모든 강세규칙이 적용된 후에 삭제가 가능한 것으로 가정한다.

N의 파생을 위하여 38에 상응하는 41의 규칙이 마련된다.

41. V → [1 stress] / ____ X $\overset{1}{V}$ Y]$_n$

[$_N$ [$_A$ black] [$_N$ board]]

[$_N$ $\overset{1}{black}$ $\overset{1}{board}$] 어강세규칙

$\overset{1}{black}\overset{2}{board}$ 규칙 41

규칙 38.이 적용되는 (2 1의 강세형) 예로는 어휘범주를 지배하는 NP, VP(read the book), AP(very small)와 같은 구범주와 S(Mary wept)와 같은 것이 있다. 그리고 규칙 41.이 적용되는 (1 2의 강세형) 예로는 복합명사, 복합동사(sightsee), 복합형용사(sea-sick)와 같은 N, V, A의 어휘범주의 경우가 있다.

여기서 어휘범주를 L, 구범주를 P로 나타낸다면, 38.과 41.의 규칙을 각각 42.와 43.으로 고쳐쓸 수 있다. 42.는 핵강세규칙(Nuclear Stress Rule, NSR), 43.은 복합어강세규칙(Compound Stress Rule, CSR)이라고 한다.

42. NSR $\overset{1}{V} \rightarrow [1\ stress] / [\overset{1}{V}X\_\_Y]_P$

43. CSR $\overset{1}{V} \rightarrow [1\ stress] / [\_\_X\overset{1}{V}Y]_L$

여기서, 두 개의 $\overset{1}{V}$ 중에 하나만이 1 stress가 되고 다른 것은 한 단계 낮추어져 2 stress가 된다는 규칙이 따로 마련되기 마련인데 이를 강세종속규약(Convention of Stress Subordination, CSS)이라고 한다.

44. CSS [1 stress]가 어떤 모음에 부여되면, 다른 모음의 강세를 한 단계 낮춘다.

이 규칙은 NSR, CSR 그리고 후술하는 MSR이 적용됨과 동시에 유효한 것이다. NSR과 CSR은 순환적 규칙으로서 적용할 환경이 있으면 몇 번이라도 되풀이하여 적용된다.

지금까지 단어보다 큰 연속체에 대해 보았지만, 그 기본이 되는 단어의 경우를 보면 그 강세의 위치는 모음의 성질과 후행자음과의 결합 유무에 의해 예측된다. 애매모음 /ə/는 강세를 받지 않으므로 이를 제외하고 나머지 모음을 긴장모음([+teňse])과 이완모음([-teňse])으로 나누면(이중모음과 장모음은 전자에) 강세(1 stress)는 다음과 같이 주어진다.

45. a. $V \rightarrow [1\ stress] /\_\_C_o\ \#$

b. V → [1 stress] / ___ Co [-tense]$\overset{V}{\text{Co}}$ #
　　c. V → [1 stress] / ___ Co [-tense] $\overset{V}{C^1_0}$ [-tense] $\overset{V}{\text{Co}}$ #

45. a.는 어말에서 첫번째 모음에, b는 어말에서 두번째 모음에, c는 어말에서 세번째 모음에 주어짐을 나타내고 있다.

여기서 C^1_0는 자음수가 제로(하한수)또는 1(상한수)임을 뜻한다. 일반적으로 C^m_n은 최소 n개 최대 m개의 c란 뜻이다. 상한이 없는 것은 Co와 같이 아무것도 쓰지 않는다.

45. a~c를 하나의 규칙으로 통합한 것이 다음의 주강세규칙(MSR)이다.

46. V → [1 stress] / ___ Co ((([-tense] $\overset{V}{C^1_0}$) [-tense] $\overset{V}{\text{Co}}$)#

이상의 NSR, CSR, MSR는 SPE에서의 강세의 숫자를 부여하는 방식을 보여준다. 이제 이러한 접근법과 어강세의 상대성을 운율적인 나무 그림으로 나타내는 접근법을 대조하면,

47. [[lábor # únion]$_N$ # élection]$_N$
　　[1　　　2]$_N$　　　　　CSR
　　[1　　　3　　　2]$_N$　　CSR

곧, 강세의 부여는 그것의 구조와 밀접한 관계를 갖는데, 이를 활용하여 전체적으로 바라보고 나무 그림으로 그릴 수 있다.

48. labor　　union　　election

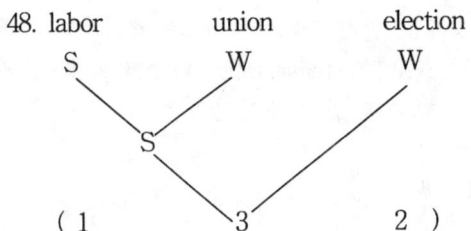

두 단어인 경우는 복합어규칙 ([N1 N2]C에서는 N이 S이다. 단 c는 어휘 범주)에 의해 49.와 같이 된다.

49.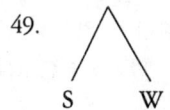
    S   W

48.은 세 단어이므로 먼저 하위 복합어가 복합어규칙을 충족하고 또 그 전체가 N_1으로 분석되므로 그 후항인 election은 N_2로 보게 되어 다시 복합어규칙을 충족한다. 이 경우 안쪽에 있는 구조의 W는 바깥쪽의 W보다 약한 것으로 보기 때문에 숫자부여식과 같은 결과를 얻을 수 있다.

같은 좌분지의 네 단어의 경우는,

50.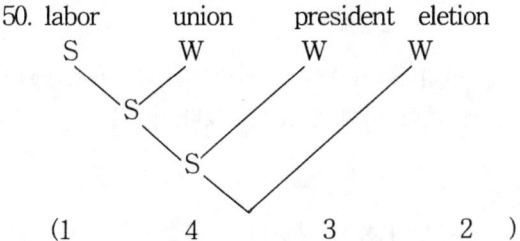

여기서 S만으로 표시된 구성소가 가장 강한 강세를 지닌다.

한편, 우분지인 strong union finance commitee의 경우를 보면, 숫자부여식은 다음과 같은데,

51. a. [finance committee]$_N$
   1 3   1
  [① 4 ②]   CSR
 b [strong [union [finance commitee]$_N$]$_N$]$_{NP}$
    1 1   1 3   1
        [1 4 2]   CSR
      [2 1 5   3]   CSR
    [2 3 ① 6 ④]   NSR
      (여기서 원안의 숫자는 강세의 단계)

이를 보면, 51.a에서의 ①~②의 상대적인 강세가 51.b에서는 ①~④가 되어서 실질적인 상대적인 강세 관계는 아무런 변동이 없다.

운율이론에서는 강세에 있어서의 각 분절소에 있어서의 [1 stress] [2 stress] [3 stress]……[-stress]와 같은 많은 값의 대립을 취하지 않는다. 곧 [+stress]인가 [-stress]인가의 두 값의 대립만을 취한다. 이 말은 곧 CSR은 필요치 않다는 것이 된다.

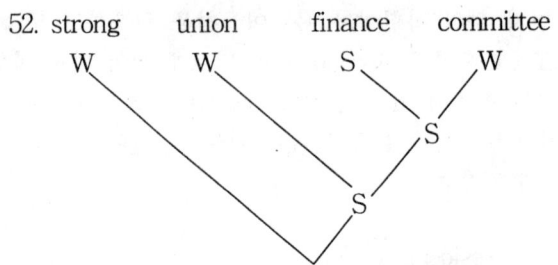

Liberman과 Prince(1977)에 따라 구범주와 어휘범주를 C(=category)로 나타내면 NSR과 CSR은 다음과 같이 바꿔 말할 수 있다.

53. [A B]C의 배열의 경우,
    a. NSR : 만일 c가 구범주면 B쪽이 강하다.
    b. CSR : 만일 c가 어휘범주이면 A쪽이 강하다.

이는 앞서의 48.의 labor union election의 수형도와 같은 결과가 되어 숫자부여식보다는 훨씬 나은 것이 된다.

이제, 53.을 a. [NP red cows], b. [S John left], c. [N stress shift], d. [A dew -covered]에 적용하면,

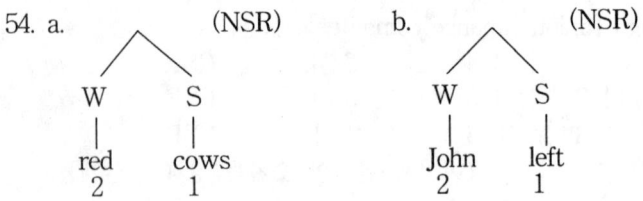

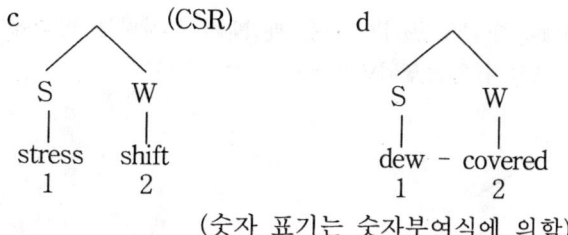

(숫자 표기는 숫자부여식에 의함)

    c, d에 있어서는 오른쪽의 절점이 분지하지 않고 있음으로 왼쪽의 요소에 S가 주어지고 있다. S, W는 그것을 지배하는 요소 사이의 상대적 탁립(卓立)을 내세우는 것이기 때문에 그 요소가 여러 단어의 경우, 단어 상호간의 탁립을 나타내는 데는 어떠한 규약이 있어야 한다.
    예컨대, [[A B] [C D]]인 다음 55.에서,

55. [N [N low degree] [N language requirement]]

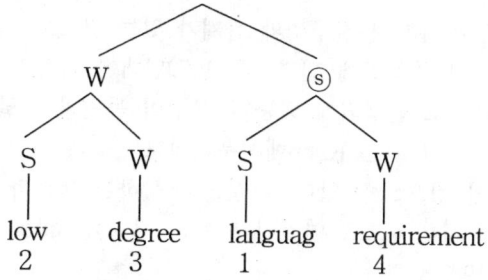

    이들의 하위복합어는 오른쪽의 구성소가 분지하고 있지 않기 때문에 S W 표시된다. 여기서 Language requirement 전체 마디에 S가 주어진 것은 (ⓢ로 표시) 분지하기 때문에 CSR이 적용된 것이다.
    단어에서도 우단(右端)으로부터 [+stress]를 주어가면서 S W나무를 형성하는 방법이 취해지는데 그 원칙은 다음과 같다(+ -는 각각 [+stress] [-stress]).

56. a. -는 W에만 지배된다. (W가 +를 지배하는 것은 있을 수 있다.)
    b. +는 (가능한 한) 왼쪽 가지에 지배된다.

c. 두 개의 자매마디 [N_1 N_2]가 있을 때 N_2가 분지하는 경우에만 N_2가 S이다. (그렇지 않으면 N_1이 S)

57.

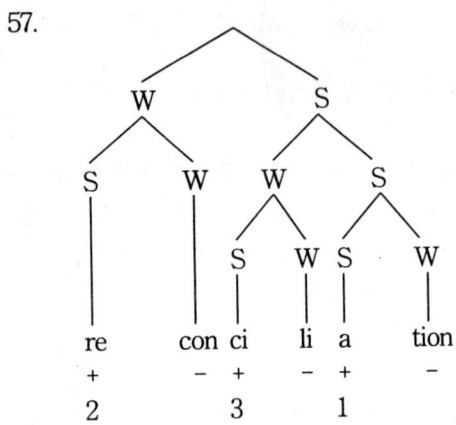

음절음운론 단어의 강세 위치가 음절구조와 관계가 있는 것으로 여겨짐으로 해서 음절 계층이 새로이 주목받게 된다. 곧, 1970년대에 이르러 음절이 음운 기술에서 유용한 단어로 인정되게 되는데, 음절이 독립의 층렬구조를 가지는 단위로서 채택되게 된 것은 Kahn에서부터이다.

처음에는 음절을 평면적인 것으로 보았다. 음절을 구성하는 요소가 음절절점을 중심으로 그 아래에 평면적으로 연결된다고 본 것이다(Kahn 1976: 20, Clements and Keyser 1983:3).

58.

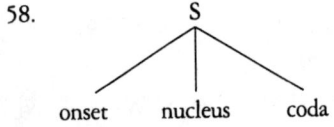

음절의 핵(nucleus)이 모음 또는 성절자음이라는 점에 대하여는 이전부터 이론(異論)이 없었으나, 다만 그 경계에 대해서는 애매한 게 많았다.

Kahn은 분절음으로부터 음절화하는데 음절구조부여규칙을 제안했다.

여러 언어에서 음절핵을 이루는 분절음이 [+syllabic]의 자질을 갖는 것에 한정되는 데서 음절에 관한 보편적 규약이 마련된다(Kahn 1976:21).

59. 보편적 규약
    (1) 각 [+syl]의 분절음(segment)은 반드시 하나의 음절(=S)과 연결된다.(음절에는 반드시 [+syl]의 자질을 갖는 분절음이 포함된다.)
    (2) 각 [-syl]의 분절음은 적어도 하나의 음절과 연결된다.([-syl]의 자질을 갖는 두 개 이상의 자음이 하나의 음절에 속할 수도 있음을 뜻한다.) ([-syl]의 자질을 갖는 자음이 두 개의 음절에 속하면 양음절적(ambisyllabic)이라 한다.)
    (3) 음절과 분절음을 연결시키는 연결선은 교차해서는 안 된다.

Kahn은 음절을 S로 표기하고 이 S가 [+syl] 또는 [-syl]에 연결시키는 음절구조부여규칙을 다음과 같이 제안하였다(Kahn 1976:22-).

60. 규칙 1. [+syl] → [+syl]   이는 음절화 이전의 [+syl]을 가진 분절
                   | 음을 하나의 S와 대응시키는 것.
                  S

    mɪsɪsɪpɪ (=MississiphI)
     | | | |
     SSSS

61. 규칙 2. (i) $C_1 \ldots C_n V \rightarrow C_1 \ldots C_i C_{i+1} \ldots C_n V$
                    | \|/
                    S   S

    $C_{i+1}, \ldots C_n$은 허용되는 처음의 자음연결을 나타내고, $C_1 C_{i+1} \ldots C_n$은 허용되지 않는 것을 나타낸다.

이는 처음에 왼쪽의 C(=[-syl])가 S와 연결되는 것을 뜻한다.

(ii)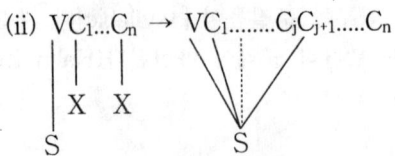

$C_1...C_j$는 허용되는 끝자음 연결을 나타내고 C_jC_{j+1}은 허용되지 않는 것을 나타낸다.

이는 오른쪽의 C가 S와 연결되는 것을 뜻한다.(X는 이 시점에서 어느 S 하고도 연결되지 않은 분절음)

음절부여규칙 1~2 (i, ii)적용의 예를 보이면,

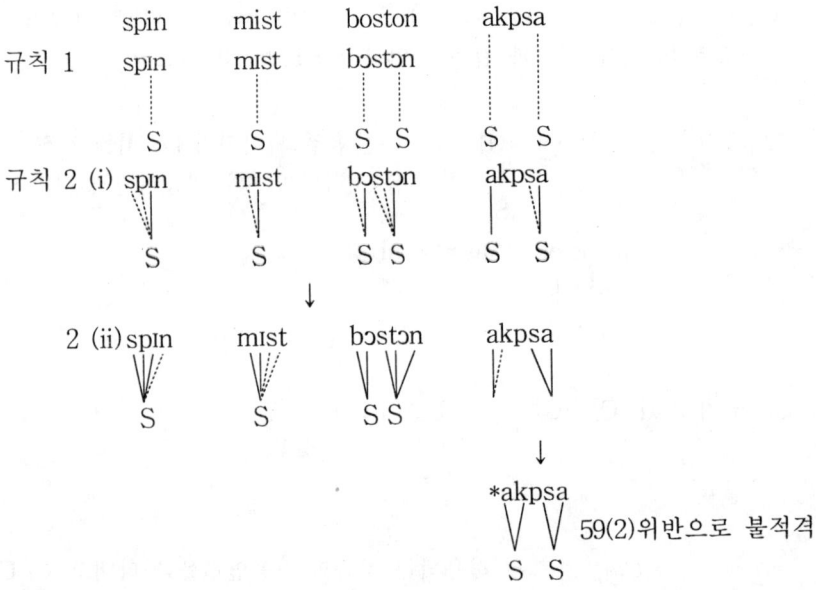

규칙 i, ii를 적용했을 때 허용 가능한 처음 자음군과 마지막 자음군의 중복이 예상된다. 이에 대한 제약이 앞서의 59.이다.

62.

이상은 천천히 하는 발음에 입각한 기술이고, 보다 발음이 좀 빨라졌을 때(정상적인 속도)는 하나의 자음이 두 음절에 걸치는 경우가 있게 되는데 이를 양음절적 자음(ambisyllabic consonant)이라고 한다. 이를 설명하기 위해 규칙 3, 4가 제안된다.

63. 규칙 3. [-cons] CC₀ [-stress]인 경우에 C와 S₁를 연결하라.

여기서 [-cons]는 모음과 과도음으로 되는 자연류를 나타낸다. 64.a는 양음절이고 b는 그렇지 않다.

64. a. ætIk (áttic)   b. ətæk (attáck)

[+cons]의 자질을 갖는 자음이 a에서 양음절이 되는 것은, 그 자음으로 시작하는 음절에 강세가 오지 않는 경우(-stress)이다. 63.의 규칙 3에 의해 새로운 연결선이 그어진다.

65. 규칙 4. C C₀ [-stress]의 경우에는 C와 S₂를 연결하라.

이는 선행하는 음절이 자음으로 끝나고 뒤를 잇는 음절이 자음으로 시작하는 경우에 적용된다.

양음절이 되는 가능성은 다음 66.의 b, c이다.

66. a. æftər (after)　　b. æftər　　c. æftər
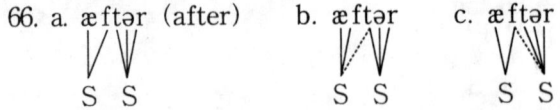

66. b는 규칙 3으로부터 [-cons]의 지정을 제거하면 나타나나, 66. c는 지금까지의 규칙으로는 얻을 수 없다. 그래서 Kahn은 규칙 3을 그대로 유지하면서 규칙 4를 제안하였다. 이로써 66. c에서의 점선의 연결이 가능하게 되었다. 다음 어중의 s에 대해서도 마찬가지다.

67. hæskinz (haskins)
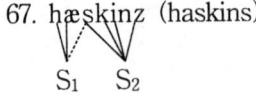

규칙 4가 적용되기 전에 앞서의 규칙이 먼저 차례대로 적용되는 점을 유의할 필요가 있다.

단어의 접속에서 선행어의 어미가 자음으로 끝나고 후행어의 어두가 모음인 경우 (그리고 그 사이 pause가 없는 경우) 수의적으로 양음절성이 나타난다.

68. 규칙 5. (수의적) CV의 경우에는 C와 S를 연결하라.

```
C V
|
S
```

a name과 an aim의 발음이 다른 것은 언어구조의 다름에서 오는 것인데, 이 규칙으로 설명된다.

69.　ə neɪm　　ən eɪm　　규칙 1
　　 | |　　　　| |
　　 S S　　　 S S

　　 ə neɪm　　ən eɪm　　규칙 2
　　 | V　　　　| V
　　 S S　　　 S S

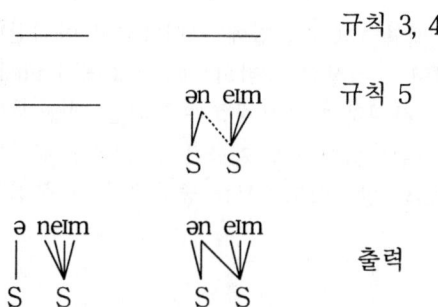

음절을 계층적인 것으로 보는 견해(Kiparsky 1979, Selkirk 1982)가 있다. 계층적인 내부구조는 대개 다음과 같은 수형도를 이룬다고 보고 있다.

70.
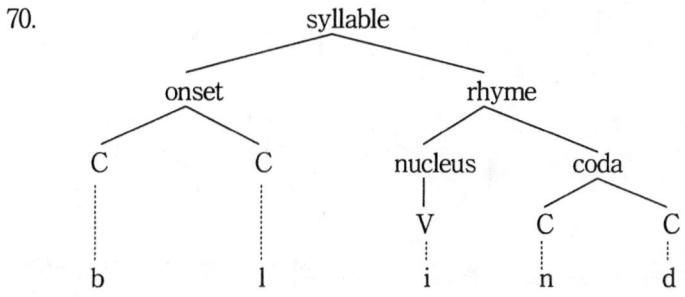

음절구조를 계층적으로 파악함으로써 분절음의 음절내부 위치에 따른 분절음 배열규칙의 다름을 설명할 수 있다. 예컨대, 음절초와 음절말에 자음군이 같은 형식으로 나오더라도 음절초 자음군에 대한 제약이 보다 엄격한 것을 들 수 있다. 또 음절은 그 계층형에 의해 다음과 같이 경음절(輕音節)과 중음절(重音節)로 나뉘는데, 영어의 경우 음절의 계층형에 의해 강세체계가 달라지는 경우도 설명된다.

71. a. 경음절   b. 중음절

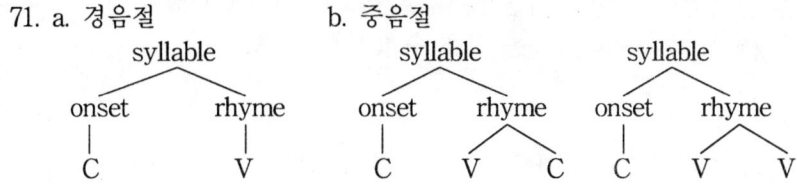

영어의 강세는 곧 중음절에만 배당되고 경음절에는 배당되지 아니한다.
Clements와 Keyser(1983:18)에서는 이상의 음절의 계층구조에서 nucleus와 coda를 rhym층으로 묶는 것을 반대하고 음절계층과 분절음 계층 사이에 그 중개역할을 하는 CV 계층을 마련하였다. CV 계층은 V에 의해 관할되는 요소가 음절의 peak가 된다. Kahn의 양음절도 CV를 중간에 두고 분절음과 음절을 연결하였다.

72. Jennifer

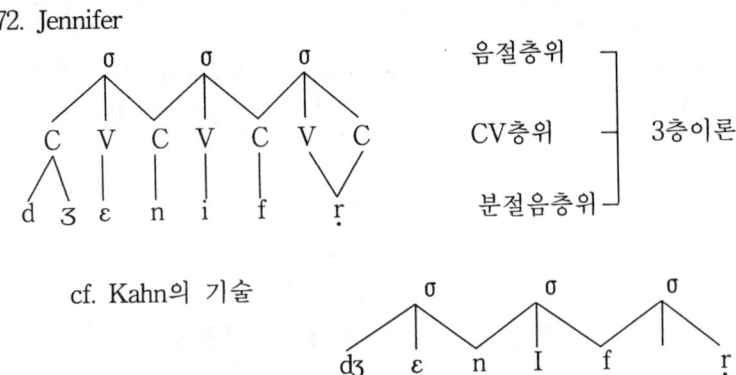

그리고, 종래의 nucleus도 같은 음절 안에서의 VV VC 또는 V로 규정되므로 구태여 rhyme의 투영이 필요 없다는 것이다.
여러 언어의 음절구조를 설명하는데 다음과 같은 핵심음절을 제안한다.

73. CV   CVC
    V   VC

이는 언어에 따라서는 없는 것도 있을 것이다. 여기서 모든 언어에 공통일 수 있는 CV음절형을 기본적 음절로 삼고서 여기에 다음과 같은 음절조작을 통하여 다른 음절구조를 얻을 수 있도록 한다.

74. 음절조작
    a. 음절초의 C를 지워라. (V구조를 얻는다.)

b. 음절말의 C를 삽입하라. (CVC구조를 얻는다.)

 이 이론대로라면 일본어는 기본적 음절로 된 구조이며, 영어와 한국어는 74.의 두 가지가 필요한 구조이다.
 CV층의 설정의 이점은, 이러한 기본적 음절의 마련이 각 언어의 고유적 특성에 대한 parameter화에 도움이 된다는 것, 어린이들의 언어습득과정에서도 음절이 언어구조의 기본요소가 되고 있다는 것, 그리고 음운규칙의 기술도 보다 간단명료하게 된다는 데 있다.
 CV의 각 자리(slot)가 시간 단위를 나타내는 역할을 한다고 보고 C와 V 자리를 하나만 가지는 단음, CC 또는 VV 두 자리를 가지는 장음 또는 중복음, 그리고 두 분절음이 C나 V의 한자리에 연결됨으로써 하나의 시간 단위로 발음되는 복합음 등이 다음과 같이 명료히 기술된다.

75. 단음   장음 또는 중복음   복합음

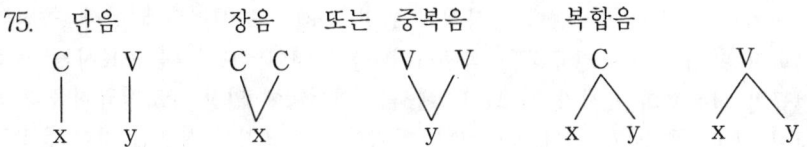

 어휘음운론 어휘음운론(Lexical Phonology, LP)은 명칭 그대로 형태론과 음운론의 접합으로 양자의 상호작용에 의해 일어나는 다양한 음운현상을 설명하려는 이론이다. 음운론의 적용범위를 어휘부까지 확대시켜 음운규칙이 어휘부 단계에서도 적용되도록 했고 어휘부의 기능도 확대시켜 단어 내의 형태론적 정보를 필요로 하는 단어형성과정 곧 형태소론을 음운론에서 분리시켜 어휘부에서 처리토록 했다.
 초기생성문법에서는 어휘부의 위치는 미약한 것이었다. 단순한 어휘형식소의 일람표인 어휘목록만이 존재하였다. 형태와 관련된 음운교체는 음운부 안에서만 다루기 때문에 음운표시에 있어서의 기저형은 표면형과 거리가 먼 추상적인 형태로 선정되었다.
 음운부와 통사부와의 징검다리로 재조정규칙·경계기호가 도입되고 그후 어휘부는 복잡한 내부구조를 가진 것으로 여기게 된다. 어휘의 음운적 특징·규칙까지도 그 안에 내포되는 것으로 하고 어형성도 어휘부의 소관으로

넘기게 된다.

　여기서, 어휘의 형태적 정보를 필요로 하는 규칙은 어휘부의 규칙으로 다루고 순수한 음성적 환경에서 야기되는 음운규칙만이 어휘부 이후의 규칙으로 다루게 된다. 이는 달리 말해서 음운론의 적용범위가 어휘부까지 확대된 것으로 볼 수 있으며 또는 음운론에서의 형태소론 곧 단어형성과정이 어휘부에 이관된 것이라고도 말할 수 있다.

　어떻든 이 이론은 형태론과 음운론의 접합으로 그 설명성을 높이려 하고 있다. 예컨대, 음운규칙 t → s/＿＿i는 형태소 경계의 정보 없이는 적용될 수 없다. 형태소 경계가 i 앞에 없는 kritic(critic)에서는 t의 변동이 없지만, resident+i의 경우는 t가 변동하여 residency가 되는 것과 같다.

　이렇게 어휘부에서 형태적으로 다듬어지면 그 출력인 음운표시에 있어서의 기저형도 과거의 추상적인 것과는 달리 보다 표면형에 가까운 것으로 입력하게 된다. LP에서는 이를 어휘표시(Lexical Representation)라고 한다.

　여기서 종전의 기저형의 추상성에 관한 문제점도 시정되게 된다. 종전의 어휘적 표시는 재조정규칙을 적용하기 전의 것이었으나 (음운표시는 재조정규칙 적용후의 표시가 되고), LP에서는 기저형에 일단 재조정규칙을 거친 것이 어휘적 표시가 되기 때문이다. 거기서 음운규칙이 적용된 것이 음성표시가 된다.

　어휘부에서의 어휘생성에 대해서는 이견이 분분하다.

　첫째로 어휘부에서의 생성규칙은 인정되지 않는 것이 있다. 곧 어휘부는 단지 단일어만 다루고 복합어, 파생어 굴절어는 통사부에서의 변형을 거치고 기저구조로부터 파생한다고 본다.

　둘째로 어휘부에서의 생성규칙을 인정하는 것이 있다. 여기서도 파생어의 경우만을 인정하는 주장과 굴절어의 경우도 포함시켜 모든 단어가 형성된다는 주장으로 갈린다. 예컨대 walk+ed에서의 ed는 첫째 것에서는 어휘부 밖의 통사부에서, 둘째 것에서는 어휘부에서 다루는 것과 같다.

　어휘부의 작용영역은 계층의 집합으로 구성된 것으로 본다. 영어의 경우는 네 가지의 계층이 필요하다. 1계층은 in-, -ity, -ion, -ic 등의 접사첨가, 2계층은 un-, re-, -dom, -ship 등의 접사첨가, 3계층은 복합, 4계층은 굴절의 영역이다. 형태론적 정보를 필요로 하지 않는 규칙은 어휘부 이후의 순수한 음운부의 음운규칙으로 된다.

예컨대, presidentiality의 파생과정을 보면, (악센트는 무시됨) (Mohaman 1982:3),

어휘규칙 적용	/prezīd/	기저형
	[[prezīd]ent]	접사첨가
	[[prezid]ent]	이완
	[[[prezid]ent]y]	접사첨가
	[[[prezid]ens]y]	t → s
	[[[[prezid]ens]y]æl]	접사첨가
	[[[[prezid]ens]y]æl]	s → s
	[[[[prezid]enš]y]æl]	s → š
	[[[[prrezid]enš]y]æl]ity	접사첨가
	(음운규칙 불적용)	
어휘부의 출력		
어휘부	[prezidenšiæliti]	y → i
	[phrezidenšiæliti]	유기음화
	[phrezidenšiæliɾi]	설탄음화
이후의 규칙 적용	[phrezidenšiæliɾi]	비모음화
	[· · · · · · ·]	음성표시

위에서 어휘부에서도 형태론적 적용이 새로운 순환을 만들어내고 있으므로 그러한 형태론적 정보에 민감한 음운규칙이 순환적으로 적용되지 않을 수 없음을 보여주고 있다. 그리고, 형태론적 정보와 무관한 것은 어휘부 이후에 적용되고 있음을 보여준다. 따라서 LP에서의 음운론은 어휘부와 어휘부 이후의 것, 그리고 이 두 가지 모두에 적용되는 규칙을 다루는 것이 된다.

이와 같이 SPE에서는 모든 음운규칙의 적용을 어휘부 이후의 단계로 본데 대해, LP는 그 이전에도 적용되는 것으로 보는 차이가 있다. 따라서, SPE의 기저형이 형태론적 정보가 포함되지 않을 수 없는데 반해, LP의 기저형은 형태론적 여러 과정은 이미 겪은 후의 것이므로 순수한 음운적 형식에 속하는 것이 되어 그만큼 훨씬 표면형에 가깝게 된다. 예컨대, 앞서의 prezidential의 경우 SPE의 기저형은 /prezid+ent+y+tal/로 표시되고 있는데 대해, LP에서는 /prezid/가 기저표시, /prezidenšiæl/이 어휘표시, 그리고 [phrezidẽnšəl]이 음성표시가 되고 있다.

2. 음운단위

2.1 음운단위

음소 구조주의음운론에서의 음운단위가 음소임은 주지의 사실이다. 그런데, 생성음운론에서는 이 단위를 배제하고, 대신 변별적 자질을 쓰고 있다. 그렇다면, 왜 생성음운론에서는 음소를 음운 기술 단위로 인정하지 않는가? 이에 대하여는 2.2 이하에서 언급될 것이다.

음소를 음운단위로 인정하지 않는다 하더라도 기술상의 편의로 그것을 이용하는 일은 흔하다. 그러나, 이 때의 음소 단위는 구조주의 음운론에서의 음소하고는 성격이 좀 다르다. 그것은 생성음운론에서는 두 가지의 음운론상의 표시레벨을 설정하고 있기 때문이다.

하나는 추상적인 기저표시(체계적 음소레벨)이고, 다른 하나는 구체적인 음성표시(체계적 음성레벨)이다.

예를 들면, president와 presidency 에서 밑줄친 부분은 각각 별개의 음소에 속하는 것이다. 그러나. 이 두 단어가 의미적으로 공통관계에 있는 것을 고려해서 이 두 음은 본래 추상적인 기저표시 레벨에서는 같은 것이었다고 가정한다. 거기서 두 개의 표면형이 파생하는 것은 한 쪽의 presidency가 /prezident +/에서 연유한 때문으로 본다.

따라서 구조주의음운론에서 각각 별개의 음소로 분류된 것이라도 생성음운론에서는 동일한 추상적인 음운표시를 받게 된다. 그것은 마치 구조주의 음운론에서의 형태음소의 설정과도 같은 것이라고 할 수 있다.

구조주의음운론 이후 1.2 이하에서 본 대로 음운단위는, 구조주의음운론에서는 분절음(음소)이, 단선적인 생성음운론과 자연음운론에서는 변별적 자질이, 복선적인 운율음운론과 자립 분절음운론 등에서는 분절음과 음절이 감당하고 있으며, 게다가 음절음운론에서는 그 중간에 cv층까지 가세하여 구실하고 있다.

2.2 변별적자질

변별적자질 개념의 발전 변별적자질의 개념이 생성음운이론에서 중요한 기본적 역할을 한다. 그것은 오랜 동안의 음운 이론의 발전의 결과이다.

프라구학파 1930년대의 프라구학파 특히 Trubetzkoy의 음운론에서는 음운체계에 있어서의 변별적 대립의 개념이 제창되었다. 이 대립의 개념은 프라구학파 음운론에서의 중심적 개념이며 이에 관한 여러 가지 대립형식이 자세하게 논의되어 있다.

p : b와 같은 대립은 성(聲)의 유무에 의한 것으로 유무 또는 양분대립이다. p, t, k와 i, e, ε의 경우처럼 조음점이나 개구(開口)도의 정도에 따른 것은 다분(多分)적 대립이다.

이러한 대립이 t : d, k : g, s : z와 같이 다른 계열에서도 비례적으로 나타나면 비례적 대립이다. 그와 같은 짝이 없으면 그것은 고립대립이다.

또한, u, o와 같이 계열은 같지만 서열이 다른 것은 차등적 대립, p:t와 같이 계열은 다르지만 서열이 같은 것은 등가적 대립이라고 한다. 그러한 대립이 특정한 환경에서도 사라지지 않는 것은 불변적 대립, 특정의 환경에서 대립이 사라지고 마는 것은 중화적 대립이라고 한다.

이러한 음운대립의 상관관계를 나타내는 변별적 대립의 개념에는 후일의 자연류의 개념과 변별적 자질의 개념을 싹트게 하는 암시가 있다고 하겠다. 예컨대, /t/는 1) 무성이라는 점에서는 k, p, c, s 하고 같은 특징을, 2) 파열음이라는 점에서 d, p, b, k, g 하고 같은 특징을, 3) 치경음이라는 점에서 d, s, z와 같은 특징을 공유함과 같다. 따라서, /t/와 이들 음과 구별되는 것은 무성이며 파열음이며 치경음이라는 전체적 특징에 의한다는 것이 된다. 이는 곧 하나의 소리값은 바꿔 말해서 변별적 대립의 자격은 몇 가지의 변별적 자질의 집합으로 이루어진다는 것이다.

중화적 대립의 경우도 두개의 음소가 중화되기 위하여는 공통된 특징이 간직된 것으로 가정해야 한다. 그러기 위해서는 중화는 음소 사이에서라기보다 전체적인 변별적 자질 중에서 일부의 자질에서만 일어난다고 보아야 하는데, 그렇다면 여기서도 변별적 자질의 개념이 도사리고 있다고 할 수 있다. 다만, 이에 대한 프라구학파의 방법상의 난점은, 특수한 환경에서의 의미기능 상실의 중화현상을 독립적인 제3의 음소 곧 원음소(原音素)의 설정으로 해결하려고 하는데 있었다. 과연, 기능중심이론에서 일관성 없이 기능상실의 소리를 가정 할 수 있겠느냐는 것이다.

블룸필드학파 1940년대, 50년대의 Bloomfield학파의 구조주의음운론에서도 음운기술의 단위는 여전히 분절음이다. 변별적 자질이란 용어가 쓰이긴 하였으나 이 이론에서는 음소와 동일한 것이었다. 어떤 발화의 음성적 특징 중에서 의미분화에 참여하는 특징은 변별적 자질이고 그렇지 못한 것은 비변별적 자질이라 한 것이다.

예컨대, 한국어의 /k/는 [k, g]의 음성적 특징의 종합인데 그 중에서 g는 k의 이음으로서 의미분화의 기능을 갖지 못하는 비변별적 특징의 것으로 본다. 바꿔 말해서 k만이 변별적 특징을 지니는 것으로 한다. 이러한 변별적 자질의 것과 그렇지 않은 것의 종합이 음소이다. 전자를 음소(대표음), 후자를 음성(이음)으로 명명한다.

음소도 이형태의 교체를 추상화할 수 있는 형태음소군으로 종합된다. 따라서, 이 이론에서 음의 레벨은 음성과 음소 그리고, 형태음소의 세 가지가 있다.

IPA 프라구학파에서나 구조주의음운론에서의 각 레벨의 분절음의 표시는 IPA(International Phonetic Alphabet)의 음성기호가 쓰이는 것이 일반적이다. 이들의 기술체계를 IPA로 대칭하기도 한다. IPA의 근본적 입장은 조음음성학의 기술방식 곧 조음위치와 방법(자음), 혀의 위치와 입술 모양(모음), 성(聲)의 유무의 분류기준에 입각한다. 이 체제에서는 자음에 대한 분류기준과 모음에 대한 분류기준이 다른 것이 특색이다. 자음과 모음 등의 분절음이 최소의 단위를 이루고 그 이상의 분할이 허용되지 않는 것도 마찬가지다.

IPA의 문제점은 바로 이러한 특색에서 야기된다. 자음과 모음의 기준이 다르다는 것은 그만큼 일관성과 간결성이 결여됨을 뜻하고 결국은 이론상의 불완전성을 드러내는 것이라 할 수 있다. 사실 양자 사이를 구별짓는 조음적인 증표가 없으며 오히려 모음과 자음 사이의 공통점이 더 있을 뿐이다.

IPA는 또한 어떤 음운현상을 설명함에 있어 그러한 현상이 야기되는 과정의 표시에 부적절한 경우가 있다.
　예컨대, 연구개음이 전설고모음 앞에서 구개음화되는 규칙 1.a는 1.b 규칙과 마찬가지로 동화과정을 보여준다기보다 엉뚱하게 다른 음으로 바뀌는 현상을 보여준다고 하겠다.

1. a. velar C　→　palatal C/ _____ high front V
　 b. velar C　→　palatal C/ _____ low back V

　적어도 동화과정을 적절히 나타내기 위하여는 다음 2.와 같이 공통성이 드러나는 것이라야 한다.

2. A　→　B /_____ B

　이러한 음운규칙의 효율성은 고립적인 분절음을 표시한 것보다 음성적인 특징의 관련성을 표시한 것에서 나타난다. 그러자면 그 관련성의 내용을 세분화된 특징으로 명세화하는 수밖에 없는데 IPA로서는 그것은 불가능한 일이다.

　PSA　1951년에 R. Jakobson, C. G. M. Fant 그리고 M. Halle에 의하여 간행된 Preliminaries to Speech Analysis(이하 PSA로 약칭)에서는 변별력 자질의 중요성을 논하는 새로운 이론이 제시되었다. Bloomfield는 음소에 대한 변별력 자질의 집합체 중에서 의미분화기능을 가진 음성특징만이 변별적 자질로 파악한 반면, PSA에서는 의미분화의 기능과 상관 없는 잉여자질도 음소를 구성하는 변별적자질로 삼았다. 곧 두 음소를 구별할 뿐만 아니라 그 상호관련성을 밝히기 위해서도 음성적 속성으로서 그러한 자질이 필요하다는 것이다.
　어떠한 음성적 속성을 자질로 삼을 것이냐에 대하여는 종래의 조음음성학적 측면 외에 음향음성학적 측면 곧 스펙트럼에 나타나는 음의 요소를 고려한다. 특히 후자에 중점을 두고 있는게 특색이다. 그리고 변별적 자질의 수는 언어의 보편성에 의해서 가급적 제한하려고 한다. 사실 모든 언어에 공통된 비교적 한정된 수의 자질을 끌어낼 수 있다면 모든 언어의 음운적 대립관계의 설명은 보다 간결화될 수 있다. 곧, 변별적 자질이 적을수록 일반성이 있고, 자연스러운 기술을 이룰 수가 있다. 이러한 변별적 자질수의 한정성은 인간의 발성기관의 속성의 유한성에서도 가정될 수 있을 것이다.

실지 보편성의 추구로서 모든 언어의 음소 표시에 12개의 보편적 자질을 사용한다. 이것을 모든 언어의 사전적·형태론적 목록의 기저를 이루는 고유의 특징으로 삼는다. 만약에 이러한 자질로 나타낼 수 없는 언어가 있다면 수정이 요구되며 더 추가할 것인가, 이미 마련된 자질의 교차 사용으로 충당할 것인가는 궁리 여하에 따른다.

그리고, 자질 표시는 양분법을 취하고 있다. 그 근거는 어린이가 양분적으로 음운을 배우듯 대개 음성을 들을 때 양분적으로 해석한다는 데 있다. 그것은 음운적으로는 다분적인 것보다는 어떠한 특징이 있고 없는 것의 구별이 보다 중요하다는 데서 온다.

또한 양분법은 많은 자료를 간단하게 처리할 수 있고 보편적인 분류기준으로 삼을 수 있는 이점도 있다. 예컨대, 무성음과 유성음의 두 가지의 자질 설정보다는 유표의 유성성 하나의 자질을 가지고 그 유무로 간략히 나타낼 수 있다.

변별적 자질의 설정의 이점은 이외에도 여러 면에서 보인다. 음성학적으로는 실지로 조음되는 음성적 특징이 자질로 반영된다는 데 있다. 음운적으로는 자연부류의 구별에 도움이 됨으로써 그러한 자연부류의 개념을 이용하여 간결하면서도 설명력있는, 음운현상의 설명이 가능하다. 모음과 자음을 동일한 음성적 척도에 의해 분류할 수 있다는 것도 그 한 가지다.

음향음성학적 측면에서도 예컨대, /p/ /k/가 후설화하는 공통적 음성 특징이 있는 경우 그것을 조음음성학적으로는 설명하기 어렵지만 음향음성학적으로는 구강 주변에 위치하는 이들 음이 스펙트럼상에 에너지가 아래쪽에 주로 집중되어 나타나는 점에서 그 공통점을 쉽게 설명할 수 있다(鈍聲性).

분절음의 표시보다 변별적 자질의 표시가 더욱 규칙의 일반화와 간결성에 도움이 되는 예는,

3. a. k → č / ─── $\begin{Bmatrix} i \\ e \\ æ \end{Bmatrix}$

   b. k → č / ─── $\begin{bmatrix} +syll \\ -back \end{bmatrix}$

분절음 표시가 기술적 타당성을 만족시키고 설명력을 더하는 예로는,

4. a. s → z / $\begin{bmatrix} b \\ d \end{bmatrix}$ ───

   b. s → z / [+voice] ───

4a는 영어에서의 복수어미의 유성음 규칙의 관찰적 타당성을, 4b는 그 기술적 타당성을 보여준다.

5. a. $\begin{Bmatrix} s \\ z \\ t \\ d \end{Bmatrix}$ → $\begin{Bmatrix} š \\ ž \\ č \\ ǰ \end{Bmatrix}$ / ─── y

   b. $\begin{bmatrix} C \\ -son \\ +cor \end{bmatrix}$ → $\begin{bmatrix} -ant \\ +high \end{bmatrix}$ / ─── $\begin{bmatrix} -syll \\ -cons \\ +high \\ -back \end{bmatrix}$

(Hyman 1974:24-25)

5.a의 구개음화 규칙보다는 5.b가 [-high]의 자질을 가진 음이 [+high]의 가진 음에 동화되어 [+high]의 자질을 가지게 되었다는 것을 설명해 주고 있다.

SPE Jakoson의 자질이론은 1960년대의 생성음운론에 계승된다. 생성음운론의 초기에는 Jakobson의 자질체계가 사용되었으나, 1968의 N. Chomsky와

M. Halle의 공저인 The Sound Pattern of English(이하 SPE)에서는 이를 개선해 쓰고 있다.

하나의 변별적 자질이, 차이를 나타내는 두 대립의 레벨에 따라 그 대립을 달리 나타내어야 할 경우가 있다. 곧 자질의 표시가 대립의 구별만을 나타내는 음운단계와 실지 음성을 나타내는 음성단계에서 각각 쓰임과 같다. PSA가 음운단계의 두 음운 사이의 대립을 구별하는 기능을 갖는 것이라면 SPE는 그 외에도 음성 단계의 구별을 나타내는 기능을 갖는 것이다.

또한, PSA의 자질체계가 주로 음향음성학적인 정의에 입각하는데, SPE의 그것은 조음음성학적인 정의로 되어 있다. 곧, SPE는 PSA의 정의의 문제점을 발견하고 그것을 수정하기 위해 조음음성학적 정의로 된 자질만을 취하였다. 양분법을 취하는 것은 SPE도 마찬가지다.

2.3 변별적 자질의 체계

PSA의 자질체계 PSA의 자질체계는 다음과 같이 제시되었다.

1. 기초적 음원(音源)자질(fundamental source features)

    중단성(中斷性, interrupted) : 계속성(continuant)
    저지성(阻止性, checked)   : 비저지성(unchecked)
    찰음성(擦音性, strident)   : 비찰음성(mellow)
    유성성(有聲性, voiced)   : 무성성(voiceless)

2. 공명자질(resonance feature)

    집약성(集約性, compact)   : 확산성(diffuse)
    저음조성(低音調性, grave)   : 고음조성(acute)
    변음조성(變音調性, flat)   : 상(常)음조성(plain, 나중에 non-flat)
    예성(銳性, sharp)   : 비예성(plain, 나중에 non-sharp)
    긴장성(緊張性, tense)   : 이완성(lax)
    비음성(鼻音性, nasal)   : 구음성(oral)

이들은 1) 기초자질, 2) 자음성자질, 3) 공명자질로 분류된다. 이들 자질의 음향음성학적·조음음성학적 특징을 아래에 보이기로 한다.

기초자질 이는 다음의 [±모음성]과 [±자음성]의 대립으로 된다. 이하에서 음향은 음향음성학적 특징을, 조음은 조음음성학적 특징을 나타낸다.

1) 모음성 ┌ 음향-스펙트럼에 formant가 뚜렷이 나타난다.
         └ 조음-성대를 울리며 공기가 조음기관의 아무런 장애없이 자유로이 흘러나온다.

   비모음성 ┌ 음향- 스펙트럼에 formant가 나타나지 않거나 희미하게 나타난다.
           └ 조음- 공기가 조음기관의 장애를 받는다.

2) 자음성 ┌ 음향- 스펙트럼에 formant를 형성할 때 에너지가 나타나지 않고 불규칙한 소음 표시만 남는다.
         └ 조음-공기의 흐름이 조음기관 안에서 장애를 받는다.

   비자음성 ┌ 음향- 스펙트럼에 formant를 형성할 때 에너지가 높게 나타난다.
           └ 조음- 공기의 흐름이 조음기관 안에서 장애를 받지 않는다.

기초자질에 의한 식별은 아래와 같다.

6.   자음   모음   유음   과도음
   모음성 대 비모음성   -   +   +   -
   자음성 대 비자음성   +   -   +   -

여기서의 자음성은 SPE에 계승되고 모음성은 유성성으로 바뀐다. 모음을 제외한 순수자음, 유음, 과도음을 하나의 자연부류로 묶기 위함이다. 이와는

달리 순수자음과 대립하는 나머지 음을 공통자연부류로 묶을 수 있는 공통자질이 없어 SPE에서는 공명성이 추가된다.

공명자질 PSA의 공명자질 중의 예성과 긴장성, 비음성에 대해서는 앞에서 예거했지만 다음의 자음성자질에서 언급하기로 하고 여기에서는 집약성의 특징과 음조특징에 대해 살피기로 한다.

1) 집약성 ｜ 음향- 스펙트럼상 가운데 있는 formant에 에너지가 집중된다.
　　　　｜ 조음- 구강내에 가장 좁혀진 부분이 비교적 뒤에 온다.
　　　　　　(앞 공명감이 뒤엣 것보다 더 크다)

　확산성 ｜ 음향- 스펙트럼상 위 아랫쪽 formant에 에너지가 분산되어 있다.
　　　　｜ 조음-구강내의 가장 좁혀진 부분이 비교적 앞쪽에 온다.
　　　　　　(뒤의 공명강이 앞엣 것보다 더 큰 경우)

집약성과 확산성은 모음과 자음에 있어서의 쓰임이 다르다. 모음에 있어서는 집약성 대 비집약성 그리고 확산성 대 비확산성으로 쓰인데 대하여 자음에서는 집약성 대 확산성 한 가지로 쓰인다. 모음에 있어서의 집약성 대 비집약성은 저모음과 비저모음을 구별하기 위한 것이다. 마찬가지로 확산성 대 비확산성도 고모음과 비고모음을 구별하기 위한 것이다.

비집약성	i	ɨ	u	확성성(고모음)
(고·중모음)	e	ə	o	비확산성
집약성				(중·저모음)
(저모음)	æ	a	ɔ	

2) 저음조성 ｜ 음향- 스펙트럼상 아래쪽에 있는 formant에 에너지가 집중되어 있다.
　　　　　｜ 조음- 구강내의 가장 좁혀진 부분이 구강 주변에 위치한다.

고음조성 ⎡ 음향- 스펙트럼상 윗쪽에 있는 formant에 에너지가 집중되
        ⎢   어 있다.
        ⎣ 조음- 구강내에 가장 좁혀진 부분이 구강 중앙에 위치한다.

3) 변음조성 ⎡ 음향- 스펙트럼상 고주파의 formant가 하강 또는 약화하는
          ⎢   효과가 있다.
          ⎣ 조음- 조음시 구강의 주변적 부분이 오므라진다.

상음조성 ⎡ 음향- 스펙트럼상 고주파의 formant가 하강 또는 약화하는
        ⎢   효과를 갖지 못한다.
        ⎣ 조음- 조음시 구강의 주변적 부분이 오므라지지 않는다.

2)와 3)은 1)의 두 자질로써는 구별할 수 없는, 음의 전후와 원순·비원순을 구별하여 다음과 같이 모음을 식별한다.

8.　　　　　　　i　　e　　æ　　u　　o　　ɔ　　a
　집약성　　　　 －　 －　 ＋　 －　 －　 ＋　 ＋
　확산성　　　　 ＋　 －　 －　 ＋　 －　 －　 －
　저음조성　　　 －　 －　 －　 ＋　 ＋　 ＋　 ＋
　변음로성　　　 －　 －　 －　 ＋　 ＋　 ＋　 －

자음성자질　소리의 시작이 매끄러운가(계속성) 아니면 갑작스러운가(중단성) 그리고 소리의 끝이 급격한가(저지음) 아니면 느릿한가(비저지음)에 의한다. 보조적인 특징인 성(聲)의 유무도 이와 관련된다.

1) 비음성 ⎡ 음향- 스펙트럼상 제1 formant는 약하고 비음의 부가적인
         ⎢   formant가 나타난다.
         ⎣ 조음- 공기가 비강으로 흘러서 조음된다.

구음성 ⎡ 음향- 스펙트럼상 제1 formant가 줄어드는 좁은 파장에 에너
      ⎢   지가 퍼지고 비음의 formant가 나타나지 않는다.
      ⎣ 조음- 공기가 비강으로 흐르지 않는다.

비음성은 비음을 위한 자질인데 비음끼리는 다음과 같이 식별된다.

9.
                  m   n   ɲ   ŋ
   집약성   −   −   +   +
   고음조   −   +   +   −

2) 긴장성 ⎡ 음향− 스펙트럼상 formant의 보다 긴 분포와 보다 큰 에너
          │   지를 보여준다.
          ⎣ 조음− 조음기관이 보통 때보다 더 많이(길게) 움직인다.

   이완성 ⎡ 음향− 스펙트럼상 formant의 분포가 보다 더 좁고 에너지가
          │   전체적으로 적다.
          ⎣ 조음− 조음기관이 보통 때보다 더 작게(짧게) 움직인다.

3) 중단성 ⎡ 음향− 스펙트럼상 공백 또는 유성 formant가 갑자기 예리하
          │   게 수직선으로 나타난다.
          ⎣ 조음− 조음기관의 어느 부분이 갑자기 열려서 조음된다.

   계속성 ⎡ 음향− 스펙트럼상 공백이 없고 유성의 formant가 갑작스러운
          │   전이 없이 계속된다.
          ⎣ 조음− 조음기관의 어느 부분이 갑자기 열려서 조음되는 일은
                  없다.

4) 저지성 ⎡ 음향− 스펙트럼상 formant에서 에너지가 매우 빨리 또는 갑
          │   자기 사라진다.
          ⎣ 조음− 성문의 압축 또는 폐쇄로 공기의 흐름이 저지된다.

  비저지성 ⎡ 음향− 스펙트럼상 formant에서 에너지가 비교적 천천히 사
          │   라진다.
          ⎣ 조음− 성문의 압축 또는 폐쇄로 공기의 흐름이 저지되는
                  일은 없다.

이 구별은 성문화 대 비성문화의 식별에 쓰인다.

5) 찰음성 ┌ 음향- 스펙트럼상 formant에 비공명요소가 많이 나타난다.
         └ 조음- 조음기관에서 마찰이 많이 생긴다.

   비찰음성 ┌ 음향- 스펙트럼상 formant에 비공명요소가 적게 나타난다.
           └ 조음- 조음기관에서 마찰이 적게 생긴다.

이 구별은 계속성 자질의 음(마찰음)중에서 쓰인다.

6) 유성성 ┌ 음향- 스펙트럼상 formant에 유성음형이 나타난다.
         └ 조음- 성대가 진동한다.

   무성음 ┌ 음향- 스펙트럼상 formant에 유성음형이 나타나지 않는다.
         └ 조음- 성대가 진동하지 않는다.

이들 자질의 배합에 의하여 음소의 체계성이 구체적으로 부각된다.

10.   [-집약성]   [+집약성]
                    [+저음조성]   [-저음조성]
   [-계속성] [-유성성]   p   t   k
            [+유성성]   b   d   g
   [+계속성] [-유성성]   f   s   š
            [+유성성]   v   z   ž

7) 예성 ┌ 음향- 스펙트럼상 고주파의 formant를 상승시키는 효과를 낸
       │   다.
       └ 조음- 조음시에 구강을 오므리고 혀를 경구개에 접근시킨다.

   비예성 ┌ 음향- 스펙트럼상 고주파의 formant를 상승시키는 효과를 내
         │   지 않는다.
         └ 조음- 조음시에 구강을 오므리면서 혀를 경구개에 접근시키
                  지 않는다.

2. 음운단위   57

지금까지의 자질 가운데서 SPE에 계승된 것에는 자음성, 유성성, 계속성, 비음성, 긴장성 등이 있다.
　이상의 12개의 자질(모음에서 집약성과 확산성이 별개로 쓰이는 것을 고려하면 13개) 가운데서 성문화자질인 저지성과 구개음화자질인 예성 그리고 보조적 음원인 유성성을 제외한 9개의 자질로 음소를 식별하면(Jakobson et al 1963:43).

11.　　　　　　o a e u ə i l ŋ ʃ ʧ k ʒ ǯ g m f p v b n s ɵ t z ð d h #
1. 모음성　　　+ + + + + + + -
　/비모음성
2. 자음성　　　- - - - - - + - -
　/비자음성
3. 집약성　　　+ + + - - - +　+ + + + + - - - - - - - - - - - - -
　/확산성
4. 조음조성　　+ + - + + -　　　　+ + + + + + - - - - -
　/고음조성
5. 변음조성　+ -　+ -
　/상음조성
6. 비음성　　　　　　　　　+ - - - - - - + - - - - + - - - - - -
　/구음성
7. 긴장성　　　　　　　　　+ + + - -　　+ + -　　+ + + - - - + -
　/이완성
8. 계속성　　　　　　　　　+ - + - -　　+ - + -　　+ + - + + -
　/중단성
9. 찰음성　　　　　　　　　　+ -　+ -　　　　　+ -　+ -
　/비찰음성

PSA의 문제점　PSA의 자질체계의 문제점은 여러 가지 있겠으나, 여기서는 다음 몇 가지만 예시한다.
　먼저 음운현상의 설명에는 조음음성학적 정의로 이루어진 자질로 설명해야 하는 경우가 있다. Jakobson 자질체계처럼 주로 음향음성학적 측면에서만 정의한 자질에 입각한다면 잘못된 결과가 나올 수 있다.

예컨대, /t/ /s/가 i모음 앞에서 구개음화되는 $\begin{Bmatrix} /t/ \\ /s/ \end{Bmatrix} \rightarrow [ʃ]$의 현상을 설하는데 있어서 음향음성학적 정의로 나타낸다면,

12. $\quad$ C $\quad \rightarrow \quad$ [-diffuse] / _____ C
    [-voice] $\qquad\qquad\qquad\qquad$ $\begin{bmatrix} \text{+diffuse} \\ \text{-grave} \end{bmatrix}$

와 같이 되어 [diffuse]자질이 달라지는 이화(異化)작용의 결과가 나온다. 이를 SPE에서처럼 조음음성학적으로 고려한다면,

13. $\quad$ C $\quad \rightarrow \quad$ [+high] / _____ C
    $\begin{bmatrix} \text{+ant} \\ \text{+cor} \\ \text{-voice} \end{bmatrix}$ $\qquad\qquad\qquad$ $\begin{bmatrix} \text{+high} \\ \text{-back} \end{bmatrix}$

와 같이 [high]자질의 동화현상이라는 결과가 나온다.

다음, 앞서의 모음분류의 자질에서 보이듯이 /i/ /e/ /æ/의 3등분의 모음 높이의 구별에 대하여는 양분적 대립을 고수하여 [±집약성](compact)과 [±확산성](diffuse)의 대립으로 나타내고 있으나, 4등분 이상의 경우가 문제된다. SPE에서는 다음과 같이 해결한다.

14.

	/i/	/ɪ/	/e/	/ɛ/	/æ/
high	+	+	−	−	−
low	−	−	−	−	+
tense	+	−	+	−	+

또한, 전통적으로 인정하고 있는 음절을 나타내는데 역시 Jakobson의 두 자질 자음적(cons)인 것과 모음적(vocalic)인 것만으로는 충분치 않다. SPE에서는 이외에 sonority를 추가함으로써 해결하고 있다.

2. 음운단위   59

SPE의 자질체계   생성음운론이 시작되었을 때는 PSA의 자질체계가 사용되었으나, Chomsky와 Halle(1968)는 그것에 이론상 적합하지 않은 데가 있음을 지적하고 이를 개선하여 썼다. 그것이 SPE의 체계이다.

PSA의 자질체계가 음운단계의 두 음운 사이의 대립을 구별하는데 그 기능을 갖는다면, SPE는 그 외에도 음성을 나타내는 기능을 갖고 있는데 차이가 있다. 곧 기저분절음으로부터 음운규칙에 의해 유도되는 분절음의 음성적 내용의 기술에도 쓰인다.

자질체계에서 PSA나 SPE가 양분법을 취한 것은 마찬가지이다. 그러나, 전자는 주로 음향음성학적인 정의로 되어 있는데, 후자는 조음음성학적 정의로 되어 있다. 그것은 후자가 전자의 정의의 문제점을 해소하려는 데서 연유한다. 게다가 모든 언어음의 현상의 기술도 시도하기 때문에 그만큼 자질수도 늘어났다.

PSA의 음절 CVCV의 표시는, 자음성과 모음성의 두 자질의 배합으로 이루어졌지만,

15.   C   V   C   V
   [+cons]   [-cons]   [+cons]   [-cons]
   [-voc]   [+voc]   [-voc]   [+voc]

SPE에서는 다음과 같이 음절성의 마련으로 간결하게 표시한다.

16.   C   V   C   V
    [-syll]   [+syll]   [-syll]   [+syll]

SPE에서는 구조주의 언어학의 음소를 부정한다. 곧 발음되는 실지 음성부류의 추상화에서 얻어지는 구조주의 언어학의 음소는 분류적 음소, 생성문법에서의 발화자의 심적 존재의 음소는 체계적 음소라 하고 후자에서만 음운규칙이 적용되고 음성표시가 생성된다고 하였다. 그렇다면 전자는 아무런 작용도 하지 않는 불필요한 것이 되고 마는데, 이는 음소 자체의 부정이라기보다 구조주의적 음소 개념의 부정이라 보는게 옳고, 오히려 그 형태음소적 개념이 후자로 씌였다고 볼 수 있다. 다시 말해서, SPE에서는 음운부

의 표시는 통사부와 어휘목록의 규칙에 의해 주어지는데, 그것이 형태소로 된 어휘표시로 되어 있기 때문이다. 이에 대해, 표면형의 음성표시 레벨은 의미와는 관계하지 않기 때문에 실지 발음형태로 나타나기만 하면 된다.

17.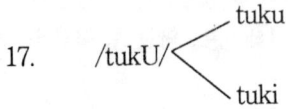

형태음소 U는 실지 발음이 아니며, u와 i를 모두 포괄한 것이다. 그것이 음성레벨에서는 u와 i의 실지 발음형태로 구체화된다. 이와 같은, 대립의 구별만을 나타내는 레벨 외의 음성 구분의 레벨에서 쓰이는 SPE의 자질체계는 다음과 같이 분류된다.

1) 주요부류자질(major class features) sonorant, syllabic, consonantal, vocalic
2) 구강자질(cavity features) coronal, anterior, high, low, back, distributed, nasal, lateral
3) 조음법자질(manner of articulation features) tense, continuant, delayed release
4) 음원(音源)자질(source features) strident, voiced, hightened, subglottal pressure
5) 운율자질(prosodic features) stress, long

위에서 distributed는 [+dist](양순음, 설단음, 비권설음), [-dist](순치음, 설첨음, 권설음)의 구별에 쓰이며, delayed release는 [+del. rel](파찰음), [-del. rel](폐쇄음)의 구별에 쓰이며 hightened subglottal pressure는 영어에 있어서 어두파열음의 기음화의 [ʰ]를 나타내는 데 쓰인다. 대신 [aspirated]가 쓰이기도 한다.

주요부류자질 PSA의 자음성은 계승되고 모음성은 음절성으로 바뀌고 새로운 자질 공명성이 첨가된다.

1) 음절성(syllabic)-비음절성(non-syllabic)
   음의 연속체에서 음절핵을 이루는 음의 요소인가 아닌가에 의한다. [+syll]은 영어에서 일반적으로 모음, 성절비음 [n̩] (button), 성절유음 [l̩] (littl) 같은 자음이며, [-syll]은 폐쇄음, 마찰음, 파찰음, 비성절비음, 비성절 유음과 같은 자음과 모음적 과도음의 요소들이다.

2) 공명성(sonorant)-비공명성
   자발적인 유성조음이 가능한 조음 자제로 내는 음의 요소인가 아닌가에 의한다. [+son]은 모음, 비음, 반모음(w, y), 유음(r, l)이며 이들이 무성음의 경우도 상관없다. 자연적인 유성음화를 방해하지 않는다는 조건의 소리이기 때문이다. [-son]은 장애음(폐쇄음, 마찰음), 파찰음, 자음적 과도음(h, ʔ)이 이에 해당한다. [-son]을 obstruent(저해음-폐쇄음, 마찰음, 파찰음)라고도 한다.

3) 자음성(consonantal)과 비자음성(non-consonantal)
   조음기관의 어느 부분의 한 가운데가 적어도 마찰음의 경우만큼 좁혀져서 장애를 받으며 나오는가 않는가에 의한다. [+cons]는 과도음(활음) 이외의 자음 곧 폐쇄음, 마찰음, 파찰음, 비음, 유음이 해당된다. [-cons]는 모음과 과도음·자음적 과도음(w, y, h, ʔ)이 이에 해당된다.
   PSA의 vocalic이 SPE에서는 syllabic으로 대체되지만 따로 내세우기도 한다. 이는 유성음화를 수반하는 것이므로, 내세우게 되면

[+voc] ― (유성)모음 (유성)유음
[-voc] ― 모든 [-sonorant]의 음(장애음·저해음), 과도음, 비음, 무성모음, 유성모음

[cons]와 [voc]의 두 자질로 다음과 같이 모음, 과도음, 유음, 참자음(true consonant)을 식별할 수 있다. SPE는 [-voc, +cons]인 자음을 참(순수)자음 이라고 부른다.

18. 　　　　　　　　모음　　과도음　　유음　　참자음
    cons　　　　　 －　　　 －　　　 ＋　　　 ＋
    voc　　　　　　＋　　　 －　　　 ＋　　　 －

위에서 모음과 과도음은 [-cons]로, 모음과 유음은 [+voc]로, 유음과 참자음은 [+cons]로, 과도음과 참자음은 [-voc]로서 그 유사성이 파악된다.
　주요부류자질([syll] 대신 [voc])에 의한 음의 정의를 보이면, 다음과 같다.

14.　　　 유성모음 무성모음 과도음(w, y) 과도음(h, ʔ) 유음 비자음 비비자음
　 voc　　　＋　　　－　　　－　　　　　 －　　　 ＋　　 －　　　－
　 son　　　＋　　　＋　　　＋　　　　　 ＋　　　 ＋　　 ＋　　　－
　 cons　　 －　　　－　　　－　　　　　 －　　　 ＋　　 ＋　　　＋

구강자질　구강자질에는 모음분류에 쓰이는 것도 있고 자음분류에 쓰이는 것도 있다.
　모음분류에 쓰이는 것은 흔히 설체(舌體) 자질이라 불리운다.

1) 고음성(high)-비고음성(non-hign)
　혀의 설체(舌體)를 중립위치로부터 약간 높여서 조음하는가의 여부에 의한다. [+high]는 종전의 고모음 요소가 해당한다. [-high]는 고모음 이외의 중간모음, 저모음이 이에 해당한다.

2) 저음성(low)-비저음성(non-low)
　혀의 설체를 중립위치로부터 낮추어 조음하는가의 여부에 의한다. [±low]는 [-high] 자질의 중간모음과 저모음의 구분에 쓰인다.
　　　　　　　중간모음　[-high]　[-low]
　　　　　　　저모음　　[-high]　[+low]

3) 후설성(back)-비후설성(non-back)
　혀의 설체를 중립위치로부터 오므리고 조음하는가의 여부에 의한다. [+back]는 중설모음과 후설모음의 요소, [-back]는 전설모음의 요소가 이에 해당된다.

4) 원순성(round)-비원순성(non-round)

입을 동그랗게 오므려 조음하는가의 여부에 의한다. 한국어, 영어에서는 [+back]를 공유하는 중설과 후설모음의 구분에 쓰인다.

중설모음 [+back] [-round]
후설모음 [+back] [+round]

[±round]와 [±back]가 어울려서 터어키에서 고모음이 구별되는 예를 보이면,

20. (터어키어)

	i	ɨ	ü	u
back	-	+	-	+
round	-	-	+	+

이상의 설체자질 특히 [±round]가 구별하는 모음의 정의는 다음과 같다.

21. (영어)

	-back	+back	
	-round	+round	
-low	i	u	+high
	e	ʌ	o	-high
+low	æ	a	ɔ	

[±round] 자질의 요소가 없는 모음의 정의를 보이면,

22. (일본어)

	-back	+back	
-low	i	u	+high
	e	o	-high
+low		a	

또, 이상의 설체자질([±round] 제외)은 자음의 구분에도 쓰인다.

23.   palatals   velars   uvulars   pharyngeals
    high   +   +   -   -
    low   -   -   -   +
    back   -   +   +   +

자음분류에 쓰이는 자질은 조음점자질(anterior, coronal) (조음점자질과 모음분류에 쓰인 설체자질을 합쳐서 조음점자질이라고 함), 조음방식자질 (lateral, nasal ; 이외의 continuant는 조음법자질, strident는 음원질에 속함) 등이 있다.

5) 전방성(anterior)-비전방성(non-anterior)
공기의 흐름의 장애가 치경구개음 /ʃ/ 이전에서 생기는가의 여부에 의한다. [+ant]는 양순음, 치간음, 치음, 치경음의 요소이고 [-ant]는 치경경구개음, 연구개음, 권설음의 요소이다.

6) 설정성(coronal)-비설정성(non-coronal)
설단을 중립위치로부터 높이는가 그대로 두는가의 여부에 의한다. [+coronal]은 치간음, 치경음, 권설음, 치경경구개음, 유음의 요소이고 [-coronal]은 양순음, 연구개음, 모음적과도음, 자음적과도음의 요소이다. [±cor]에 의해 같 [+ant]의 양순음과 치경음이 구별되며 [-ant]의 경구개음과 연구개음이 구별된다.

24.   p   t   c   k
    anterior   +   +   -   -
    coronal   -   +   +   -

7) 설측성(lateral)-비설측성(non-lateral)
입안에서 공기가 중앙으로 막혀 나가지 못하고 측면을 통하여 나가는가 그대로 중앙을 통하여 나가는가의 여부에 의한다. [+lateral]은 영어의 l 그리고 한국어, 일본어에서의 설측음화에서 보인다.

8) 비음성(nasal)-비비음성(non-nasal)
[+sonorant] 중에서 비음성이 있는가의 여부에 의한다. [+nas]는 비음과 비모음의 요소이며, [-nas]는 유음, 구모음, 구음(口音)의 요소이다.

9) 광성(廣性)(distributed)-비광성(non-distributed)
혀가 입천장에 공기가 흘러나오는 방향으로 넓게 닿아서 조음되는가의 여부에 의한다. [+dist]는 양순음, 설단음, 비권설음의 요소이고, [-dist]는 순치음, 설첨음, 권설음의 요소이다.

조음법자질 이에는 [±continuant], [±delayed release], [±tense]가 해당하는데 여기서는 자음분류에 쓰이는 것에 대해 언급한다.

1) 계속성(continuant)-비계속성(non-continuant)
저해음(장애음) 중에서 계속적인 마찰을 수반하는가의 여부에 의한다. [+cont]는 마찰음, 유음, 과도음의 요소이며, [-cont]는 파열음, 파찰음, 비음의 요소이다.

2) 개방지연성(delayed release)-비개방지연성(non-delayed release)
조음기관의 폐쇄가 천천히 열리면서 조음되는가 갑자기 열리면서 조음되는가의 여부에 의한다. 이 자질은 파열음과 파찰음을 구별시켜 주는 자질이다. [+]치는 파찰음, 마찰음이고, [-]치는 파열음이다.

음원자질 자음분류에 쓰이는 것을 언급하면

1) 유성성(voiced)-무성성(non-voiced)
조음시의 성대 진동 여부에 의한다. [+]치는 유성음이고 [-]치는 무성음이다.

2) 조음성(strident)-비조음성(non-strident)

잡음적인 마찰이 있고 없는가에 의한다. [+str]는 마찰음과 파찰음의 요소이고, [-str]는 파열음, 치간음과 sonorant의 음의 요소이다.

이외의 음원자질인 heightend subglottal pressure는 영어에 있어서의 어두파열음의 기음화의 [ʰ]을 나타내는 데 쓰인다. 이에는 대신으로 부차적자질의 aspirated가 쓰이기도 한다. 한국어에서는 이외의 부차적 자질로 glottalized가 쓰인다. aspirated는 유기음, glottalized는 경음에 보이는 것이다.

25.   ㄱ   ㄲ   ㅋ
    aspirated   -   -   +
    glottalized   -   +   -

PSA와 SPE의 대비   PSA와 SPE를 대비하면,

PSA	SPE
△ vocalic-nonvocalic	syllabic
○ consonantal-nonconsonantal	consonantal
○ nasal-oral	nasal
○ continuant-abrupt	continuant
○ tense-lax	tense
○ voice-voiceless	voiced
○ strident-nonstrident	strident
△ checked-unchecked	glottal constriction
△ grave-acute	coronal
△ compact-diffuse	high PSA의 compact-diffuse자질을 각각 하나의 자질로 분류하여 high, low의 자질로 설정
△ falt-plain	rounded

△ sharp-plain | distributed
                                  | ☐ anterior
                                  | ☐ sonorant
                                  | ☐ back
                                  | ☐ lateral
                                  | ☐ instantaneous release

위를 보면, ○을 친 6개의 자질은 PSA를 SPE가 그대로 계승한 것을 알 수 있다. △을 친 6개의 자질은 PSA가 SPE에서 수정되었고, ☐을 친 6개의 자질은 SPE에서 첨가된 것임을 알 수 있다.

PSA의 checked-unchecked 자질은 성문화 대 비성문화를 식별하는 것이었다. SPE(1968:315)는 이 자질의 이름을 구체적으로 설정하지 않고 glottal constriction에 들어갈 수 있는 자질로 하였다. PSA의 compact-diffuse자질은 SPE에서는 각각 하나의 자질로 분류하여 high, low 자질로 설정하였다.

SPE에서 coronal이 마련된 것은 예컨대, p, t, k를 고음성, 저음성, 후설성만으로는 구별되지 않기 때문이다.

26. | /p/ | /t/ | /k/
high | - | - | +
low | - | - | -
back | - | - | +
coronal | - | + | -

SPE에서 sonorant 자질을 추가한 것은, syllable 자질이 모음하고는 순수자음과 유음 과도음을 구별하여 이들을 자연분류로 나타낼 수 있는 반면에, 순수자음하고 모음, 유음, 과도음을 구별하여 이들을 공통자질로 묶어 자연부류를 나타낼 수 있는 방법이 없었기 때문이다. 곧 모음·유음·과도음·비음을 [+sonorant]로 묶고 순수자음을 [-sonorant]로 구별한다.

SPE에서 anterior이 추가된 것은 /č/와 구개음화된 /ť/를 구별하기 위하여는 고음성, 저음성, 후설성에다가 설정성까지 가담해도 그 구별이 불가능하였기 때문이다.

27.

	č	t̬
high	+	+
low	−	−
back	−	−
coronal	+	+
anterior	−	+

앞서의 coronal과 anterior에 의하여 SPE에서는 순음·치음·구개음·연구개음을 구별한다. PSA에서는 grave(저음조성)와 diffuse(확산성)에 의해 구별되었다.

28. PSA

	labial (p)	dental (t)	palatal (č)	velar (k)
grave	+	−	−	+
diffuse	+	+	−	−

29. SPE

	labial (p)	dental (t)	palatal (č)	velar (k)
anterior	+	−	−	+
coronal	−	−	+	−

이는 파열음·파찰음·마찰음의 공통자질이며, 파열음과 파찰음의 구별에 유용하다. 마찰음의 구별에는 여기에 strident가 추가되어진다.

30.

	f(v)	θ(ð)	s(z)	š(ʒ)	x
anterior	+	+	+	−	−
coronal	−	+	+	+	−
strident	+	−	+	+	−

SPE의 문제점 SPE 자질체제의 문제점으로는 대개 다음과 같은 것이 지적되고 있다.

모음의 분류에 있어서의 양분법의 결함이다. PSA나 SPE는, 모음의 높이는 대개 4단계인데도 3단계만 인정하고 있다. 곧, i, e, ɛ, æ의 4단계가 대립하고 있는 경우, SPE에서는 [+high]가 아닌 [-high]의 3단계를 구별하기 위해 [+low]를 도입하지만, [+low] 아닌 [-low]를 구별하기 위하여는 [+tense]도 도입해야 하는 번거로움이 있다.

31.

	/i/	/e/	/ɛ/	/æ/
high	+	-	-	-
low	-	-	-	+
tense	-	+	-	+

높이에 따라 도수를 매기고 다분(多分)(4分)하는 분류도 있게 된다. (Ladefoged 1975:65-72)

32. 4높이   / i   u   w, j /
    3높이   / e   i   o /
    2높이   / ɛ   o /
    1높이   / æ   a /

어떻든, 자질의 분류에서 다분법에 맞는 것은 그대로 쓰는 등, 이분법이 불가능한 것은 자의적으로 다분법을 쓴다는 것이다.

자음에서도 예컨대 j는 전통적인 조음점으로는 구개음인데(PSA도 j는 구개음에 속한다), 자질체계로서는 연구개음에 속한다고 가정하는 것도 문제가 있다. 그렇다면 연구개음에 속하는 비구개음이 동화한다는 결과가 되어 연구개음화라고 해야 하는 문제가 생긴다.

자음분류에서 [+cons]의 자질 하나로는 자연부류를 이루는 순음·치음·구개음·연구개음을 두 개 이상으로 나눌 경우 PSA에서는 compact와 diffuse, SPE에서는 anterior과 coronal을 쓴다. 순음과 치음은 PSA는 [+diffuse], SPE는 [+ant], 치음과 구개음은 PSA는 [-grave], SPE는 [+cor], 구개음과 연구개음은 PSA는 [-diffuse], SPE는 [-ant], 순음과 연구개음은 PSA는 [+grave] SPE는 [-cor]로 묶을 수 있다. 문제는 4개의 조음점(순음

·치음·구개음·연구개음) 중 3개의 조음점의 자음들이 하나의 자연부류를 형성하는 경우인데 특히 치음과 구개음 그리고 연구개음을 공통적으로 묶을 수 있는 것이 없다(이는 PSA도 마찬가지다.)

마찬가지로 순음(labial)과 순음화분절음(labialized segment)을 관련시키는 데도 실패하고 있다. 곧 SPE 체계로는 순음 p·b·m은 [+ant, -cor]에 [-round]의 자질을 갖추고, [t^w], [k^w]와 같은 순음화자음은 이와 상반된 자질 [+round]를 갖추고 있기 때문에 관련지을 수 없다.

2.4. 자질의 모형(母型)과 잉여성

자질모형 음운단위의 체계는 변별적 자질의 집합인 자질모형(matrix)으로 표시할 수 있다. IPA식으로 국제음성기호 또는 그것을 원용한 음운기호에 의해 표시할 수도 있지만, 개별적 기호음의 공통성과 차이점이 쉽게 파악되는 자질이 이용된다. 이는 서로의 상관적인 관계가 파악됨으로써, 이들이 자연적인 부류를 이루고 같은 음운과정을 거치는가를 식별할 수 있고 또한 그러한 관계를 명시적으로 기술할 수 있는 이점을 지닌다.

이 자질모형은 어휘목록에 있어서의 음운자질의 표시, 음운부에 있어서의 음운표시 그리고 음운규칙의 표시에서 사용된다.

문제는 자질모형이 하나하나의 단음에 대하여 모든 변별적 자질을 표시한다는 데는 번잡성이 따른다. 예컨대 다음과 같은 5모음체계(라틴어, 현대희랍어, 스페인어, 폴란드어, 하와이어, 일본어)의,

33.   i   u
      e   o
       a

자질모형은 다음과 같은 행렬(行列)로 표시된다. 행은 단음이고 열은 변별적 자질이다. 행과 열이 교차되는 곳에 양분법에 의한 자질의 값이 표시되고 있다.

34.

	i	e	a	o	u	(æ)	(ɔ)
high	+	−	⊖	−	+	+	⊖
back	−	−	⊕	⊕	⊕	−	+
low	⊖	⊖	+	⊖	⊖	⊖	+
round	⊖	⊖	⊖	+	+	⊖	⊕

(일본어에서는 round는 결한다)

자질의 잉여성 어느 모음도 자질모형이 같은 것은 없다. 그래야 모음 사이의 차별성이 드러나기 때문이다. 그렇다고 이들 자질 하나하나가 독립해 있는 것은 아니다. 그 어떤 것은 다른 것으로부터 예측될 수 있는 게 있다. 곧 34.의 자질모형에는 일정한 잉여성이 있는 셈이다. 34.에서 ○을 친 것이 그것이다.

이러한 잉여성은 다음과 같이 형식화(함유공식) 할 수 있다. (화살표는 또한 ~이기도 한다. 또는 ~를 함의한다란 뜻이다)

35. 1) [+high] → [−low] [+high]인 불절음은 항상 [−low]이기 때문이다.

2) [+low] → [−high] [+low]인 분절음은 항상 [−high]이기 **때문이다.**

3) [−back] → [−round] [−back]인 분절음은 항상 [−round]이기 때문이다.

4) [+round] → [+back] [+round]인 분절음은 항상 [+back]이기 때문이다.

5) [+low] → [+back / −round] [+low]인 저모음은 오직 하나밖에 없고 게다가 [+low]인 분절음은 또한 [+back]이고 또 [−round]이다.

6) [[−back] / [+round]] → [−low] 전설저모음이 없기 때문에 [−back]인 분절음은 항상 [−low]이고 원순저모음이 없기 때문에 [+round]인 모음은 항상 [−low]이다.

이와 같이, 자질의 지정에서 잉여적 관계가 성립하는 경우 예측가능한 자질은 명시할 필요가 없다. 그렇다고 예측되는 자질표시가 전혀 언어학상 뜻이 없다는 것은 아니다. 그 나름대로의 자연류를 이루는 음의 분류에서 잉여적 자질의 기술이 필요할 때가 있다.

자음에서의 잉여성의 형식화의 예를 든다면,

36. 1) [+str] → [-nasal]　　저찰음(粗擦音) 비음이란 있을 수 없기 때문이다.

    2) [+nasal] → [+son]　　모든 비음은 공명음이기 때문이다. 공명음은 또한 소음성이 없기 때문에 [-str]이고 폐쇄음이기 때문에 [-cont]이고, 유성음이니까 [+voice]이다. 이들은 모두 잉여 자질이다. 이외에도 [+nasal]은 자음이니까 [+cons]와 [-voc]의 표시가 필요없다.

    3) [+str] → [+cons]　　오직 자음만이 저찰성 측음성이 될 수 있음을 뜻한다. 이와 같은 자질을 가진 모음이나 과도음은 없다.
    4) [+lateral] → [+cons]

    5) [+lateral] → [-nasal]　　이러한 자질의 결합은 어떤 언어에서도 단어의 구에 사용되지 않는다고 보기 때문이다.

분절음으로 본다면, 유음 /r/와 /l/도 [+cons]와 [+voc]의 자질만으로 다른 자음과 구별되고, /r/와 /l/의 구별에는 전자에게는 [-ant], 후자에는 [+ant]로 충분하다. 과도음 /y, w, h/은 [-cons]와 [-voc]의 자질만으로 다른 자음과 구별되고 이 세 음의 구별에는, /y/에는 [+high] [-back]의 자질을, /w/에는 [+high] [+back]의 자질을, /h/는 [-high]의 자질([-high]는 /h/ 하나뿐)만 지정하면 된다.

분절음잉여성　　분절음의 자질모형이 잉여적 자질의 제거로 간략화되고 그 어떤 자질의 선택으로 다른 자질은 필요없게 되는 예를 보이면,

2. 음운단위 73

37. p의 경우

$$\begin{bmatrix} +\text{cons} \\ -\text{voc} \\ -\text{son} \\ -\text{cont} \\ -\text{str} \\ -\text{nas} \\ +\text{ant} \\ -\text{cor} \\ -\text{high} \\ -\text{low} \\ -\text{back} \\ -\text{voice} \end{bmatrix} \rightarrow \begin{bmatrix} ① \\ ② \\ -\text{son} \\ -\text{cont} \\ -\text{str} \\ -\text{nas} \\ +\text{ant} \\ -\text{cor} \\ ③ \\ ④ \\ ⑤ \\ -\text{voice} \end{bmatrix} \rightarrow \begin{bmatrix} ① \\ -\text{cont} \\ -\text{str} \\ -\text{nas} \\ +\text{ant} \\ -\text{cor} \\ -\text{voice} \end{bmatrix} \rightarrow \begin{bmatrix} -\text{cont} \\ ① \\ (-\text{nasal}) \\ +\text{ant} \\ -\text{cor} \\ -\text{voice} \end{bmatrix}$$

↓

[-cont]를 택하면 모두 자음이므로 ① ② 필요 없다.
모음 구별에 쓰이는 ③ ④ ⑤ 필요없다. [-son]과 [-nas]가 있는 것은 [-cont]중에 비음이 있기 때문이다. ([+nas]면 [+son])

↓

[-nas]를 택하면 자연히 [-son] ① 이 필요없음.

↓

[+ant][-cor]을 동시에 택하면 [-cont] [-nasal]과 더불어 /p·b/임이 예측된다.
①이 필요없다. b와의 구별상 [-voice]는 필요하다.
[-voice] 때문에 [-nasal]이 필요없다.

38.   s의 경우

$$\begin{bmatrix} +\text{cons} \\ -\text{voc} \\ -\text{son} \\ +\text{cont} \end{bmatrix} \rightarrow \begin{bmatrix} ① \\ ② \\ ③ \\ +\text{cont} \end{bmatrix} \rightarrow$$

       ⎡ +str ⎤   ⎡ +str ⎤   ⎡ +str ⎤
       ⎢ -nas ⎥   ⎢ -nas ⎥   ⎢   ⎥
       ⎢ +ant ⎥   ⎢ +ant ⎥   ⎢ +ant ⎥
       ⎢ +cor ⎥   ⎢ +cor ⎥   ⎢ +cor ⎥
       ⎢ -high ⎥   ⎢ ④   ⎥   ⎢   ⎥
       ⎢ -low ⎥   ⎢ ⑤   ⎥   ⎢   ⎥
       ⎢ -back ⎥   ⎢ ⑥   ⎥   ⎢   ⎥
       ⎣ -voice⎦   ⎣ -voice⎦   ⎣ -voice⎦
                          ↓   ↓
       [+str]는 마찰음(θ ð 제   그러나 [+ant][+cor]를
       외)과 파찰음이므로 ①   동시에 택하면 [+str]
       ② ③이 필요없고 ④   와 더불어 s, z를 예
       ⑤ ⑥도 필요없다.   측할 수 있다. z와의
       마찰음 때문에 [+cont]   구별 때문에 [-voice]
       필요함.   필요하다.

이와 같이, 자음의 자질모형에서 잉여적인 것을 ○으로 친다면 최소한의
변별적인 자질만이 남는다.

39.

	p	b	t	d	k	g	č	j	f	v	θ	ð	s	z	š	ž	m	n	ŋ	r	l	y	w	h
cons	⊕	⊕	⊕	⊕	⊕	⊕	⊕	⊕	⊕	⊕	⊕	⊕	⊕	⊕	⊕	⊕	⊕	⊕	⊕	+	+	−	−	−
voc	⊖	⊖	⊖	⊖	⊖	⊖	⊖	⊖	⊖	⊖	⊖	⊖	⊖	⊖	⊖	⊖	⊖	⊖	⊖	+	+	−	−	−
son	⊖	⊖	⊖	⊖	⊖	⊖	⊖	⊖	⊖	⊖	⊖	⊖	⊖	⊖	⊖	⊖	⊕	⊕	⊕	⊕	⊕	⊕	⊕	⊕
cont	−	−	−	−	−	−	⊕	⊕	+	+	⊕	⊕	+	+	⊖	⊖	⊖	⊖	⊕	⊕	⊕	⊕	⊕	⊕
str	⊖	⊖	⊖	⊖	⊖	⊖	+	+	⊕	⊕	−	−	+	+	+	+	⊖	⊖	⊖	⊖	⊖	⊖	⊖	⊖
nas	−	−	−	−	−	−	⊖	⊖	⊖	⊖	⊖	⊖	⊖	⊖	⊖	⊖	+	+	+	⊖	⊖	⊖	⊖	⊖
ant	+	+	+	+	−	−	⊖	⊖	+	+	+	+	+	+	−	−	+	+	−	−	+	⊖	⊖	⊖
cor	−	−	+	+	−	−	⊕	⊕	−	−	+	+	+	+	⊕	⊕	−	+	⊖	⊖	⊖	⊖	⊖	⊖
high	⊖	⊖	⊖	⊖	⊕	⊕	⊕	⊕	⊖	⊖	⊖	⊖	⊖	⊖	⊕	⊕	⊖	⊖	⊕	⊖	⊖	+	+	−
low	⊖	⊖	⊖	⊖	⊖	⊖	⊖	⊖	⊖	⊖	⊖	⊖	⊖	⊖	⊖	⊖	⊖	⊖	⊖	⊖	⊖	⊖	⊖	⊕
back	⊖	⊖	⊖	⊖	⊕	⊕	⊖	⊖	⊖	⊖	⊖	⊖	⊖	⊖	⊖	⊖	⊖	⊖	⊕	⊖	⊖	−	+	⊖
voice	−	+	−	+	−	+	−	+	−	+	−	+	−	+	−	+	⊖	⊕	⊕	⊕	⊕	⊕	⊕	⊖

배열잉여성 이와 같은 분절음 하나하나의 변별에 있어서의 잉여적인 것을 분절음 잉여성이라 하고 음의 연속에서 잉여성을 예측할 수 있는 것을 음성연속 잉여성 또는 배열잉여성이라 한다. 후자의 잉여성은 개별언어에 있어서의 분절음의 결합에 제한이 있는 데서 오는 것이다.

영어에서 어두에 두 개의 자음연속이 있고 그 뒤에 모음이 있는 경우 최초의 자음은 참자음이다. 곧 r, l, n, m은 아니다.

40. if : $\left\{\begin{array}{c}+\\ \#\end{array}\right\}$ [-syll] [-syll] [+syll]
     $\qquad\qquad\qquad\qquad\quad\downarrow$
     then : [-son]   (여기서 l, r, n, m이 배제됨)

또 어두에 /l, r, n, m/을 제외한 두 개의 참자음의 연속이 있을 경우 최초의 참자음은 /s/이고, 그 연쇄는 /sp, st, sk/의 어느 한 가지이다.

41. if : $\left\{\begin{array}{c}+\\ \#\end{array}\right\}$ [-son]   [-son]
     $\qquad\qquad\qquad\qquad\;\downarrow$
     then : $\begin{bmatrix}+\text{ant}\\+\text{cor}\\+\text{cont}\\+\text{str}\\-\text{voiced}\end{bmatrix}$ $\begin{bmatrix}-\text{cont}\\-\text{str}\\-\text{voiced}\end{bmatrix}$

어두에 참자음과 비음의 연속이 올때 어두에 오는 참자음은 /s/이고 그 연쇄는 /sm/ 아니면 /sn/이다.

42. if : $\left\{\begin{array}{c}+\\ \#\end{array}\right\}$ [-son]   [+nasal]
     $\qquad\qquad\qquad\qquad\;\downarrow\qquad\qquad\downarrow$
     then : $\begin{bmatrix}+\text{ant}\\+\text{cor}\\+\text{cont}\\+\text{strid}\\-\text{voiced}\end{bmatrix}$ [-ant]

폐쇄자음과 기타의 자음으로 되는 연속이 어두에 오는 경우, 그 폐쇄자음은 파찰음이 아니고 또 다음에 오는 자음은 유음에 한한다. 그 연쇄는 pr, pl, br, bl, tr, dr, kr, kl, gr, gl이다.

43. if : $\left\{ \begin{array}{c} + \\ \# \end{array} \right\}$ [-cont] [-syll]
     $\qquad\qquad\qquad\qquad\quad \downarrow \qquad\quad \downarrow$
     then : $\qquad\qquad$ [str] $\quad \begin{bmatrix} +son \\ -nasal \end{bmatrix}$

게다가, sl, šr의 연속은 허용되고 sr, šl의 연쇄를 허용되지 않으므로 이를 제한하기 위하여 다음과 같은 조건이 필요하게 된다.

44. if : $\left\{ \begin{array}{c} \# \\ + \end{array} \right\}$ $\begin{bmatrix} +cont \\ <\alpha\, ant> \end{bmatrix}$ [-syll]
     $\qquad\qquad\qquad\qquad\quad \downarrow \qquad\qquad\quad \downarrow$
     then : $\qquad\quad \begin{bmatrix} +str \\ +cor \\ -voiced \end{bmatrix} \begin{bmatrix} +son \\ -nasal \\ <\alpha\ lateral> \end{bmatrix}$

이러한 여러 가지 제한에서 분절음의 연쇄가 어떤 것은 허용되고, 어떤 것은 허용되지 않는다는 것이 밝혀져서 가능한 형태소의 형식을 알 수 있게 된다. 여기서 그러한 가능한 형식의 음연속 가운데 어떤 것은 현재로서는 없다 하더라도 장차는 있을 수 있는 가능성을 예측하게 한다. 예컨대, 영어에서의 br(brew, brik), bl(blew)의 연속이 허용되는 점에서 *blik이 나타날 수 있는 가능성이 있는 것과 같다.

잠재명세 앞에서 예측가능한 자질은 기저형에 생략하고 만약 이 예측가능한 자질의 명세가 요구되는 경우는 잉여규칙에 의해 채울 수 있다는 것을 앞에서 본 바 있는데 여기서는 두 개의 잉여규칙이 있고 그 하나는 범어적인 잉여규칙(defaullt rule)이고, 다른 하나는 개별언어 특유의 보충규칙(complement rule)임을 예시하기로 한다.

45. [+high]와 [+law]에 대한 범어적 defaullt rule.
   1) [　　] → [-high] / [+low]　저모음성이면 [-고모음성]이다.
   2) [　　] → [-low] / [+high]　고모음성이면 [-저모음성]이다.

46. [+back]와 [+round]에 대한 범어적인 defaullt rule.
   1) [　　] → [-round　] / [+low]　저모음성이면 후설성이며
              [+back　]   [-원순성]
   2) [　　] → [α round]/ [α back]　비저모음에서 후설성이면
                         [low   ]　원순성이고 비후설성이면
                                     비원순성이다.
   3) [　　] → [α back]/ [α round]　비저모음에서 원순성이면
                        [-low   ]　후설성이고 비원순성이면
                                     비후설성이다.(Sohn 1987:
                                     25)

한국어의 경우는 이 규칙이 통하지만, 일본어의 경우 2), 3)은 통용되지 않는다. [+round] 자질이 없기 때문이다.

보충규칙은 범어적인 언어정보에 의한 defaullt rule과는 달리 개개언어 특유의 정보에 근거하는 것이다. 한국어의 8개 모음에 대한 1) 완전한 자질명세와 2) 잠재명세를 보이면 (Sohn 1987:80, 84).

47. a.

	i	e	æ	a	ə	o	u	ɨ
high	+	−	−	−	−	+	+	+
back	−	−	−	+	+	+	+	+
round	−	−	−	−	−	+	+	−
low	−	−	+	+	−	−	−	−

b.

	i	e	æ	a	ə	o	u	ɨ
high		−			−	−		
back		−	−					
round						+	+	
low			+	+				

한국어의 범어적 default rule은,

48. [ ] → [-high] / [+low]

빈칸에 대한 한국어 특유의 보충규칙은 다음과 같다.

49. 1) [ ] → [+high]   고모음성의 빈칸은 [+고모음성]
    2) [ ] → [+high]   후설성의 빈칸은 [+후설성]
    3) [ ] → [-round]   원순성의 빈칸은 [-원순성]
    4) [ ] → [-low]   저모음성의 빈칸은 [-저모음성]
                                      (Sohn 1989:84-85)

자연부류 개별음들의 자질명세에서 공통성을 가지고 있는 음들의 무리를 자연부류라고 한다. 이 개념이 중요한 것은 예컨대 음운변화의 경우 일반적으로 개별적인 음 하나하나에 적용된다기 보다는 어떤 공통적인 유형의 집단 곧 자연부류에 적용된다고 보기 때문이다. 영어의 모음의 경우 다음에 비음(m, n, ŋ)이 오면 비음화되는데, 50. a b에서 보이듯 a의 자질명세에서 추려낸 b의 공통성이 이들 개별음의 동일한 행동을 자아내고 있다는 것을 보여 준다.

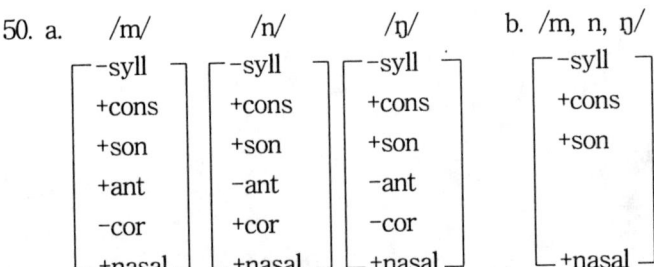

자연부류의 식별에는 분절음을 가지고서는 불가능하고, 이를 구성하는 변별적 자질을 이용함으로써 가능하다. 이런 점이 변별적 자질을 최소기술

단위로 삼는 이유가 된다.
개별적인 음이 많을수록 자연부류의 자질 수가 적어진다.

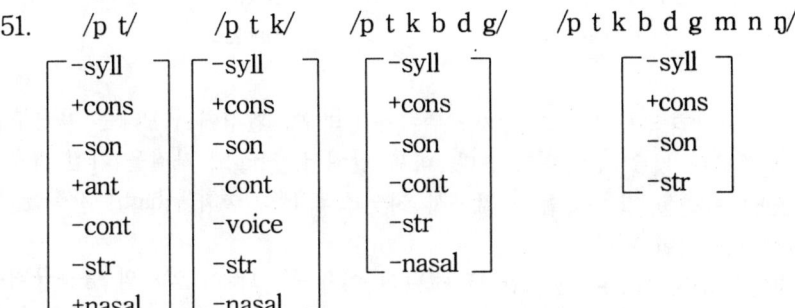

영어 /s/ /z/ /t/ /d/가 /y/ 앞에서 각각 [š] [ž] [č] [ǰ]로 발음되는 현상이 있다.

52. ⅰ) we miss you   [wi miš(y)u]
    ⅱ) we please you   [wi pliž(y)u]
    ⅲ) we bet you   [wi bɛč(y)u]
    ⅳ) we fed you   [wi fɛǰ(y)u]   (Hyman 1975 : 13)

그 규칙을 분절음으로 나타내면,

53.   A   B   C
$$\begin{bmatrix} s \\ z \\ t \\ d \end{bmatrix} \rightarrow \begin{bmatrix} š \\ ž \\ č \\ ǰ \end{bmatrix} / \underline{\qquad} \ y$$

A는 [+ant, +cor, -high]의 공통성을 지닌 자연부류이고, B는 [-ant, +cor, +high]의 공통성을 지닌 자연부류이다. 52.를 변별적 자질로 나타내면,

54. $\begin{bmatrix} C \\ -son \\ +cor \end{bmatrix} \rightarrow \begin{bmatrix} -ant \\ +high \end{bmatrix} / \underline{\quad} \begin{bmatrix} -syll \\ -cons \\ +high \\ -back \end{bmatrix}$

이는 곧 52.에서의 A라는 자연부류가 C의 앞 환경에서 B라는 자연부류로 변했다는 것을 보여주고 있다. 바꿔 말해서 [-high] 자질을 가진 A음이 [+high] 자질을 갖는 C음을 닮아서 자연스레 B로 동화([+high] 자질을 갖는)했다는 것이 된다.

자연부류의 개념이 중요한 또 하나의 이유는, 그것이 임의의 음운규칙이 가능한가 가능하지 않은가를 가늠하게 해준다는 것이다. 예컨대, 다음의 두 규칙 가운데,

55. a) $a \rightarrow æ / \underline{\quad} \begin{bmatrix} i \\ e \\ æ \end{bmatrix}$

   b) $a \rightarrow æ / \underline{\quad} \begin{bmatrix} i \\ p \\ z \end{bmatrix}$

어느 것이 가능한가는 결국 환경을 이루는 부류들이 자연부류인가 아닌가에 의한다.

이는 변별적 자질을 이용하면 쉽게 판별된다. 일반적으로 음운현상은 자연부류에 적용되기 때문이다. a)는 가능한 규칙이고, b)는 불가능한 규칙이다.

56. a) $\begin{bmatrix} V \\ +low \\ -round \end{bmatrix} \rightarrow [-back] / \underline{\quad} [-back]$

b) $\begin{bmatrix} V \\ +\text{low} \\ -\text{round} \end{bmatrix} \rightarrow [-\text{back}] / \underline{\quad} \begin{bmatrix} i \\ p \\ z \end{bmatrix}$ (Halle 1964)

Hyman(1975:139-140)에서는 자연부류에 대한 네 가지 기준이 제시되고 있다.
1. 같은 음운규칙의 적용을 받는 것.
2. 음운규칙의 환경 속에서 하나로 작용하는 음.
3. 어떤 음운규칙의 적용을 받기 전과 받은 후의 음들.
4. 어떤 음운규칙의 적용을 받아 도출된 음과 그 규칙의 환경.

2.5. 음절과 경계

음절 음절은 음운론에 있어서 중요한 단위이다. 그것은 억양이나 성조의 패턴을 고찰하는데 중요한 역할을 한다.

음절이 언어학적으로 의의있는 음운단위로 인정되는 이유는 이외에도 있다. 예컨대, 영어의 bar, barber, bargain 등에서 r음이 발음되지 않는 현상을 다음과 같이 규칙화할 수 있는데,

57. r → ø / _____ $\begin{bmatrix} C \\ \# \end{bmatrix}$

여기서 C와 #가 공통된 자질이 전혀 없으므로 자연부류를 이루지 못하는데도 같은 환경부에 동행하는데 문제가 있다. 이는 음절이라는 단위를 도입하면 해결될 수 있다. C와 #의 공통성을 음절경계($)로 표시하는 것이다.

58. r → ø / _____ (C)$

또한 다른 예로서 독일어 방언에서 유성음이 자음 앞에서 무성음화하는 규칙과 일반적으로 어말의 유성음이 무성음으로 바뀌는 무성화규칙이 55.로 보이면,

59. C → [-voice] / ＿＿ $\begin{bmatrix} C \\ \# \end{bmatrix}$

자음 앞과 단어 끝이라는 환경을 이루는 c와 #가 53.과 마찬가지로 자연 부류를 이루지 않음에도 같은 규칙으로 적용되고 있다. 여기에 음절 단위를 도입하여 음절경계를 표시하면 해결된다.

60. C → [-voice] / ＿＿ $

이상의 음절 단위의 도입은 어디까지나 분절음 연쇄 속의 경계로서만 인식한 테두리의 것이다. 곧, 분절음과 음절 경계는 같은 선상으로 보고 있다.
음절음운론에서는 분절음과 음절은 계층적 구조로 파악한다. 이러한 구조적 도입은 과거에 해결하지 못했던 음절의 양음절성(ambisyllabicity)의 문제를 해결할 수 있도록 한다.
예컨대, 영어의 유기음화(aspiration)는 일반적으로 무성자음이 어두에 오는 경우 있게 된다. 그런데, master의 음절경계가 mæs$tər(mæs$tər는 음절말에 이완모음 i ɛ æ가 올 수 없다는 연속체 제약으로 배제된다)인 데도 t가 유기음으로 실현되지 않으며 또한 그 이유가 설명되지 않는다. 여기서 음절의 구조적 도입으로 그 해결을 꾀할 수 있다. 곧, t 앞의 s를 양음절성을 띠는 것으로 보는 것이다.

61.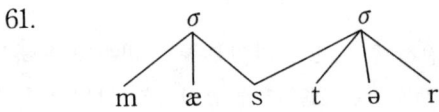

곧 s가 음절말이 되므로 이완모음 æ가 음절말이 되는 것을 막아주고, 동시에 제2음절의 음절초가 되어 유기음화를 막는다는 것이 된다.
오랫동안 음운단위로서 분절음보다 큰 단위(음절)는 인정하지 않았다. 모든 음운규칙은 분절음과 경계표시만으로 기술되었다. 앞에서 (1.2.), 언급한 바 있지만, 음절이 음운체계에서의 하나의 독립된 단위로 마련된 것은 D. Kahn부터이다. 분절음과 음절을 다른 층위로 파악된다. 음절은 음성적 층위에서 분절음보다는 크고 단어보다는 작은 단위가 된다. 이러한 단위의 설정은 음성변화나 공시적인 음운규칙 등을 조건 짓는데 중요한 몫을 한다 (Kahn 1976:9).

Clements와 Keyser(1983:8)에서는 Kahn의 음절층, 분절음층 사이에 독립적인 CV층을 마련하여 3층위의 단위를 마련한다. CV층의 마련으로 한 언어의 특성을 대표하는 기본음절과 을절화 원칙을 CV층에 마련함으로써 연음, 자음군 간소화, 활음화, 기음화 등 여러 가지 음운현상을 재음절화과정으로 기술할 수 있게 되었다.

경계 음운과정은 어두·어말·형태소 경계·휴지에 따라서 양상을 달리한다. 그래서 경계는 음운단위로 인정하게 되고 그러한 경계 표시에 다음과 같은 부호를 사용하게 된다. 흔히, 형태소경계(morpheme boundary)에는 +, 단어경계(word boundary)에는 #, 그리고 구경계(phrase boundary)에는 ∥가 사용된다. 휴지(pause)는 ##로 나타내기도 한다.

영어의 singer [sɪŋə]와 finger [fɪŋɡə] 그리고 longer [lɔŋɡə]에서의 같은 표기가 다른 소리로 실현되는 이유를 설명하는데 형태소와 단어경계의 유무가 이용된다.

[ŋ]의 기저형을 /ng/으로 보았을 때 58.의 규칙에 의한 59.의 도출과정이 경계의 위치 여하에 따라 다른 **표면형**을 유도하는 것을 보여준다.

62. i) $\begin{bmatrix} C \\ -nas \end{bmatrix} \rightarrow \begin{bmatrix} -ant \\ -cor \end{bmatrix} / \underline{\quad} \begin{bmatrix} -son \\ -ant \\ -cor \end{bmatrix}$

    ii)   g   →   ø / [+nas]_____ #

63. 음운표시   #sɪng#ər#   #fɪngər#   #lɔng+ər#
     비음동화   sɪŋgər   fɪŋgər   lɔŋgər
     g탈락   sɪŋər   _____   _____
     음성표시   sɪŋər   fɪŋgər   lɔŋgər

3. 음운표시

3.1. 기저음운표시

음운표시 음운표시란 통사부에서 도출된 음운부분의 최초의 표시층위이다. 음운부분의 도출과정이나 음운표시의 정의에 대하여는 음운론에 따라 다르겠지만, 그것을 올바르게 밝히려 노력하는 것도 음운론의 한 과제이다. 구조주의의 최초의 음운표시는 단음층위이다. 수많은 음성자료 중에서 변별적 기능을 가진 요소를 발견하고 음소체계를 구축한다. 여기서 누락되는 것은 이음이다. 하지만 변별적 기능이 중화된 원음소는 포함시킨다. 미국의 구조주의음운론은 원칙적으로 단계혼합을 배제하지만 이점에서는 음운론과 형태론의 연결층위에서의 형태음소표시를 용인하고 있는 것이 된다.

따라서 구조주의음운론에서의 음운표시는 음소·원음소·형태음소가 같은 층위에서 수평적 관계로 존재하며, 음운규칙도 수평적 관계의 교체에 의한 음가의 변동으로 다룬다.

이에 대해 생성음운론은 음운부의 입력을 추상적인 음운표시로 나타내고 그 출력을 실지 발화의 구체적인 음성표시로 하여 수직적인 두 표시단계로 설정한다. 여기서의 음운표시는 통사부의 출력인 어휘표시에다 음을 달아주는 역할을 하는 층위이다. 그것이 과연 어떠한 실체를 갖는 것인지 직접적으로 접근할 수 없으나 실지 발화에서 보여주는 음성표시와 이를 유도한 음운규칙의 기능과 성격을 미루어 이에 합리적으로 연계되는 음운표시를 추정할 수밖에 없다. 이렇게 추정되는 음운표시를 기저형, 그것이 음운규칙에 의해 유도된 실지 발화인 음성표시를 표면형, 파생형이라고 한다. 이하 술어의 혼동을 피하기 위하여 기저적인 음운표시를 기저음운표시(줄여서 기저표시), 표면적인 음성표시를 표면음성표시(줄여서 음성표시)라는 말로 쓰기로 한다.

기저음운표시 기저음운표시는 어느 정도까지 추상적으로 되어 있을까. 다시 말해서 기저음운표시와 표면음성표시와의 간격이 어느 정도까지 좁혀야 하는 것인가인데, 이를 위해서는 그러한 적정성을 헤아리는 기준이 마련되어야 한다.

먼저, 기저음운표시의 특징은 그 입력이 어휘표시에서 오는 만큼 형태음소적 표시로 되어 있다는 것이며, 그것은 음운규칙과 맞물려 존재한다는 점이다. 그것은 예컨대 책이라는 hoN '本'이 복합형식을 이룰 때 hom, hon, hoŋ의 이형태로 나타나는데 이는 형태음소 N이 음운규칙에 의해 이형태로 파생하는 것으로 봄과 같다. 이는 비교적 간단한 예이고, 동사는 어간과 어미의 두 형태소로 쪼개고, 그 중 어미의 형태소는 tabe+ru '食' mi+ru '見'와 맞추어 kak+ru를 설정하고 후자에서는 r(u) 삭제규칙이 적용되어 'kaku'가 파생하는 것으로 처리하는 것도 그 예다. 그와 같은 기저음운표시가 적절하기 위해서 바꿔 말해서 적절한 기저음운표시 설정을 위해서는 형태음소의 선택이나 음운규칙에 어떤 제약을 가할 필요가 있다.

음운표시의 선택에 제약을 가하는 것으로는

1) 구조주의에서의 형태소교체형이론
2) TGP의 추상적 분절음
3) NGP의 기본적 교체형

등이 있으며 음운규칙에 제약을 가하는 것으로는,

4) Postal의 자연성조건
5) Kiparsky의 교체조건
6) NGP의 진일반화조건

등이 있다.

1)은 한 형태소의 모든 이형태를 모두 어휘부에 기록하고 선택규칙에 의하여 알맞는 환경에 알맞는 교체형을 선택하도록 하는 것이다. 이음단계, 음소단계, 형태음소가 각각 독립 단계로서 존재하고 이들 항목이 나열된다. 이 때의 모든 교체형은 동등한 자격을 가지고, 구체형으로 나타나기 때문에 기저형이란 표시가 없으며 교체형 하나하나를 가지고 말한다면 이 때의 음운표시의 추상성은 제로이다. 다만 대표형태소에서 이형태를 끌어내는 방식은

TGP에서의 기저형과 파생형의 개념과 비슷하다. 대표적인 예로 영어의 복수의 대표형태소가 음운적 조건의 선택규칙에 의해 이형태로 나타남과 같다. 이 이론대로라면 기저형의 표시는 이형태 내에서 선택된다는 것이 된다.

2)는 한 형태소의 음성 이형태로 나타난 음은 기저형에서 이용하도록 하자는 것인데, 앞서의 형태소교체이론과 비슷하다. 복수접미사 {z}의 경우가 그렇다. 다르다면 형태소교체이론에서처럼 교체형의 나열 중에서의 선택이 아니고 그것들을 포괄할 수 있는 추상적 분절음의 설정이라는 데 있다. 어떻게 보면 구조주의의 형태음소의 표기와도 일치한다. /wife/와 /wives/에서 {wiFes}의 추상적 분절음 F의 설정과 같다. /f/와 /v/의 나열이 아니고 그것을 F로 종합한 것이 된다.

이러한 일들은 기저형에서의 최저의 추상성을 보여준 것이지만 실지로는 음성형에 전혀 나타나지 않거나 너무 그것과 거리가 먼 추상적 분절음을 허용하는 경우가 있게 된다.

3)은 기저형은 그것의 음성형 중의 하나이어야 한다는 것인데 앞서의 형태소교체이론과 비슷하면서도 기저형 표시가 마련되어 있는 점이 다르다. 추상적분절음이론과는 기저형이 마련되는 점은 같으나, 추상적인 분절음을 허용치 않는 점이 다르다 하겠다.

그럼 어떤 것을 기저형으로 삼을 것이냐에 대해서는,

1. 접사없이 독립적으로 존재하는 형태소의 교체형이어야 한다. — 예컨대, 단수형과 복수형 중에서 단수형을 —

2. 가장 많은 빈도를 나타내는 환경(접사) 속에 있는 이형태라야 한다. — 예컨대, 일본어 동사 kak-, ka(음편형)에서 a/u/e/o에 나타나는 kak을 —

3. 일단 기저형으로 선택되었으면 그와 같은 형태소적 분류에 속하는 모든 형태소의 기저형은 같은 범주에 속한 것이 되어야 한다. — 예컨대, 명사의 기저형을 주격 단수형으로 삼았으면 다른 명사의 기저형도 그렇게 —

4)는 어휘표시층, 음운표시층, 음성표시층 사이의 자연적 관계가 유지되

어야 하고 만일에 기저표시에서 음성표시에 관계없는 임의적인 기호 예컨대 f와 v를 추상화한 F-가 사용되는 것은 금지하는 것이다. 곧 표면에 나타나지 않는 음을 기저형으로 설정할 수 없다(Postal 1968:61-62). 그렇게 되면 TGP에서 기술상 편의를 내세워 삭제했던 음소단계가 묵시적으로 사용하는 것이 된다.

5)는 교체형이 없는 형태소는 음성형이 바로 음운표시가 되고 교체형이 있는 형태소는 그 중의 하나가 음운표시가 된다는 것이다. 곧, 형태소의 한 분절음이 음성형에 이르기까지 교체하지 않으면 그 음성형 그대로 기저형으로 삼고, 교체한다면 그 교체형 중의 어느 하나를 기저형으로 삼는다는 것이다.

6)은 음성형의 일반화로, 음운표시의 추상화를 방지하려 한다. 곧, 모든 규칙이 음성형을 기초로 해서 이루어지게 한다. 음성적 환경에서 일어나는 음운규칙은 음성형에 그 환경이 주어지면 반드시 적용해야 하고, 역으로 그런 환경이 없는 상태에서는 절대로 사용되어서는 안 되는 것이다.

3.2 기저형의 설정

절대적 중화 독일어(기타 러시아어 등)에 있어서 볼 수 있는 어말에서의 폐쇄음의 유성·무성 대립의 중화는 일정한 환경에 제약되는 현상이다. 이와는 달리 환경과는 관계없이 추상적 레벨의 기저분절음에서 대립한 것이, 일정한 음운규칙의 적용 결과 그 대립이 나타나지 않는 것을 절대적 중화 (absolute neutralization)라고 한다.

Kisseberth(1969)의 Yawelmani의 echo동사 (2음절로 되고 음절내의 모음이 서로 관련되는 동사)의 경우 $CV_1 CV_2$ (C) 구조일 때 V_2의 위치에 e: 가 있으면 V_1은 i이어야 하고 V_2의 위치에 o:가 있으면 V_1은 u이어야 하는 제한이 있다.

1. [ʔileːhin]   'fanned'   /-hin/은 접미사(aorist)
   [cʼuyoːhun] 'urinated' (/-hun/은 모음조화에 의한 그 이형태)
   [hoyoːhin] 'named'
   [panaːhin] 'arrived'

여기서 제1음절의 모음이 제2음절의 장모음에 의하여 예측된다고 가정을 세운다면 이 자료는 같은 모음을 삽입하는 규칙(echo규칙)과 모음저하 규칙의 두 가지를 마련해야 한다. 그래야만이 그러한 가정에 우러나오는 1.의 표면형을 도출할 수 있다.

2. 기저표시 /ʔliː+hin/ /c'yuː+hun/ /hyoː+hin/ /pnaː+hin/
　　echo규칙　ʔiliːhin　c'uyuːhun　hoyoːhin　panaːhin
　　모음저하　ʔileːhin　c'uyoːhun　─────　─────
　　음성표시　[ʔileːhin]　[c'uyoːhun]　[hoyoːhin]　[panaːhin]

이를 보면, 기저표시에 음성표시에 없는 추상적인 /iː/ /uː/가 설정되어 있다. 이는 모음저하에서처럼 환경조건과 관계없는 iː→eː, uː→oː와 같은 음운변화를 마련하고 있다. 이와 같이 환경조건과는 관계없이 음운상의 대립이 없어지는 것을 절대적 중화라고 하는데 기저형의 설정이 그와 같은 전제에 입각하고 있음을 알 수 있다.

이 개념은 산스크리트어의 통시적인 구개음화를 설명하는 데도 유용하게 이용된다. 산스크리트어의 [ka] 및 [ča]의 관계는 [ča]가 [ka]에서 온 것으로 본다. 그러자면 같은 모음의 환경에서 그리 되었다 볼 수 없으므로 a에 두 종류의 /a₁/ /a₂/가 있었던 것으로 하고 /a₂/ 앞에 온 k가 구개음화한 것으로 해야 한다. 그렇다면 /a₂/는 구개음화된 후 절대적 중화에 의하여 [a₁]이 되었다는 것이 된다.

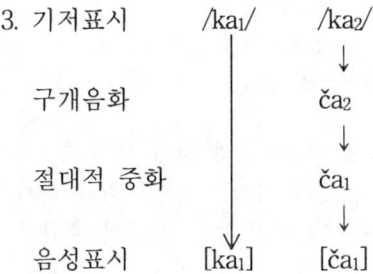

3.　기저표시　　　/ka₁/　　/ka₂/
　　　　　　　　　　　　　　↓
　　구개음화　　　　　　　ča₂
　　　　　　　　　　　　　　↓
　　절대적 중화　　　　　　ča₁
　　　　　　　　　　　　　　↓
　　음성표시　　　[ka₁]　　[ča₁]

절대적 중화에 대하여 이의를 제기하는 이도 있다. 앞서의 Yawelmani의 분석에 따라 예컨대, [ʼoːtʼ+hun] 'to steal'의 파생을 보면, 다음과 같은 절대 중화적 파생을 거친다.

4. 기저표시   /ʔuːtʼ+hin/
                               ↓

   모음조화규칙   ʔuːtʼhun
                                 ↓

   모음저하규칙   ʔoːtʼhun
                                 ↓

   음성표시   [ʔoːtʼhun]

이에 대해 Kiparsky(1968a)에 따라 현실적으로 음성형으로 나타나는 것으로 기저 표시한다면

5. 기저표시   /ʔoːtʼ+hin/
   후모음규칙   ʔoːtʼ hun
   음성표시   [ʼoːt hun]

4.에 비해 보다 간편한 파생이 된다. 여기서의 후모음규칙은 다음과 같다.

6. 후모음규칙

$$\begin{bmatrix} V \\ +high \end{bmatrix} \rightarrow \begin{bmatrix} +round \\ +back \end{bmatrix} \Big/ \begin{bmatrix} V \\ +round \\ \alpha\ high \\ -\alpha\ long \end{bmatrix} C_0\_\_\_\_\_$$

4.와 5.의 두 가지 방법만을 가지고 비교한다면 5.의 것이 보다 추상도가 낮고, 기저표시와 음성표시 사이의 거리가 보다 가깝고 음운규칙 하나로 처리되는 등의 이점을 지닌다. 이렇게 되면 자의성이 높은 절대적 중화의 필요성이 없어지게 된다.

그러나 2.와 더불어 전체적으로 바라볼 필요가 있으며 Hyman(1970)은 Nupe(중앙나이제리아의 kwa 언어의 하나)의 분석에서 절대적 중화의 필요

성을 말한다. Nupe어에는 형태소의 일반적인 음절구조는 (V)CVCV이지만 /Cw/나 /Cy/와 같은 자음연쇄는 허용되지 않는다. 다만 모음 /a/ 및 /ã/ 앞에서는 /Cw/ 및 /Cy/의 연쇄는 허용된다.

ēgwā '手'   twá '베'
ēgyā '血'   tyá '穩'
ēgā '모르는 사람'   tá '告'

그런데, Nupe에서는 일반적인 동화과정인 원순화(원순후설모음 앞에서) 및 구개화(비원순전설모음 앞에서)의 현상이 있다.

8. 원순화 $\begin{bmatrix} k \\ p \\ s \\ dz \\ r \\ kp \\ m \end{bmatrix} \rightarrow \begin{bmatrix} k^w \\ p^w \\ s^w \\ dz^w \\ r^w \\ kp^w \\ m^w \end{bmatrix} / \underline{\quad} \begin{Bmatrix} u \\ o \end{Bmatrix}$

(간략표기) $C \rightarrow C^w / \underline{\quad} \begin{Bmatrix} u \\ o \end{Bmatrix}$ /ēgu/ → [ēg^{w}ū] '浪'
/ēgó/ [ēg^{w}ó] '草'

(자질표기) $\begin{bmatrix} -syall \\ -cons \end{bmatrix} \rightarrow \begin{bmatrix} +round \\ +high \end{bmatrix} / \underline{\quad} \begin{bmatrix} V \\ +round \end{bmatrix}$

9. 구개음화 $\begin{bmatrix} k \\ p \\ s \\ dz \\ r \\ kp \\ m \end{bmatrix} \rightarrow \begin{bmatrix} ky \\ py \\ sy \\ dzy \\ ry \\ kpy \\ my \end{bmatrix} / \underline{\quad} \begin{bmatrix} i \\ e \end{bmatrix}$

(간략표기) C→ C^y /__ $\begin{Bmatrix} i \\ e \end{Bmatrix}$ ēgī /→ [ēg^{y}ī] '兒'
ēgē /→ [ēg^{y}ē] '맥주'

(자질표기) $\begin{bmatrix} -syll \\ +cons \end{bmatrix}$ → $\begin{bmatrix} -back \\ +high \end{bmatrix}$ / __ $\begin{bmatrix} V \\ -back \end{bmatrix}$

이들 규칙대로라면 [a] 앞에서는 순음화도 경구개음화도 일어나지 않아야 한다. 그러나 [ēg^{w}a] '手' [ēg^{y}a] '血'에서처럼 a 앞에서도 위의 두 현상이 일어나고 있다. [a]는 직전의 자음에 음운적인 영향을 미치는 일은 없으므로 위의 현상을 설명하기 위해서는 자음의 기저분절음으로서 /g^w/와 /g^y/를 마련할 수밖에 없다. 그렇지만 이를 두 개의 자음연속으로 본다면 Nupe의 음절구조의 제한에 어긋나게 된다.

여기서 Hyman(1970)은 이를 8. 9.의 규칙에 합당하게끔 [ēgwā] '手'와 [ēgyǎ] '血'를 기저에서 그것에 알맞는 다른 모음으로 가정한다. 곧, [+round]한 후설모음 앞에서는 자음이 순음화하고, [-back]의 전설모음 앞에서는 그것이 경구개음화되는 것이 자연적인 음운현상이므로 [ēgwā] '手'의 a는 [+round]한 후설모음인 /a₁/(/ɔ/) ([+low, +back, +round])로, [ēg$_y$à] '血'의 a는 [-back]인 전설모음인 /a₂/ (/ɛ/) ([+low, -back, -round])로 가정하는 것이다. 그렇게 되면 8. 9.의 순음화규칙과 구개음화규칙은 다음과 같이 ɔ와 ɛ를 포함하는 것으로 확대된다.

10. C → C^w / __ $\begin{Bmatrix} u \\ o \\ ɔ \end{Bmatrix}$

C → Cy / __ $\begin{Bmatrix} i \\ e \\ ɛ \end{Bmatrix}$

이제 ɔ와 ɛ를 기저분절음으로 삼았을 경우 그것이 음성형에의 도출과정을 보이면,

11. 음운표시   /ēgɔ̃/   /ēgɛ̃ /
    순음화   ēgʷɔ̃   ──
    구개음화   ──   ēgʸɛ̃
    후모음화   ēgʷà   ēgʸà
    음성표시   [ēgʷà]   [ēgʸà]

이러한 도출과정을 보면 기저에서 대립하는 /ɔ/ /ɛ/ /a/ 분절음이 음성형에서는 대립을 상실하고 모두 [a]가 되고 있다. /ɔ/와 /ɛ/는 Nupe어에서 음성 분절음으로 나타나는 일은 없으므로 절대적 중화의 경우가 된다. 음성레벨에서 나타나지 않는 추상적인 분절음을 기저음에 마련함으로써 보다 나은 기술이 가능하다는 예를 보여주고 있다. 이 분석의 이점은 자음+과도음 (gʷ/gʸ)을 두 개의 자동연쇄로 보지 않고 단일의 자음으로 봄으로써 Nupe어의 음절구조의 제한에 맞도록 했고, /ɔ/ 및 /ɛ/를 기저표시함으로써 Nupe어에 있어서의 일반적인 원순화 및 구개음화규칙의 범주에서 이러한 현상들을 포괄할 수 있게끔 한 점이다.

　추상성과 구체성　그러면 기저형과 음성형의 거리는 어느 정도가 바람직한가? 기저형은 음성형과 거리가 멀수록 추상성이 더한 것이고 음성형에 가까울수록 구체성이 더한 것이다. SPE에서는 극도의 추상성과 구체성을 피한다고 했지만 실지는 추상적인 쪽으로 기울었다. 기저표시의 추상성을 극도화하는 것은 안 되지만 그렇다고 그것을 완전히 배제할 수도 없는 일이다.
　먼저, 추상성을 띠게 되는 이유를 알아보기로 한다.
　체언의 곡용형(曲用形)이나 복합성 그리고 용언의 활용에서 동일한 형태소가 여러 가지 교체형 곧 이형태를 보이는 경우가 많다. 그렇다고 이들을 모두 어휘목록에 각각 다른 것으로 분리해 기재할 수도 없는 일이다. 어휘목록에는 기저형 하나만 표시하면 어휘목록의 수는 상당히 줄어들 것이다. 일본어의 tobu '飛'(자음동사)는 tobanai, tobimasu, tonde, tobuto, tobeba, toboo로 taberu '食'(모음동사)는 tabenai, tabemasu, tabete, taberuto, tabereba, tabeyoo로 교체하는데, 어간과 어미를 분리하여 각각 하나의 기저형을 마련함과 (나머지를 교체형으로 표시할 수도) 같다. 여기서 자음동사에서의 어간에서의 tob/ton의 교체를 추상화해야 하고 심지어 다른 모음동사와의 추상화도 기할 필요가 있게 된다. 그래서 흔히는 어간+ru의 형식 곧 tab+ru, tabe+ru로 기저형을 삼는다. 이에는 동일형태소에 속하는 교체형 곧 이형태를 그것의 기저표시로 삼는다는 원칙 이외에 음성형 도출규칙의 자연성과 간결성의 원리가 고려되고 있다.

영어의 부정접두사 /in/은 [in] (indecency), [im] (impossible), [iŋ](incomplete)의 교체형이 있다. 이들을 동일 기저형으로 파생된 것으로 기술할 때 그 중에서 어느 것을 기저형으로 삼을 것인가? 이에는 기저형에서 음성형을 도출하는 데서의 규칙의 자연성이 고려된다. 이 경우 기저형을 /in/으로 잡고, 이 /n/이 양순자음 앞에서는 [m], 그리고 연구개자음 앞에서는 [ŋ]이 되는 규칙을 마련한다. 그것은 [n]이 모음 앞에 오는 경우 (inedible)도 있기 때문에 그럴듯하게 보인다.

12. $\begin{bmatrix} C \\ +\text{nasal} \end{bmatrix} \rightarrow \begin{bmatrix} \alpha \text{ ant} \\ \beta \text{ cor} \end{bmatrix} - \begin{bmatrix} C \\ \alpha \text{ ant} \\ \beta \text{ cor} \end{bmatrix}$

이는 /n/이 [d] ([+ant, +cor]) 앞에서는 [n] ([+ant, +cor])이 되고, [k] ([-ant, -cor]) 앞에서는 [ŋ] ([-ant, -cor])이 되고, [p] ([+ant, -cor]) 앞에서는 [m] ([+ant, -cor])이 된다는 것을 나타낸다.

만일에, /im/ 또는 /iŋ/을 기저형으로 삼는다면, /m/이나 /ŋ/이 모음 앞에서 [n]이 되는 이유를 설명할 수 없다.

일본어의 발음(撥音)도 후접하는 자음에 따라 m(hombako '本箱'), n(hondana '本棚'), ɲ(hoɲja '本屋'), ŋ(hoŋka '本價')으로 변한다. 그렇다면 형태소 '本'에는 hom, hon, hoɲ, hoŋ 의 네 가지 형태가 있는 셈이다. 그렇다고 해서 이 중에서 기저형이 선택되고 있지는 않다. 단독형 [hoN]이 존재하고 실지 kana표기로는 모두 'ん'으로 통일되어 있으므로 (ほんばこ, ほんだな, ほんや, ほんか) 그것으로 기저형을 설정한다. 이 기저 분절음 /N/으로부터 다음의 규칙에 의해 음성형이 도출된다.

13.
$$/N/ \begin{cases} \to [m]/\text{―――}[bilabials] \\ \to [n]/\text{―――}[dentals] \\ \to [ɲ]/\text{―――}[palatals] \\ \to [ŋ]/\text{―――}[velars] \end{cases}$$

이는 조음점 일치의 현상이다. 자질을 이용하면 하나의 규칙으로 통괄할 수 있다.

14.
$$[+\text{nas}] \to \begin{bmatrix} \alpha \text{ ant} \\ \beta \text{ cor} \\ \gamma \text{ high} \\ \delta \text{ back} \end{bmatrix} / \_\_ + \begin{bmatrix} -\text{syll} \\ \alpha \text{ ant} \\ \beta \text{ cor} \\ \gamma \text{ high} \\ \delta \text{ back} \end{bmatrix}$$

(根間 1979;20)

동사의 경우 이번에는 일본어 동사의 경우를 구체적으로 살펴 보자. 일본어 동사는 소위 자음동사 예컨대 kaku '書'는 kak-u로 분석되고, 모음동사 taberu '食'는 tabe-ru로 분석되는데, 그렇게 되면 현재형 어미가 -u와 -ru 두 가지가 있고 결국에는 ϕ/r의 교체를 보여 주는 것이 된다. 여기서 이를 통괄하기 위하여 어느 한 쪽을 기저형으로 삼으려고 할 때 -u를 택할 것인지, -ru를 택할 것인가의 문제가 생긴다. -u를 택하면 kak-u, tabe-ru, -ru를 택하면 kak-ru, tabe-ru가 되어 어느 것이나 한 쪽이 실지 교체형에 없는 추상적인 형태가 된다. 이 두 가지 중에서 어느 하나를 고른다면, 그 관건은 그러한 기저형에서 음성형을 도출하는데 어느 쪽이 보다 간편한 규칙으로 이루어지는가에 있다고 할 수 있다.

기저형을 -ru로 하면 자음동사에서 어간말자음 뒤의 r를 삭제하기만 하면 된다.

15. r → ϕ / C+_____   (+는 형태소 경계)
    [-syll]

이와는 달리 기저형을 -u로 하면 모음동사에서는 어간모음 뒤에서 r를 삽입해야 하기 때문에 다음 규칙이 있어야 한다.

16. $\phi \rightarrow r / V+_____$

이러한 규칙의 마련만으로 간단히 해결되지 않는 문제가 있다. 예컨대 tabe+tai → tabe+rtai가 오생성될 수 있다. 모음 사이에서 r가 삽입되는 것으로 해서 다음 규칙을 마련하면,

17. $\phi \rightarrow r / V+_____V$

tabe-uru → taberuru가 되고 다시 이를 현재형으로 한정하는 18.의 규칙으로 바꾸어도, 조건형(tabe-reba)에도 나타나므로, 19.와 같이 자꾸만 규칙을 복잡하게 바꿔야 한다.

18. $\phi \rightarrow r / V+_____V]_{pres}$

19. $\phi \rightarrow r / V+_____V]_{cond}^{Press}$

그리고 일본어에서 분절음 배열에는 두 개의 다른 자음이 연속하여 일어나지 않는다는 제약도 있기 때문에 r삭제 쪽이 더 자연적이다.
필자는 이와 같은 기저형의 설정보다는 자음동사, 모음동사의 구별없이 동사의 어미는 마지막 -u에서 끊는 게 낫다고 생각한다(kak-u, taber-u). 이는 실지 현존하는 형태에서 기저형을 삼는 이점이 있고, 자음동사의 음편형의 처리나, 모음동사의 불규칙적인 어미교체($\phi : r$)의 제거, 그리고 수동조동사 형태의 통일(reru/rareru → reru) 등 여러 가지 면에서 이점이 있는 것으로 보고 있다. 다만, 여기서는 종래의 방식대로 -ru 기저형으로 언급해 갈 것이다.

기저분절음 /P/ 추상적인 기저형의 설정의 하나의 예로 warau '笑' 동사의 경우를 보기로 한다. 이는 warau, waratta, warawanai, waraenai,

3. 음운표시   97

warainagara, waraimasu, waraoo ······ 등의 활용형을 보여준다. 어간의 교체형에 wara, warat, warawa의 세 가지가 보인다. McCawley(1968:95)에서는 이 세 가지 교체형(결국 음성형)의 기저형으로서 /warap/을 설정하여 그 /p/가 일정한 음운규칙의 적용을 받아서 ϕ:[t]:[w]가 되는 것으로 해석하였다. 곧 음성형에 나타나지 않는 것을 기저형으로 설정하고 있는 것이다.

20

기저표시	/warap-ru/	/warap-anai/	/warap-ta/	/warap-reba/	/warap-yoo/
r,y→ϕ/C_	warap-u	──	──	warap-eba	warap-oo
p→t/_t	──	──	warat-ta	──	──
p→h					
h→'/_ [$-^v_{low}$]	warah-u	warah-anai	──	warah-eba	warahoo
	wara'u	──	──	wara'-eba	wara'-oo
'→ϕ	wara-u	──	──	wara-eba	wara-oo
h→w/_ [$+^v_{low}$]	──	waraw-anai	──	──	──
음성표시	[warau]	[warawana]	[waratta]	[waraeba]	[waraoo]

이러한 기저분절음 /p/의 설정은 활용형의 교체형 외에도 일본어의 공시적, 통시적 음운현상을 그럴듯하게 설명할 수 있는 이점을 지닌다. 공시적으로 현재의 일본어는 p, h, w가 매우 가까운 관계를 지니며 이들이 교체되는 경우가 많다.

21.   杯   匹   羽
    1   ip-pai   ip-piki   ici-wa
    2   ni-hai   ni-hiki   ni-wa
    10   zip-pai   zip-piki   zip-pa

이들 조수사의 음운표시를 /-pai/ /-piki/ /pa/로 하면 [pp]의 자음중복현상도 쉽게 설명될 수 있다. 통시적으로도 일본어의 ha행 p>h>w/ϕ의 과정을 거친 것과도 상응한다.

이와 관련된 추상적인 분석의 다른 예로 yuu동사의 경우가 있다. yuu와 it-ta의 기저형과 음성형 도출과정을 다음과 같이 나타낸다(McCawley 1968: 120).

22. 기저표시   /Hip-ru/   /Hip-ta/
    sharping   yip-ru   yip-ta
    r → ∅   yip-u   ─────
    p → h   yih-u   ─────
    h → ʔ   yiʔ-u   ─────
    assimilation   ─────   yit-ta
    ʔ → ∅   yi-u   ─────
    iu → uu   yu-u   ─────
    y → ʔ   ─────   ʔit-ta
    음성표시   [yuː]   [ʔitta]

 yuu동사는 앞서의 warau 동사처럼 기저형의 어간 말음 p가 현대일본어 동사의 어떤 교체형에도 나타나지 않는다. 만일 기저형을 구체적으로 설정해야 한다면 /p/는 /w/로 대체되어야 한다. /w/는 부정조동사, 사동조동사가 뒤따르는 미연형에서 구체적으로 나타나므로 기저형으로 손색이 없다.

 그런데, 현재시제에서의 [y]의 유래는 어떻게 된 것인가? McCawley에 의해 제안된 기저형 /hip/은 너무나 추상적이다. 단순히 /y/로 볼 수 있다. 그러나, 이 역시 어간 /yiw/의 표현이 이형태의 어느 형태에서도 나타나지 않는 것이 문제점이다. Teruya(1979:27)는 /iw/로 설정한다. 현재시제의 음성형의 /y/는 /i/에서 파생하는 것으로 본다. 23.에서처럼, 파생과정이 보다 간단하다. 특히 부정형의 경우 형태소 경계를 제거하는 규칙말고는 아무런 특별한 규칙이 필요치 않다.

23.   현재   과거   부정형
    기저표시   /iw+ru/   /iw+ta/   /iw+a+nai/
    r → ∅   iw+u   ─────   ─────
    Assimi.   ─────   it+ta   ─────
    w → ∅   i+u   ─────   ─────
    i → y   y+u   ─────   ─────
    u → uː   y+uː   ─────   ─────
    음성표시   [yuː]   [itta]   [iwanai]

동사의 어간과 후속형 일본어 동사의 음운표시에서 그외에 문제되는 것은 역시 자음동사의 어간말음이 -t, -ts, -tʃ로 바뀌는 경우이다.(立つ, 勝つ, 持つ). '立つ'의 예를 든다면, 이들의 음성형으로는 tat, tats, tatʃ 의 형태로 나타난다. 이들이 나타나는 음성적 환경을 보면,

1) tʃ는 전설고모음 i의 앞
2) ts는 후설고모음 u의 앞
3) t는 그 외의 환경

에서 나타난다. 이 중에서 어느 분절음을 기저형으로 삼을 것인가인데, i 또는 u모음 앞에서의 t>tʃ, t>ts의 변화는 자연적인 음운과정이다. 그 반대의 tʃ>t, ts>t는 공시적으로나 통시적으로 잘 볼 수 없으니만큼 위의 세 가지 음형식 중에서 t가 선택될 것이다. 그것이 분포하는 환경의 수가 많은 것도 그 이유가 된다.

동사 어간의 음운표시뿐만 아니라 후속형의 음운표시도 문제가 된다. 현재형에서 기저형을 -ru와 -u의 어느 한 가지로 택해야 하는 문제가 있고, 그 중에 -ru를 택하는 편이 낫다는 견해에 대하여는 전술한 바 있다. 또한 그 후속형인 부정형(anai), 청유형(yoo), 가정형(reba), 과거형(ta)에 대해서도 마찬가지로 앞에 예시한 바 있다. 여기서는 그 외의 사역형, 수동형, 희망형, 경어형 등에 대하여 언급하려고 한다.

먼저, 사역형, 가정형의 기저형의 설정에 대하여 알아보자. 이들 형태의 이형태에 re(ru)/rare(ru), se(ru)/sase(ru)의 두 가지가 있다는 것은 널리 알려진 사실이다. 다른 후속형과의 대비에서,

24.

	書く	帰る	見る	食べる
가정형	kakeba	kaereba	mireba	tabereba
청유형	kakoo	kaeroo	miyoo	tabeyoo
수동형	kakare	kaere	mirare	taberare
사역형	kakase	kaerase	mirase	taberase

역시 모음동사에 따라서 다음처럼 기저형을 설정할 수 있을 것이다.

1) 가정형   /reba/
2) 청유형   /yoo/
3) 수동형   /rare/
4) 사역형   /sase/

그러면, 후속형을 포함하는 자음동사의 음성형의 파생과정은 다음과 같게 된다.

25.   書けば   書こう   書かれ   書かせ
  음운표시   /kak+reba/   /kak+yoo/   /kak+rare/   /kak+sase/
  후속형의   kak-eba   kak+oo   kak+are   kak+ase
  어두자음탈락
  음성표시   [kakeba]   [kakoo]   [kakare]   [kakase]

희망형과 경어형의 경우는 다음과 같다.

26.   書きたい   書きます   見ます
  음운표시   /kak+tai/   /kak+masu/   /mi+masu/
  i삽입   kaki+tai   kaki+masu   ──────
  음성표시   [kakitai]   [kakimasu]   [mimasu]

부정형의 경우는 두 가지가 있다. 곧, kakanai, tabenai, minai에서 자음동사는 어간 다음에 anai, 모음동사는 어간 다음에 nai가 후속하는데, 이 두 가지 이형태 중에서 어느 것을 부정형의 기저형으로 삼을 것인가이다. McDawley(1968:97)는 nai를 취하는 것 같다. 자음동사에서 어간말자음 다음에 a가 삽입되는 것으로 보고 있다. 그 파생과정은 다음과 같다.

27.   書かない   見ない   食べない
  음운표시   /kak+nai/   /mi+nai/   /tabe+nai/

     a 삽입   kaka+nai   _____   _____
     음성표시   [kakanai]   [minai]   [tabenai]

/anai/를 설정하는 분석에 따르면 그 어두의 a를 모음동사 뒤에서 삭제해야 한다.

28.   書かない   見ない   食べない
     음운표시   /kak+anai/   /mi+anai/   /tabe+anai/
     a삭제   _____   mi+nai   tabe+nai
     음성표시   [kakanai]   [mi+nai]   [tabenai]

nai분석의 이점은 부정의 형태소가 구체적이라는 것과 그 앞에 있는 a의 통사적 독립기능이 없다는데 있다. anai분석의 이점은 자음동사에서 kak+nai가 kak-anai 보다는 추상적이고 또 aseru/areru와의 병행을 유지할 수 있는 데 있다.

과거형의 경우, 예컨대 oyoida '泳'의 도출에는 다음 29.의 두 규칙이 필요하다. 그 하나는 과거형의 ta의 t를 유성음 d로 바꾸는 유성음화규칙이고 다른 하나는 [g]를 [γ]로 바꾼 다음 동사 어간과 과거접미사(조동사) 사이에 i를 삽입시키는 규칙이다.

29. i) t→d / [+voice] +_____

    ii) ϕ→i / [γ]_____ + {past}

oyoida의 파생과정은 다음과 같다.

30. 음운표시   /oyog+ta/
    유성음화   oyog+da
    g→γ   oyoγ+da
    i삽입   oyoγi+da
    γ→ϕ oyoi+da
    음성표시   [oyoida]

i음편의 kaita의 경우는 기저표시에서 어간말자음이 [-voice]이기 때문에 앞서의 유성음화규칙은 적용되지 아니한다.

31. 음운표시　　/kak+ta/
　　유성음화　　─────
　　k→x　　　　kax+ta
　　i삽입　　　 kaxi+ta
　　x→∅　　　 kai+ta
　　음성표시　　[kaita]

n음편의 yonda의 경우는 앞서의 유성음화규칙과 다음의 조음점일치의 규칙이 필요하다.

32. 조음점일치의 규칙　m→n / _____ + $\begin{pmatrix} t \\ d \end{pmatrix}$

yonda의 도출과정은 다음과 같다.

33. 음운표시　　/yom+ta/
　　유성음화　　yom+da
　　조음점일치　yon+da
　　음성표시　　[yonda]

방언　방언의 기저표시는 어떻게 정하는가? 이에 대하여 모든 방언이 동일의 기저표시를 지니는 것으로 가정하고 다른 음성표시는 기저표시에 적용된 개개의 규칙과 적용순서에 의하여 생기는 것으로 보고 있다(Schane 1973:85).

그러나, 지리적으로 서로 여기저기 떨어져 있고 방언 모두가 같은 기저표시를 갖는다고 하는 것은 지나친 추상화라고 할 수 있다.

일본의 Nara현(縣)의 3지역에 있어서의 동사의 과거형의 예를 보이기로 한다(淸水 1978:226).

34.　1지역　　　2지역　　　3지역
　　[tonda]　　[toĭda]　　[tonda/toĭda]
　　[konda]　　[koĭda]　　[konda/koĭda]
　　[tsunda]　　[tsuĭda]　　[tsunda/tsuĭda]
　　[yusunda]　[yusuĭda]　[yusunda/yusuĭda]

3지역에서는 1, 2지역에서 보이는 두 가지 형태가 나타나 있다. 과거형 이외의 다른 어형을 보면,

35.　현재형　　부정형　　조건형　　경어형
　　togu　　　toganai　　taidara　　togimasu
　　kogu　　　koganai　　kaidara　　kogimasu
　　tsugu　　　tsuganai　　tsuidara　　tsugimasu

여기서 각 동사의 어간은 /tog-/ /kog-/ /tsug-/이 되겠고 이러한 자음동사의 과거형 /i+ta/로 된다고 보이므로 앞서의 34.의 동사의 과거형의 기저표시는 다음과 같이 표시된다.

36. /tog+i+ta/
　　/kog+i+ta/
　　/tsug+i+ta/

이러한 기저표시에서 각 방언의 음성형이 파생된 것으로 보아진다. 결국 방언상의 차이는 규칙의 가지와 적용순서의 차이에서 오는 것으로 여겨진다.

모음조화　동일어근 내 그리고 어간과 접미사의 연결에 있어서의 모음조화현상이 우랄어, 알타이어, 아메리카 인디안어, 아프리카어 그리고 한국어, 고대일본어 등에서 보이는 것은 널리 알려진 사실이다. 그런데, 이 모음조화의 설명에 세 가지 방법이 선택적으로 행해진다.
첫째는 어휘를 형성하는 제1음절의 모음이 지배적인 작용을 하고 그것에

따라 다른 모음이 동화한다는 것이고,
  둘째는 구분자질(diacritic feature)을 사용하는 것이며,
  셋째는 어간에 구체적인 기저표시를 마련하고 접사의 모음이 어간의 최후의 모음에 조화한다는 것이다(Kiparsky 1968a).
  예컨대, 핀란드어에 있어서의(pöütä) 'table'/pouta 'fine weather'와 같은 전설모음계열/후설모음계열의 대립의 기저표시는 이상의 방법에 따르면 다음과 같이 다르게 설정된다(Vago 1973).

37. a(첫째 방법) /pöUtA/ : /poUtA/
    b(둘째 방법) /pOUtA/ : /pOUtA/
                [-back]   [+back]
    c(셋째 방법) /pöütä/ : /pouta/

    (U O A는 原音素·)

  이 중에서 b(둘째 방법)가 기저표시의 추상성이 더 있고 c(셋째 방법)가 구체성이 있다고 하겠다. 이상의 방법의 차이가 기술상 어떠한 차이로 나타나는가를 헝가리어의 경우를 들어 보기로 한다(淸水 1978:182-184).
  헝가리어의 단모음은 다음과 같은 체계와 A, B, C의 세 가지 유별이 있다. ABC는 각각의 동일의 결합단위에서 공존하는데 A의 경우는 중성모음으로서 BC하고 공존한다.

38.
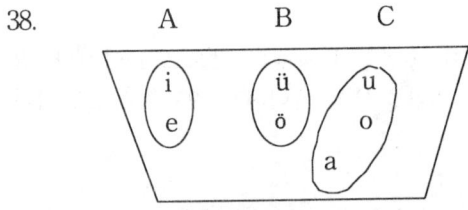

A류 ember '人間'   meleg '熱'
B류 tükör '鏡'   ürü '羊'   küsöb '문턱'
C류 apa '父'   hamu '灰'   homlok '額'   rōka '狐'

A와 C가 공존하는 경우 idö '時', kocsi '運搬車'
(그러나 새로운 외래어나 복합어에는 예외가 많다)

이들 어간(명사)에 결합하는 접미사도 예컨대 탈격의 töl/tol과 같이 어간 모음의 성격에 따라 구별된다. 이들 현상에 대한 앞서의 세 가지 방법을 보이면,

39. 37.a (첫째 방법)

　　　　기저형　　　음성형
　　　　/kapU+tOl/ → [kaputol]
　　　　/kükOr+tOl/ → [tükörtör]

이에는 다음의 도출규칙이 필요하다.

40. V → [α back] / # Co $\begin{bmatrix} V \\ α\ back \end{bmatrix}$ X___Y #

41. 37.b(둘째 방법)

　　　기저형　　　음성형
　　　/kApU+tOl/ → [kaputot]
　　　[+ back]

　　　/tUkOr+tOl/ →[tükörtöl]
　　　[- back]

이에는 다음의 도출규칙이 필요하다(어간의 구분자질에 의해 모음의 특성이 규정된다).

42. V → [α back] / X $\begin{bmatrix} V \\ a\ back \end{bmatrix}$ Y

43. 37.c(세번째 방법)

기저형 음성형
/kapu+tol/ → [kaputol]
/tükör+tOl/ → [tükörtöl]

이에는 다음의 도출규칙이 필요하다(어간의 마지막 음절모음의 특성표시에 의해 접미사의 특성이 결정된다).

44. V → [α back] / $\begin{bmatrix} V \\ α\ back \end{bmatrix}$ + X___Y #

이 세 가지 방법 중에서 어느 것이 나을 것인가? 모음조화현상은 각 언어마다의 특성이 있어 획일적으로 어떤 방법이 선택될 수 없는 일이다.

헝가리어의 경우는 다음과 같은 불규칙적인 모음조화(중성모음 결합형)를 보이는 명사+접미사나 접미사+인칭접사와 같은 연결형을 고려했을 때는 이를 예외적으로 다루어야 하는 37.b(둘째 방법), 37.c(셋째 방법)는 문제가 있다.

곧 [kocsi-toi]에서는 어간말모음 i와 접미사 모음의 후설성이 일치하지 않아서 구분자질을 이용하는 37.b(둘째 방법) 및 37.(셋째 방법)에서는 이를 예외적으로 다루어야 한다. 곧, /-tol/의 기저형은 [+back]의 모음을 전제한다. 37.a(첫째 방법)에서는 i말모음의 기저형을 ɨ로 가정하고 모음조화규칙 적용 후에 이것이 /ɨ/ → [i]로 변한 것으로 가정할 수 있다. 다만 기저표시에 헝가리어에 없는 ɨ로 설정하는 문제점은 있다.

다른 자료에서 다음과 같이 인칭접사가 접미사 모음의 후설성에 따라서 조화한다고 생각하면,

45. tölem töled töle (인칭어미 단수 1인칭 -m, 2인칭 -d, 3인칭 a/e)
    tölünk töletek tölük (인칭어미 복수 1인칭 nk, 2인칭 tek/tok 3인칭 uk/ük)

인칭접사의 모음은 모두 전설모음으로 되어 있어 [-tol]의 기저형은 [+back]이 아닌 [-back]의 /-töl/로 생각할 수 있어 그렇다면 37.a(첫째 방법)가 유효하다.

그럼, 일본어의 경우는 어떻게 될까? 계속하여 淸水(1978:186~187)의 논의를 보면, 고대일본어의 모음조화는 동일형태소 내부에서 이루어지고 어간+접미사의 연결형에서는 일부를 제외하고는 뚜렷하지 않다. 동일어근을 이루는 모음 계열은 대개 다음과 같이 구별된다.

46. 1) a   o   u
    2) ö
    3) i
    4) ï   e   ë (모음조화와 무관)

이제, 일본어의 모음조화에 대한 처리를, 앞서의 세 가지 방법을 이용하여 kökörö '心'의 예를 가지고 보이기로 한다.

47.
37.a(첫째 방법)   기저형   음성형
                    /kökoro/ → [kökörö]

$$V \rightarrow [-back] / \begin{bmatrix} V \\ -back \end{bmatrix} (CoV) Co\underline{\quad}$$

37.b(둘째 방법)   기저형   음성형
                    /kOkOrO/ → [kökörö]

$$V \rightarrow [-back] / X\ [\overline{+back}]\ Y$$
$$V \rightarrow [-back] / [\overline{-back}]$$

37.c(셋째 방법) [kökörö]

고대일본어의 어형이 제1음절의 어근을 중심으로 여기에 다른 요소가 부가하는 그것도 앞에서가 아니고 뒤에서 많은 형식이 따르기 때문에 그러한 어근성과 방향성으로 미루어 37.a(첫째 방법)가 나은 것 같다. 그리고 가정형 표시에서는 37.c(셋째 방법)대로 갑류와 을류는 별개로 하는 것이 좋겠다. o와 ö의 통시적인 생성과정이 다르기 때문이다.

불어형용사의 예 기저형 설정에 있어서 음운규칙의 일반성을 고려하는 문제를 여러 가지 자료에서 참조하는 뜻에서 이하 불어나 영어의 경우를 살펴보기로 한다. 먼저, 불어에 있어서 형용사어미의 기저형의 문제에서 다음의 '불어의 형용사+명사'의 연결형의 경우를 보면,

48. [pətit ami] 작은 친구 [groz ami] 큰 친구
    [pəti garsɔ̃] 작은 소년 [gro garsɔ̃] 큰 소년

명사를 선행하는 형용사가 후행 명사의 어두음이 자음인가 모음인가에 의하여 자음으로 끝나는 경우와 모음으로 끝나는 경우가 있게 되는데, 이 중에서 불어 형용사의 기저형을 어느 쪽으로 결정하느냐의 문제가 있게 된다. 만일에, 기저형에 어말자음이 존재한다고 했을 경우는 후행어의 어두음이 자음인 경우 그것을 삭제하는 규칙을 마련해야 하고

49. $\begin{bmatrix} -\text{syll} \\ +\text{cons} \end{bmatrix} \rightarrow \phi\ /\ \underline{\quad}\ \#\ \begin{bmatrix} -\text{syll} \\ +\text{cons} \end{bmatrix}$

기저형에 어말자음이 없는 것으로 했을 경우는 후행어의 어두음이 모음인 경우 자음을 삽입하는 규칙을 마련해야 한다.

50. $\phi \rightarrow \begin{bmatrix} -\text{syll} \\ +\text{cons} \end{bmatrix}\ /\ \underline{\quad}\ \#\ \begin{bmatrix} -\text{syll} \\ +\text{cons} \end{bmatrix}$

이 두 가지 중에서 어느 것을 택할 것이냐에 대하여는 음운규칙의 일반성이 고려되는데, 자음삽입규칙이 특정모음 환경에서 특정 자음을 삽입시키는 면에서 보다 복잡한 규칙이 되기 때문에 자음탈락규칙이 보다 일반성이 높은 것으로 보게 되어 형용사의 기저표시는 어말자음이 있는 /pətit/

/groz/쪽을 택하게 된다.

영어의 복수·과거의 예 이번에는 영어의 과거·복수 형태소의 예를 보기로 한다. 영어의 규칙적 복수형태소 [əz], [s], [z] (소유격, 3인칭 단수 현재시제의 형태소도 동일)들은 각각 다른 조건에서 발생한다.

1. [əz]는 [s, z, š, ž, č, ǰ] 뒤에서, buses, cashes, grages, benches
2. [s]는 [s, š, č] 이외의 무성자음 뒤에서, cats, caps, cakes, roofs
3. [z]는 그 이외의 뒤에서, dogs, kings, balls, wives, boys

이들의 기저형으로 /z/를 택했을 경우는 2개의 자연규칙으로 이들 교체관계를 설명할 수 있다. 하나는 51.의 어중음첨가규칙 곧 shwa의 [ə] 삽입규칙이고, 또 하나는 [z] 무성화규칙이다. 무성자음 뒤에는 어떠한 유성자음도 올 수 없는 게 일반적이다.

51. $\phi \rightarrow [ə] / \begin{bmatrix} +cor \\ +strid \end{bmatrix} + \underline{\quad} [z] \#$

$(\phi \rightarrow [ə] / \begin{bmatrix} [s] & [z] & [ʃ] \\ [ž] & [tʃ] & [dʒ] \end{bmatrix} + \underline{\quad} [z] \#)$

52. $[z] \rightarrow [-voice] / [-voicd] + \underline{\quad} \#$

이제 도출과정을 보이면 다음과 같다.

53. 음운표시   /kæʃ + z/   /kæp + z/   /dɔg + z/
    ə삽입   kæʃ + əz   _____   _____
    무성화   _____   kæp + s   _____
    음성표시   [kæʃəz]   [kæps]   [dɔgz]

영어의 규칙적 과거형태소 [əd] [t] [d]도 각각 다른 조건에서 발생한다.

1. [əd]는 [t, d] 뒤에서, padded, handed, wanted
2. [t]는 [t]를 제외한 무성자음 뒤에서, picked, passed, kicked
3. [d]는 그 밖의 경우에, penned, closed, called

이들의 기저형으로 /d/를 택하면 앞서의 /z/의 경우와 마찬가지로 51.과 52.에 상응하는 ə삽입규칙과 d무성화규칙을 필요로 한다.

54. $\phi \rightarrow [ə] / \left\{ \begin{matrix} [t] \\ [d] \end{matrix} \right\} + \underline{\quad} [d] \#$

55. $[d] \rightarrow [\text{-voice}] / [\text{-voice}] + \underline{\quad} \#$

그 도출과정은 다음과 같다.

56.

음운표시	/pæd +d/	/pik + d/	/pen + d/
ə삽입	pæd + əd		
무성화		pik + t	
음성표시	[pædəd]	[pikt]	[pend]

영어의 파생어의 예 영어에서 파생관계에 있는 단어들이 단모음과 이중모음의 음운교체를 보이는 경우 그 중의 어느 것을 기저형으로 삼느냐 하는 문제가 있다.

57.
	A	B
1. [i] : [ay]	divinity	: divine
	sublinity	: sublime
2. [e] : [iy]	serenity	: serene
	extremity	: extreme
3. [æ]: [ey]	sanity	: sane
	profanity	: profane

4. [ə] : [aw]　profundity　　　: profound
　　　　　　　　pronunciation　: pronounce
5. [ɔ] : [ow]　conic　　　　　 : cone
　　　　　　　　tonic　　　　　 : tone
6. [ə] : [ow]　custody　　　　 : custodian
　　　　　　　　frivolous　　　 : frivolity

위의 모음교체현상은 기저형에서는 오직 하나의 표시를 지니는 것으로 보는데, Chomsky-Halle(1968:184)에서는 [+tense]의 단모음이 그 기저형으로 설정되고 있다. 여기서 위의 교체형의 기저형은 다음과 같이 도식화될 수 있다.

58. 1. /ī/ ⟨ [i]
　　　　　　 [ay]

　　2. /ē/ ⟨ [e]
　　　　　　 [iy]

　　3. /ǽ/ ⟨ [æ]
　　　　　　 [ey]

　　4. /ū/ ⟨ [ə]
　　　　　　 [əw]

　　5. /ɔ̄/ ⟨ [ə]
　　　　　　 [aw]

　　6. /ō/ ⟨ [ə]
　　　　　　 [ow]

위를 보면 [+tense] 모음이 설정되어 있고 [y]나 [w]가 추상적 단계에서는 설정되고 있지 않다. 곧 음성형의 이중모음은 추상적인 기저표시의 단모음에서 파생하고 있다. 그렇다면 어떤 단계에서 [y]와 [w]를 삽입하는 이중모음화규칙이 필요하다. 이 때의 [y]는 [+tense, -back] 모음 뒤에, [w]는 [+tense, +back]의 모음 뒤에 삽입된다. (과도음삽입규칙=이중모음규칙 Chomsky and Halle 1968:183)

59. $\phi \rightarrow y\ /\ \begin{Bmatrix} \bar{\text{i}} \\ \bar{\text{e}} \\ \text{æ} \end{Bmatrix}$ ──────

60. $\phi \rightarrow w \, / \, \begin{Bmatrix} \bar{u} \\ \bar{o} \end{Bmatrix}$ ──────

59.와 60.을 변별적 자질로 나타내고 한 묶음으로 하면,

61. $\phi \rightarrow \begin{bmatrix} -\text{voc} \\ -\text{cons} \\ +\text{high} \\ \alpha \text{ back} \\ \alpha \text{ round} \end{bmatrix} \, / \, \begin{bmatrix} +\text{ tense} \\ \alpha \text{ back} \end{bmatrix}$ ──────

이에 의해 57.B의 기저형과 그 음성형의 도출과정을 보이면,

62. | | divine | serene | profune |
기저표시　　　　/divīn/　　　　/serēn/　　　　/profǣn/
과도음삽입규칙　divīyn　　　　　serēyn　　　　　profǣyn
모음교체규칙
$\begin{pmatrix} \bar{i} \rightarrow \bar{æ} \rightarrow \bar{a} \\ \bar{e} \rightarrow \bar{i} \\ \bar{æ} \rightarrow \bar{e} \end{pmatrix}$ divǣyn   serīyn   profēn
모음조정규칙　　divāyn
음성표시　　　　[divāyn]　　　　[serīyn]　　　　[profēyn]

이에 상대되는 57.A의 기저형과 음성형의 도출과정은 다음과 같다.

63.　　　　　　　divinity　　　serenity　　　profanity
기저표시　　　　/divīn+i+ty/　/serēn+i+ty/　/profǣn+i+ty/
이완화규칙　　　divinity　　　serenity　　　profǣnity
음성표시　　　　[divinity]　　[serenity]　　[profǣnity]

이완화규칙은 Chomsky와 Halle(1968:18)에 의하면 다음과 같다.

64.
$$V \rightarrow [\text{-tense}] / \_\_ C \begin{Bmatrix} C_0 + i \begin{Bmatrix} k \\ d \\ š \end{Bmatrix} & \text{(a)} \\ (C_1 +) \begin{bmatrix} \text{-stress} \\ V \end{bmatrix} C_0 V & \text{(b)} \end{Bmatrix}$$

이 규칙은 [+tense]의 모음이 접미사 -ic, -id, -ish를 뒤에 수반하는 경우 그리고 지정된 환경에서 세번째에 오는 경우 [-tense]의 모음이 되는 것을 나타낸다.

모음교체규칙은 Chomsky와 Halle(1968:190, 201~203)에 의하면 다음과 같다.

65.
$$\begin{bmatrix} V \\ \gamma \text{ back} \\ \gamma \text{ round} \end{bmatrix} \rightarrow \begin{Bmatrix} [-\alpha \text{ high}] / \begin{bmatrix} \overline{\alpha \text{ high}} \\ \text{-low} \end{bmatrix} \text{ (a)} \\ [-\beta \text{ low}] / \begin{bmatrix} \overline{\beta \text{ low}} \\ \text{-high} \end{bmatrix} \text{ (b)} \end{Bmatrix} \begin{pmatrix} \begin{bmatrix} + \overline{\text{tense}} \\ + \text{ stress} \end{bmatrix} & \text{I} \\ [+ \overline{\quad F \quad}] & \text{II} \\ \begin{bmatrix} - \overline{\text{tense}} \\ + \text{ high} \\ + \text{ back} \end{bmatrix} & \text{III} \end{pmatrix}$$

위에서 (a) 부분은 66.과 같이 비저모음에 적용되며, (b) 부분은 67.와 같이 비고모음에 적용된다.

66. ī   ē   ū   ō
     ↓   ↓   ↓   ↓
     ē   ī   ō   ū

67. ē   æ   ō   ɔ̄
     ↓   ↓   ↓   ↓
     æ   ē   ɔ̄   ō

이 (a), (b)의 적용에 의해서 영어에서의 모음교체는 다음과 같이 행해진다.

68. 　　　　　　　전설모음　　　후설모음

　　　　　　　　ī　　ē　　æ　　ū　　ō　　ɔ̄
　　　　　　　　↓　　↓　　　　　↓　　↓
　　(a)의 적용　ē　　i　　　　　ō　　ū
　　　　　　　　↓　　　　　↓　　↓
　　(b)의 적용　æ　　　　e　　ɔ̄　　　　ō

영어의 불규칙동사 keep/kept, hide/hid의 관계도 동일한 기저표시로부터 이상의 규칙들에 의해 음성형이 도출된다.

69. 기저표시　　　/kēp/　　/kēp + t/　　/hīd/　　/hīd/
　　과도음삽입규칙　kēyp　　　　　　　　hīyd
　　모음교체규칙　　kīyp　　　　　　　　hæyd
　　이완화규칙　　　　　　　kĕpt　　　　　　　hĭd
　　음성표시　　　　[kĭyp]　[kĕpt]　　[hæyd]　[hĭd]

기저표시 [+tense]의 모음을 과거형에서는 [-tense]가 되는 이완화규칙이 마련되고 있다.

70. $\begin{bmatrix} V \\ +\text{tense} \end{bmatrix} \rightarrow [-\text{tense}] \ / \ [+\overline{\text{PAST}}]$

그런데, [ʌ]와 [ɔy]의 교체(destruction-destroy, juncture-joint)에는 [+tense, -back, +low, +round]의 자질을 갖는 /ɔ̃e/가 설정된다.

71. $\tilde{ɔe} \begin{cases} [ʌ] \\ [ɔy] \end{cases}$

[ɔy]의 y의 파생은 물론 앞서의 64.의 규칙에 의한다. 59.는 72.와 같이 수정될 것이다.

72. $\phi \rightarrow y / \left\{ \begin{matrix} i \\ \bar{e} \\ æ \\ ɔe \end{matrix} \right\}$ _____

기저모음은 이와 같이 /ɔe/로 잡았을 때 음성표시에서 [ɔy]의 [ɔ]와 [ʌ]의 구체형으로 나타나기에는 몇 가지의 음운규칙이 필요하다. 이와 관련해서 /ɔe/의 기저형 설정의 타당성이 문제된다. 그것은 /ɔe/의 음성형이 보이지 않기 때문에 매우 추상적이라는 점이다. 그런데도 그것을 기저형으로 설정하는 이유로는 다음이 논의된다.

첫째가 다른 규칙적이고도 생산적인 모음교체현상과 병행시키는 점이다. [ɔy]와 [ʌ]의 교체현상은 드물지만 [ɔy]에 한정했을 때 [y]의 도입은 앞서의 과도음삽입규칙으로 처리되는데, 이는 전설모음 뒤에서 이루어지므로 [ɔ]를 [+tense]의 전설모음의 기저분절음에서 오는 것이라고 할 수 있다.

둘째, 문법기술의 간결화의 이점이다. 예컨대, boy, coin 등의 기저형을 각각 /bɔē/, /kɔēn/으로 했을 때 여기서 /ɔe/가 과도음삽입규칙에 의해 [ɔy]로 변하여 음성형인 [bɔy] [kɔyn]이 유도되는데, 다른 모음교체현상에 적용되는 규칙을 수정없이 적용할 수 있고, 새로운 규칙을 부가할 필요가 없다는 것이다.

셋째, /ɔe/의 마련은 기저모음규칙의 음운론적 공백을 메꾸어 깔끔한 대칭형을 얻을 수 있다.

73.

	− back	+ back
+ high	ī	ū
− high − low	ē	ō
+ low	æ ɔe	ā ɔ̄

그러나 ɔe설정의 문제점도 만만치 않다.

첫째는 만일 [ɔe]라는 음이 존재한다면 이와 함께 다른 음이 예컨대 고위 또는 중위의 원순모음 ü와 ö가 함께 존재한다는 것을 전제해야 하는데 (함유규칙 Implicational Law), 현대 영어에서는 그러한 모음이 존재하지 않는다는 점이다. 곧 자연언어의 일반원리에 맞지 않는 분절음이 설정되는 점이 문제이다.

둘째는 [ɔy]와 [ɔe]의 모음교체를 나타내는 파생관계의 단어가 보이지 않는다는 점이다. 예컨대, coin, boy 등이 음성표시에 이르는 음운과정 중에 [ɔē]가 나타나는 일은 없고 따라서 [ɔy]의 음성표시와 거리가 먼 그것을 음운표시로 삼기는 곤란하다는 것이다. 이른바 Kiparsky의 교체조건에 저촉된다는 점이다.

그럼, /ɔe/의 설정 이외에 대안이 있다면 어떤 것이 있을까? 하나는 다른 이중모음 [iy] [ey] [ow] [aw]와 평행해서 [ɔy]와 [ʌ]를 마련하고, 또 이는 단일의 기저긴장모음으로부터 파생되는 것으로 하는 것이다. 단일의 기저긴장모음부터 파생시키는 것은 마찬가지나 다르다면 추상적인 ɔe를 배제하고 /ʌ̄/를 설정하는 점이다(Hoard 1972). /ʌ̄/의 생산성은 낮지만 어떻든 [ɔy]와 [ʌ]가 교체하는 파생관계의 단어가 있어서(前出) 교체의 조건을 충족하고 있다.

또한 [ʌ̄]의 설정은 /ɔ̄/ /ī/가 어우러 기저모음조직의 음운론적 공백이 메꾸어진다.

74. i   ū
     ē   ʌ̄   ō
     æ   ā   ɔ̄

/ʌ̄/는 변별적 자질에 의한 지정을 받고 있으므로, 구조주의 언어학에서의 음성적 유사성과도 비슷한, 음운·음성표시 사이의 자연적인 관계가 지탱되는 자연성에도 맞기 때문이다.

다른 하나는 [ɔy]와 [ʌ]의 모음교체의 파생관계를 인정하지 않고, [ɔy]와 [ʌ]를 각각 별개의 기저에서 파생한 것으로 보는 것이다. 결국, 이중에서 어떤 것을 택하느냐 하는 것은 어떠한 이론적 관점에서 분석하느냐에 달려 있다고 하겠다.

3.3 표면음성표시

체계적음성레벨 기저표시가 음운과정을 거쳐서 최종적으로 출력된 것이 음성표시이다. 음성표시를 도출한 규칙을 음운규칙이라 한다.

지금까지, 기저표시 설정의 문제와 그 설정에 있어서 음운규칙의 적용에 의해 음성형이 도출되는 과정도 고려되는 예들을 보아 왔다.

보통 음운표시는 체계적음운레벨에 상당하고 음성표시는 체계적음성레벨에 상당한다. 전자는 하나의 언어체계 중에서의 분절음 사이의 상대적 차이가 중요하고 후자에서는 정확한 음성특징이 중요하다.

예컨대, pen의 p는 음운레벨에서는 p의 최소한 다음과 같은 변별적 자질을 갖는다.

75. /p/
     syll   -
     cons   +
     ant   +
     cor   -
     cont   -

그러나 구체적으로 p가 어두에 왔을 경우는 유기음화되는 음운과정이 있다. 이를 음운규칙으로 나타내면,

76. $\begin{bmatrix} \text{syll} \\ +\text{cons} \\ -\text{cont} \\ \text{voice} \end{bmatrix} \rightarrow [+\text{aspirated}] \;/\; \# \underline{\hspace{1cm}}$

이 규칙에 의해 기저표시의 /p/는 [+aspirated]의 자질이 부가되어서 음성

레벨에서는 다음과 같은 변별적 자질을 갖게 된다.

77.　　　　[ph]
　　　syll　　－
　　　cons　　＋
　　　ant　　　＋
　　　cor　　　－
　　　cont　　 －
　　　voiced　 －
　　　aspirated ＋

다치적 자질　여기서는 음운표시나 음성표시에서 2치적(二値的)자질표시를 쓰고 있지만 음성표시의 경우는 반드시 2치적인 것만 쓰는 것은 아니다. 음성적인 특징에 의해 다치적(多値的)인 것이 있을 수 있다. 이 경우는, 음운규칙은 어느 단계에서 2치적인 것을 다치적인 것으로 바꿔야 할 것이다. 음운표시에 지정된 이치적 자질을 음운자질 또는 분류적 자질이라 하고, 음성표시에 지정된 다치적 자질은 음성자질이라고 한다.

음성레벨은 실지 발음과 같은 것이데 예컨대 영어의 무성폐쇄음의 어두에서의 유기음화와 한국어에 있어서의 유기음은 그 정도에 있어서 차이가 있다. 그것은 2치적 자질만을 이용해서 모두 [+aspirated]로만 지정하는 것으로는 각 언어의 구체적 발음이나 발음 간의 차이를 제대로 나타내었다고 할 수 없다. 여기서 다치적 자질이 필요하게 된다.

만일에 유기음의 정도에 다음 4단계가 있다고 하면,

78.　0　aspirated　유기음이 없는 것
　　　1　　〃　　　약한 유기음이 있는 것
　　　2　　〃　　　부드러운 유기음이 있는 것
　　　3　　〃　　　강한 유기음이 있는 것

한국어와 영어는 다음과 같은 다치적 자질을 설정하고,

79. [-aspirated] → [0 aspirated]
　　[+aspirated] → [1 aspirated]
　　　　　　　　　[2 aspirated]
　　　　　　　　　[3 aspirated]

[+aspirated]의 음에 영어는 [2 aspirated], 한국어는 [3 aspirated]가 주어짐으로써 음성적 차이를 분간해 낼 수 있다.

4. 음운규칙

4.1 음운과정과 음운규칙

음운과정 기저표시와 음성표시를 연결하는 것이 음운규칙이며 규칙에 따라 음운이 변화하는 과정을 음운과정이라고 한다. 실상은 음운과정을 규칙적으로 포착한 것이 음운규칙이다. 공시적인 음운변동이나 통시적인 음운변화를 일으키는 음운과정은 음성학적으로는 자연스럽고, 언어보편적으로도 보이는 것이어야 한다. 이러한 음운과정을 규칙적으로 포착한다는 것은 음운변동이나 음운변화의 동인(動因)이나 방향성을 포착하는 것이 되므로 그것은 음운론의 중요한 한 가지 일이라고 하겠다. 음운과정으로는 대개 다음과 같은 것이 예거된다.

1. 인접음과의 동화현상
 이에는 유·무성동화, 비음동화, 순음화, 경구개음화, 연구개음화, 지찰음화, 마찰음화 등의 자음동화와 모음조화, 모음변이(umlaut) 등의 모음동화가 있다.
2. 특정위치에서의 중화현상
3. 음절구조의 자연화
 이에는 자음탈락, 모음탈락의 탈락현상과 자음삽입, 모음삽입 등의 삽입현상과 그리고 약화현상, 도치 등이 있다. 결국 동화와 탈락 그리고 삽입이 주류를 이루고 있다고 할 수 있다.
 음운규칙은 이러한 음운과정의 자연성(언어보편적인 것)을 포괄적으로(동일현상은 동일규칙으로), 간결하게(적은 자질수로), 일관적으로(음운표시와 음성표시의 사이) 설명할 수 있어야 한다(관찰적 타당성). 그것이 모국어 화자의 언어직관에 맞고(기술적 타당성), 어린이의 습득과정에서 그것이 확인되어야 한다(설명적 타당성). 게다가 언어사에서 통시적인 음운변화로서 그 증거가 남아 있으면 좋은 일이다.

동화현상 일본어에서 동사의 과거형 파생에서의 촉음과 발음(撥音)화는 동화현상이다. 이에 대하여는 黑田(1967)는 다음과 같은 세 가지 규칙을 세우고 있다.

1) 순행동화규칙(유성화규칙). 자음적 분절(음)은 비모음적 유성적 분절(음)이 다음에 유성화한다. 곧 유성자음 뒤에 오는 자음은 유성음화 된다는 것.

1. [+obst] → [+voiced] /___ [-voc +voiced]

2) 비음화 규칙. 자음적 분절(음)은 비모음적 유성적 분절(음) 앞에서 비음화한다. 곧 유성자음 앞에 오는 자음은 같은 조음점을 지니는 비음이 된다는 것.

2. [+obst] → [+nasal]/___ [-voc +voiced]

3) 역행동화규칙. 자음적 분절(음)은 비모음적 분절(음) 앞에서 비음성 특성을 제외한 모든 특징에 대해 역행동화한다. 곧 자음연쇄의 경우 앞 자음은 뒤에 오는 자음과 동일한 조음점을 가지게 되는 것.

3. [obst] → [α ant β cor] / ___ [+cons α ant β cor]

기저형에 이러한 규칙이 적용되어 음성형이 파생되는 과정을 보이면,

4. 기저표시 /tob+ta/   /yom+ta/   /tor+ta/   /modor+ta
   유 성 화 tob+da   yom+da   _____   _____
   비 음 화 tom+da   _____   _____   _____
   역행동화 ton+da   yon+da   tot+da   modot+ta
   음성표시 [tonda]   [yonda]   [totta]   [modotta]

淸水(1978:107)에서는 이들 규칙인 1. 2. 3.을 5.의 i~iii과 같이 기술하고 있다. 곧 형태소 경계표시 +와 자음 C가 사용된다.

5. i C → [+voiced] / $\begin{bmatrix} C \\ +voiced \end{bmatrix}$ + _____

ii $\begin{bmatrix} C \\ +voiced \end{bmatrix}$ → [nasal]/_____ $\begin{bmatrix} C \\ +voiced \end{bmatrix}$

iii C → $\begin{bmatrix} \alpha \text{ ant} \\ \beta \text{ cor} \end{bmatrix}$ /_____ $\begin{bmatrix} +cons \\ \alpha \text{ ant} \\ \beta \text{ cor} \end{bmatrix}$

根間(1979:71)에서는 다음과 같다.

6. i [+voice] → [+voice] / $\left\{ \begin{matrix} +\text{ nas} \\ \begin{bmatrix} -\text{ son} \\ +\text{ voice} \end{bmatrix} \end{matrix} \right\}$ + _____

ii $\begin{bmatrix} -syll \\ +voiced \end{bmatrix}$ → [nas]/_____ $\begin{bmatrix} -\text{ syll} \\ +\text{ voice} \end{bmatrix}$

iii [-syll] → $\begin{bmatrix} \alpha \text{ ant} \\ \beta \text{ cor} \\ \gamma \text{ high} \\ \delta \text{ back} \end{bmatrix}$ /___ $\begin{bmatrix} -\text{ syll} \\ \alpha \text{ ant} \\ \beta \text{ cor} \\ \gamma \text{ high} \\ \delta \text{ back} \end{bmatrix}$

4.의 파생과정에서 이중자음의 조음법 및 조음점 일치현상이 있는 것으로 한다면 다음과 같이 도출과정이 달라진다.

7. 기저표시   /tob+ta/   /yom+ta/   /tor+ta/
   유 성 화   tob+da   yom+da   _____
   조음법·조음점일치 tod+da   yod+da   tot-ta
   비음화   ton+da   yon-da   _____
   음성표시   tonda   [yonda]   [totta]

그러나 이 파생과정은 [+nas]의 분절음이 [-nas]로 바뀌고 다시 [+nas]로 바뀌는 것이 되어서 이를 다음과 같이 수정할 수도 있다.

8. /tob+ta/   /yom+ta/   /tor+ta/
   tob+da   yom+da   _____
   tod+da   tot+ta
   ton+da   yon+da
   [tonda]   [yonda]   [totta]

이와는 달리 조음점과 조음법이 일치하는 이중자음이 도중에서 파생하지 않도록 하는 접근법에 대하여는 이미 4.에서 보인 바 있다.

탈락현상 일본어 동사의 현재형 접미사의 기저형을 -ru로 보았을 때, 자음동사와 모음동사의 파생과정은 다음과 같다.

               書く   飛ぶ   帰る   見る
9. 기저표시   /kak+ru/   /tob+ru/   /kaer+ru/ /mi+ru/
   r 삭제(탈락) kak+u   tob+u   kaer+u   _____
   음성표시   [kaku]   [tobu]   [kaeru]   [miru]

여기서의 r 삭제규칙은

10. r → ∅ / [-syll] +_____

자음동사의 후속형의 기저형은 /yoo/(청유형) /reba/(가정형) /rare/(수동형) /sase/(사역형)을 가정했을 경우 어간말자음과의 자음중복이 있게 되는데, 이때 후속형(접미사)의 어두자음을 삭제해야 한다.

11. $\begin{bmatrix} r \\ s \\ y \end{bmatrix} \rightarrow \emptyset \ / \ [-syll] \ +\_\_\_\_$

앞서의 10.의 규칙은 이 규칙에 함유된다.
만일 현재형 /warap-ru/와 같이 어중 분절음 /p/를 기저표시로 설정하게 되면 음성형 [warau]를 도출하기 위해서는 r삭제규칙과 '삭제규칙이 필요하게 된다.

12. 기저표시   /warap+ru/ '笑う'
  (1) r 삭제/C   warap+u
  (2) p → '   wara'+u
  (3) '삭제/__V   wara+u
     음성표시   [warau]

위의 (1), (2), (3)의 규칙은 13. (1)~(3)으로 나타낼 수 있다.

13. (1) $\begin{bmatrix} +son \\ -nas \\ -lateral \end{bmatrix} \rightarrow \emptyset \ / \ C+\_\_\_\_$

  (2) $\begin{bmatrix} -syll \\ +ant \\ -cor \\ -cont \\ -voiced \end{bmatrix} \rightarrow \begin{bmatrix} -son \\ -cons \\ -cont \end{bmatrix} \ / \ V\_\_\_\_+V$

  (3) ' → $\emptyset$ /____+V

삽입현상 일본어 동사의 희망형과 경어형의 접미사의 기저형을 /tai/, /masu/로 했을 때 모음동사의 경우는 어간에 후속형이 그대로 이어지는 데 대해, 자음동사에서는 어간말자음과 후속형의 어두자음이 연속되므로 그것을 피하기 위해 그 사이에 i가 삽입되어 [itai]와 [imasu]의 형식으로 후속된다. 어간말자음과 후속형의 어두자음 사이에 모음 [i]가 삽입되는 규칙은,

14. $\phi \rightarrow$ [i] / [-syll]____+ $\begin{bmatrix} \text{Desid.} \\ \text{Pol.} \end{bmatrix}$

동사의 부정형 역시 그 접미사를 nai로 택했을 경우, 자음동사의 어간말자음과 부정형 접미사의 어두자음이 연속되므로 그 사이에 a를 삽입시키게 되는데, 그것은 다음의 규칙에 따른다.

15. $\phi \rightarrow$ [a] / [-syll] ____+{Neg.}

일본어 자음동사의 i음편의 경우, 기저형 /kak-ta/, /oyog-ta/, /sas-ta/가 [kaita] [oyoida], [sasita]로 파생되었다면 삽입현상이다. 이는 기저형에서 어간말자음이 k, g, s인 경우 [t]와의 사이에 i모음이 삽입되는 경우이다. 그 중에 어간말자음 g인 경우는 [t]가 [d]로 변하고 있다.

16. i) $\phi \rightarrow$ [i] / $\begin{bmatrix} k \\ s \end{bmatrix}$ ____+[t]

   ii) $\phi \rightarrow$ [i] / [g] ____+[d]

여기서 k, s, g를 하나의 자연적인 음류로 묶을 수 있으면 하는데 아직은 좋은 방도가 없다. 삽입모음 [i]는 [+cont]인 자음과 과거형 사이에 삽입되는 분절음으로 해석되므로 [s]는 원래 [+cont]이나 [k] [g]는 [-cont]이므로 이를 [+cont]인 [x]와 [ɤ](McCawley 1968:123에서는 이를 h로 통일)로 바꿀 필요가 있다. 그렇게 되면 세 개의 분절음을 함께 자연적인 음류로 묶을 수 있다. 그리고 나서 i가 삽입되는 것이다. 이 두 가지를 17.과 18.의 규칙으로 보이면,

17. $\begin{bmatrix} k \\ g \end{bmatrix}$ → [+cont] / _____+{Past}

18. ϕ → [i] / $\begin{bmatrix} \text{-son} \\ \text{+cont} \end{bmatrix}$ _____+{Past}

이 과정을 보이면 다음과 같다.

	書く	泳いだ	刺した
19. 기저표시	/kak+ta/	/oyog+ta/	/sas+ta/
유성화	_____	oyog-da	_____
$\begin{Bmatrix} k \\ g \end{Bmatrix}$ → $\begin{Bmatrix} x \\ \gamma \end{Bmatrix}$	kax+ta	oyoɣ-da	_____
i 삽입	kaxi+ta	oyoɣi+da	sasi+ta
$\begin{Bmatrix} x \\ \gamma \end{Bmatrix}$ 삭제	kai+ta	oyoi+da	_____
음성표시	[kaita]	[oyoida]	[osita]

이와는 달리 [k]와 [g]를 [+cont]로 바꾸지 않고 i 삽입 후 k와 g를 직접 삭제하는 방법이 있다 그 두 가지는,

20. ϕ → [i] / $\begin{Bmatrix} k \\ g \\ s \end{Bmatrix}$ _____+{Past}

21. $\begin{Bmatrix} k \\ g \end{Bmatrix}$ → ϕ / _____[i]+{Past}

이러한 분석에 의한 파생과정은 다음과 같다.

20. 기저표시   /kak-ta/   /oyog-ta/   /sas-ta/
    유 성 화   ____   oyog+da   ____
    i 삽입   kaki+ta   oyogi+da   sasi+ta
    $\begin{Bmatrix} k \\ g \end{Bmatrix}$ 삭제   kai+ta   oyoi-da   ____
    음성표시   [kaita]   [oyoida]   [sasita]

4.2 음운규칙의 형식

구조기술·변화 음운규칙은 그 규칙이 적용되는 기호열(string)의 형식과 규칙 적용 후 얻어지는 결과를 나타내는 형식으로 되어있다.

21. XAY → XBY

앞 부분은 규칙의 구조기술(structural description, S.D.)이고, 뒷 부분은 구조변화(structual change, S.C.)이다. 곧 XAY의 기호열이 있다면 A는 B로 바뀐다는 것이다. 이를 흔히는 다음과 같이 쓴다.

22. A → B / X ___ Y

이는 21을 변형부와 환경부로 나누어 표시한 것이 된다. 따라서, 규칙에는 기본적으로 세 가지 부분이 있다. 하나는 A로 나타낸, 규칙의 적용을 받는 음, 둘째는 이것이 B로 변한다는 것을 나타내는 B의 부분이며 (변형부), 세째는 X___Y로 나타낸, 변화가 일어나는 환경(환경부)이다. /(사선)의 왼쪽을 변형부, 그 오른쪽을 환경부라고 한다. 가로줄(positional bar)이 A가 나타나는 위치이다.

이러한 규칙의 형식은 어떤 분절음이 어떠한 조건에서 어떻게 변한다는 것을 간명하게 명시하고 있는 셈이다. 다른 방법 예컨대, 말로써 설명하는 것보다는 애매성이 배제되는 점에서 훨씬 명시적이라 할 수 있다. A, B를 변별적 자질로 표시할 때는,

23. [A를 지정하는 자질] → [변하는 자질 B] / X____Y.

로 쓴다. 자질표시는 최소한의 필요한도 내에서 한다. 동일한 음운과정을 겪는 자연음류가 많을수록 자질표시는 적고 자연음류가 적을수록 많아진다. 화살표 오른쪽에 있는 변화하는 자질은 변화를 받는 자질만 쓴다.

24.   A → [+F] / X___Y

이는 곧 → 좌측의 분절음의 모든 자질이 변하는 것이 아니고 → 오른쪽에 지정한 자질값만이 변한다는 것이다. 변동이 없는 자질은 다시 쓰지 않는다. XY의 환경부도 그 규칙이 적용되는 최소한 필요한 조건만 지정한다. XY가 공(空)인 경우는 변화가 모든 환경에서 일어난다는 것을 뜻한다. XY에 통사상의 범주를 나타내는 라벨붙인 괄호나 경계기호를 포함하는 경우도 있다.

예컨대, 다음과 같은 한국어의 유성음화 규칙에서

25. $\begin{bmatrix} -continuant \\ -aspirated \\ -glottal \end{bmatrix}$ → [+voiced] / [+voiced]_____[+voiced]

화살표 왼쪽에 [-sonorant], [-syllabic], [-voiced]가 들어가도 규칙의 적용에는 지장이 없지만, 이는 불필요한 잉여적 자질을 포함하게 되어, 비경제적인 운용이 된다. 특히 [-voiced]의 경우 직접 변화를 겪은 자질이기 때문에 화살표 왼쪽에 표시하지 않는다. 오른쪽의 변화를 겪은 자질을 가지고 미룰 수 있기 때문이다. 만일에 [-voiced]의 자질표시가 없음으로 해서 왼쪽에 기저음으로 [+voiced]가 존재하였을 경우는 어떻게 되는가. 물론 그 경우는 공전(空轉)적용(vacuous application)이 되는 것이지만, 결과적으로 유성음 사이에는 유성음만이 나타난다는 일반성의 포착의 뜻은 갖는다.

규칙에 따라서는 외적 환경이 명시되지 않는 경우가 있다. 그것은 내적 환경에서만 적용된다는 것이다. 예컨대, 모든 강세모음은 길게 발음된다고 하면, 그 규칙은 외적 환경의 표시가 없는 것이 될 것이다.

26. $\begin{bmatrix} V \\ +stress \end{bmatrix} \rightarrow [+long]$

이는 강세가 있으면(내적환경/조건이음) 모음이 길어진다고 바꿔 말할 수 있는 것이므로 다음과 같이 표시될 수 있다.

27. $V \rightarrow [+long] / \begin{bmatrix} \underline{} \\ +stress \end{bmatrix}$

여기서 '___'는 규칙의 적용을 받는 분절음 내부의 환경을 뜻한다. 그리고 자음이나 모음의 경우 그 자질표시 [-syll], [+syll]을 쓰는 대신에 각각 C와 V를 쓰는 경우도 많다.

표기상의 약정 · 중괄호 표기상의 약정은 표기의 중복이나 반복을 피하는 자연류의 통합을 위한 것이다. 먼저 중괄호(brace)로 부터 보자. 다음에서,

28. 1) A → B / C___D
    2) A → B / C___E
    3) A → B / C___F

이 규칙들은 환경부의 오른쪽만 제하고는 모두 공통적이다. 오른쪽 부분만을 중괄호 { }로 묶어서 그 중의 어느 하나가 선택적으로 쓰인다는 약정을 만들면 다음의 하나의 규칙으로 통합된다.

29. $A \rightarrow B / C\underline{} \begin{Bmatrix} D \\ E \\ F \end{Bmatrix}$

이때 D, E, F가 자연음류를 이루고 있다면 축약이 가능하다. 예컨대, /a/가 전설모음(e, i) 앞에서 [æ]가 되는 규칙이 있다면 환경부의 전설모음의

가지에 따라 30.과 같은 세 가지 규칙이 있게 되는데 그것은 31.로 축약될 수 있다.

30. 1) $a \rightarrow æ\ /\_\_\_ \begin{bmatrix} V \\ -high \\ -back \end{bmatrix}$

2) $a \rightarrow æ\ /\_\_\_ \begin{bmatrix} V \\ -high \\ -back \\ -low \end{bmatrix}$

3) $a \rightarrow æ\ /\_\_\_ \begin{bmatrix} V \\ -back \\ +low \end{bmatrix}$

31. $a \rightarrow æ\ /\_\_\_ \begin{bmatrix} V \\ -back \end{bmatrix}$

31.을 32.와 같이 자질표기하면 더욱 명시적이다.

32. $\begin{bmatrix} V \\ +low \end{bmatrix} \rightarrow [-back]\ /\_\_\_ \begin{bmatrix} V \\ -back \end{bmatrix}$

만일에 이 현상이 a와 e/i 사이에 개재하는 자음의 수와 관계가 없다고 하면 32를 다음과 같이 고쳐 쓸 수 있다.

32. $\begin{bmatrix} V \\ +low \end{bmatrix} [-back]\ /\ \_\_\_ C_0 \begin{bmatrix} V \\ -back \end{bmatrix}$

프랑스어에 있어서의 비자음 앞에서의 모음비음화규칙을 비자음에 후속

하는 요소의 다름에 따라 다음과 같이 두 개의 규칙으로 나타냈을 때,

33. 1) V → [+nasal]/___ $\begin{bmatrix} C \\ +nasal \end{bmatrix}$ C   simple [sẽpl] '단순한'

2) V → [+nasal] /___ C #   garçon [garsɔ̃] '소년'

비음화라는 하나의 음운과정을 두 개의 규칙으로 나눈다는 것은 일반성의 포착을 놓치는 셈이 된다. 이를 중괄호를 써서 다음 하나의 규칙으로 묶을 수 있다.

34. V → [+nasal] / ___ $\begin{bmatrix} C \\ +nasal \end{bmatrix} \begin{Bmatrix} C \\ \# \end{Bmatrix}$

여기서의 {C, #}는 음절경계 ($)와 같은 것이므로 다음과 같이 고쳐 쓸 수 있다.

35. V → [+nasal] /___ $\begin{bmatrix} C \\ +nasal \end{bmatrix}$ $

소괄호 다음의 규칙에서,

36. 1) A → B / C___D
    A → B / CF___D

환경부의 왼쪽이 배타적으로 되어 있다. 곧 한쪽에서 적용되면 다른쪽에서 적용될 수 없는 관계이다. 그러나, 그 왼쪽 부분은 부분적으로 공통점을 지니고 있다. 곧 다른 한쪽이 다른 한쪽을 포괄할 수 있는 처지이다. 곧 포괄하는 입장에서 규칙이 적용되든지, 포괄하지 않는 입장에서 규칙이 적용되든지 한다는 뜻이 된다. 이런 경우 다음과 같이 소괄호(paranthesis)로 묶을 수 있다.

37. A → B / C(F) ____ D

결국은 여기서의 소괄호의 부분은 생략해도 되고 생략하지 않아도 된다는 뜻이 된다. 이와 같은 방법으로 다음 38.을 39.로 통합할 수 있다.

38. 1) A → B / C____D
    2) A → B / C____FD
    3) A → B / C____GFD

39. A → B / C____(((G) F)D

이는 소괄호를 모두 줄여도 되고 또는 하나만 줄여도 되며 모두 생략하지 않아도 된다는 뜻이다.

프랑스어에서 어말의 두음절중의 하나에 강세를 부여하는 규칙이 있는데, 그 하나는 shwa(불어에서는 유일의 이완모음)로 끝나는 단어의 경우 그 shwa의 앞 모음에 강세가 주어지고, 다른 하나는 그렇지 않는 경우 말음절 모음에 강세가 주어진다.

40. 1) V → [+stress] / ____C_0 $\begin{bmatrix} V \\ -tense \end{bmatrix}$ # table [táblə]

   2) V → [+stress] / ____C_0 #   ami [amí]

이를 소괄호를 써서 하나의 규칙으로 묶을 수 있다.

41. V → [+stress] /____C_0 $\left(\begin{bmatrix} V \\ -tense \end{bmatrix}\right)$ #

C_0에서의 $_0$은 영(零) 또는 1 이상의 자음이 변화하는 모음과 후속하는 분절음(위에서는 이완모음) 또는 어경계(#) 사이에 보일지도 모른다는 뜻이다. 곧 이는 다음과 같은 무수한 환경의 생략형을 함유한다.

42. 1) ___ $\begin{bmatrix} V \\ +high \\ -back \end{bmatrix}$ (C_0)

2) ___C $\begin{bmatrix} V \\ +high \\ -back \end{bmatrix}$ (C_1)

3) ___CC $\begin{bmatrix} V \\ +high \\ -back \end{bmatrix}$ (C_2)

4) ___CCC $\begin{bmatrix} V \\ +high \\ -back \end{bmatrix}$ (C_3)

중괄호와 소괄호 연접적 순서(conjunctive odering)를 나타내는 중괄호 { }와 이접적 순서(disjunctive ordering)를 나타내는 소괄호 ( )를 함께 쓰는 경우가 있다. 다음에서

43. 1) A → B / C___
2) A → B / C___D
3) A → B / C___FD
4) A → B / C___FGD
5) A → B / C___HD

이는 환경부의 오른쪽만이 다르다. 먼저 오른쪽이 없는 1)과 오른쪽이 있는 나머지를 구별하기 위해 2)~5) 오른쪽의 소괄호로 묶는다.

44. A → B / C ___( )

4. 음운규칙

오른쪽이 있는 부분의 공통점은 D이고 다른 부분은 F, F, G, H이다. 이들 관계는 이접적이므로 45.와 같이 나타낼 수 있다.

45. A → B / C ___ (( )D)

F와 FG는 선택적이므로 F(G)로, H와는 연접적이어서 다음과 같이 일괄된다.

46. A → B / C ___ (($\begin{Bmatrix} H \\ F(G) \end{Bmatrix}$) D)

{ }와 ( )를 함께 쓸 때는 { }를 ( )보다 먼저 전개한다.

경계표시   경계표시에 사용되는 부호로서는, 형태소 경계(morpheme boundary)에는 +, 단어 경계(word boundary)에는 #, 그리고 구(句) 경계(phrase boundary)에는 ‖가 사용된다. 휴지(pause)에는 ##로 나타내기도 한다. 음절경계(syllable boundary)에는 $ 또는 · 가 쓰인다.
경계기호는 규칙에 표시되었을 경우 그 경계기호를 포함하는 기호열밖에 적용되지 아니한다. 그러나 형태소 경계기호만은 좀 다르다. 그것은 음운과정에는 동일형태소 내부뿐만 아니고 형태소경계를 넘어서도 일어나는 변화가 있기 때문이다. 그래서, 특별히 경계기호가 규칙에 표시된 경우는 당연히 그 경계기호를 지니는 기호열 밖에 규칙이 적용되지 않지만 그렇다고 어떤 규칙의 경계기호가 없다고 해서 형태소경계를 지니는 기호열에 적용할 수 없다는 것은 아니다. 곧 경계기호를 가지지 않는 규칙은 형태소 경계를 지니는 기호열에도 적용된다.
예컨대, 다음의 영어의 탄설음화규칙에는 아무런 경계표시가 없다.

47. t → D / V ___ $\begin{bmatrix} V \\ \text{-stress} \end{bmatrix}$ ([D] 유성·치경·彈·音)

그렇지만 이 규칙은 48. a의 형태소 기호를 갖지 않는 기호열과 b의 형태소경계를 갖는 기호열 모두에 적용된다.

48. a letter [lɛDər]   capital [kæpiDəl]
    b writter [rayDər]   shoutting [šawDiŋ]

무성음의 t 뿐만 아니라 유성음의 d도 이와 같은 경향이 있으므로 대립되는 /t/와 /d/를 [D]로서 나타낸다면 이것도 하나의 중화현상이다.

이외에도 통사상의 정보를 나타내는 표시가 필요할 때가 있다. 곧 영어의 강세는 동사범주에 의하여 그 위치가 달라지는 경우가 있다. 이런 경우 N(명사), A(형용사), V(동사) 등의 표시가 필요하게 된다. 예컨대, 검은 흑판지우개 black² board¹ eraser³와 흑판지우개 blackboard¹·³..eraser²의 강세부여 규칙에서 보이는 것과 같다. 전자는 49.로, 후자는 50.으로 나타낸다.

49. 1) [$_{NP}$ [$_A$ black] [$_N$ [$_N$ board] [$_N$ eraser]]
    2) [$_{NP}$ black¹ [$_N$ boad¹ eraser¹]
       [$_{NP}$ black¹ board¹ eraser²]
       black² board¹ eraser³

50. 1) [$_N$ [$_N$ [$_A$ black] [$_N$ board]] [$_N$ eraser]
    2) [$_N$ [$_N$ black¹ board¹] eraser¹]
    [black¹ board² eraser¹]
    black¹ board³ eraser²

1)은 어강세규칙의 적용을 이른다. 그 규칙은 단어의 어느 음절에 제1강세를 부여하는 것이다.
2)는 51.의 복합어규칙의 적용을 이른다.

51. $\begin{bmatrix} V \\ 1\ \text{stress} \end{bmatrix}$ → [1 stress] /___ ... $\begin{bmatrix} V \\ 1\ \text{stress} \end{bmatrix}$ ..]$_{N,\ A,\ V}$

이는 복합어의 형용사나 명사의 최초에 오는 제1강세에 복합어의 제1강세를 부여함을 뜻한다.

3)은 52.의 중핵강세규칙의 적용을 이른다.

52. $\begin{bmatrix} V \\ 1 \text{ stress} \end{bmatrix} \rightarrow [1 \text{ stress}] / \begin{bmatrix} V \\ 1 \text{ stress} \end{bmatrix} \ldots\ldots\underline{}\ldots\ldots]_{NP}$

이는 명사구에 있어서 최후에 오는 제1강세에 구(句)의 제1강세를 둔다는 것이다. 일반적으로 강세부여규칙이 적용되면 자동적으로 다른 강세는 한 단계 낮추어진다.

알파표기 규칙의 기술에서 자질표시에 쓰인, +, -, 1, 2, 3 등의 기호는 계수(係數 coefficient)라고 한다. 규칙에는 이러한 계수뿐만 아니고 자질 상호간의 변수관계를 나타내는 변항(variable)이 쓰인다. $\alpha, \beta, \gamma, \delta$와 같은 기호가 쓰이기 때문에 알파표기(alpha notation)라고 한다. 이 $\alpha, \beta, \gamma, \delta$ 기호는 +와 -의 값을 갖는다. [α voice]라면 [+voice]와 [-voice]의 두 가지를 지닌다. 곧, α은 +-의 축약이 되는 셈이다. 이 표기는 한쪽이 [+voice]면 다른 쪽도 [+voice], 한쪽이 [-voice]면 다른 쪽도 [-voice]임을 나타내기 위한 것이다. 따라서 이러한 변항은 어떤 분절음이 이웃하는 다른 분절음과 동화하거나 이화(異化)하는 현상, 그리고 조음점·조음법이 일치하는 현상 등을 설명할 때 잘 쓰인다. 일본어에서는 /N/이 후속자음에 따라 의무적으로, 한국어에서도 음절말음 /n/이 후속자음에 따라 수의적으로 다르게 나타나는 현상이 있다.

한국어의 경우 田相範(1977:89)은 53. 1)~3)의 수의적 규칙을 54.의 하나의 규칙으로 묶고 있는데, 이는 알파표기 이용의 예가 된다.

53. 1) [+nas] → $\begin{bmatrix} +\text{ant} \\ -\text{cor} \end{bmatrix}$ /____ $\begin{bmatrix} +\text{obst} \\ +\text{ant} \\ -\text{cor} \\ -\text{cont} \end{bmatrix}$ 문법 → 뭄법

2) [+nas] → $\begin{bmatrix} +ant \\ +cor \end{bmatrix}$ / ___ $\begin{bmatrix} +obst \\ +ant \\ +cor \\ -cont \end{bmatrix}$ 문단

3) [+nas] → $\begin{bmatrix} +ant \\ -cor \end{bmatrix}$ / ___ $\begin{bmatrix} +obst \\ -ant \\ -cor \\ -cont \end{bmatrix}$ 문고 → 뭉고

54. [+nas] → $\begin{bmatrix} \alpha\ ant \\ \beta\ cor \end{bmatrix}$ / ___ $\begin{bmatrix} +obst \\ \alpha\ ant \\ \beta\ cor \\ -cont \end{bmatrix}$

일본어의 경우 N→m, N→n, N→ŋ 외에도 N→ɲ의 경우도 포함해서 이들을 다음과 같이 형식화할 수 있는 것은 전술한 바이다.

55. [+nas] → $\begin{bmatrix} \alpha\ ant \\ \beta\ cor \\ \gamma\ high \\ \delta\ back \end{bmatrix}$ / ___ + $\begin{bmatrix} -syll \\ \alpha\ ant \\ \beta\ cor \\ \gamma\ high \\ \delta\ back \end{bmatrix}$

현대 한국어에는 y이중모음(ya, yə, ye, yo, yu)과 w이중모음(wa, wə, we, wi)이 있고, 고대 일본어에서는 y이중모음(ya, yu, ye, yo), w이중모음(wa, wi, we, wo)이 있다. 그러나, 두 언어 모두 *yi와 *wu는 없다. 이들은 단순모음 i와 u에 대체된다. 이는 곧 y, w 과도음은 그와 동일한 후설성 또는 원순성 모음이 이어지면 삭제되는 것으로 해석된다.

56. $\begin{bmatrix} -syll \\ -cons \\ \alpha\ back \\ \alpha\ round \end{bmatrix}$ → ø / ___ $\begin{bmatrix} +high \\ \alpha\ back \\ \alpha\ round \end{bmatrix}$

여기서는 하나의 변항 α이 사용되고 있다. 이것은 모음이 [back]와 [round]가 같은 값을 지닐 때 ([+back]와 [+round]이거나 [-back]와 [-round]일 때), y나 w가 탈락한다는 뜻이고, 만일 어느 한쪽이 반대의 값을 지닐 때([+back]와 [-round]이거나 [-back]와 [+round]일 때)는 탈락하지 않는다는 뜻이다.

앞서(53)의 음절말자음의 경우나 아래의 터어키어의 모음조화의 경우처럼 자질 두 개 이상의 독립적으로 기능할 때는 두 개 이상의 변항(다변항표기)을 쓴다.

57. $\begin{bmatrix} V \\ +high \end{bmatrix} \rightarrow \begin{bmatrix} \alpha \text{ back} \\ \beta \text{ round} \end{bmatrix} / \begin{bmatrix} V \\ \alpha \text{ back} \\ \beta \text{ round} \end{bmatrix} C_0+C_0 \underline{\quad}$

곧 터어키어의 접미사의 고모음은 그 앞의 모음의 후설성과 원순성에서 일치한다. 문제의 모음이 [-back, -round]이면 접미사의 모음은 [-back, -round]이고, 그 모음이 [-back, +round]이면 접미사의 고모음은 [-back, +round]가 된다.

58. 보기   agăc-ɪ '나무를'   at-ɯn '말의'   (+back, -round)
        kurd-u '이리를'   buz-un '얼음의'   (+back, +round)
        siseğ-i '꽃을'   ev-in '집의'   (-back, -round)
        yüz-ü '얼굴을'   göz-ün '눈의'   (-back, +round)

1변항의 경우와 다른 점은 α과 β가 동일한 값이 아닌 경우(-back와 +round처럼)가 있다는 점이다.

무한식형 57.의 규칙에서 C_0처럼 C 밑에 부기한 $_0$을 하위제로(sub zero) 표기라 한다. 이는 C가 아주 없거나 무한히 많을 수 있다는 표시이다. 이를 무한식형(infinite schema)이라고 부른다. 만일 없어서는 안되고 하나 또는 둘 이상의 자음이 있어야 된다면 C_1, 두 개 또는 그 이상의 자음이 있어야 한다면 C_2로 쓴다.

한국어의 수의적인 전설모음화는 후행하는 i 모음의 동화현상이므로 자음의 유무와는 관계가 없는 것으로 관찰된다. 이는 59.의 규칙으로 기술되는데 그것은 60.의 규칙의 총합이다.

59. $\begin{bmatrix} V \\ +back \end{bmatrix} \rightarrow [-back] / \_\_\_C_o \begin{bmatrix} V \\ +high \\ -back \\ -round \end{bmatrix}$

60. 1) $V \rightarrow [-back] / \_\_\_ \begin{bmatrix} V \\ +high \\ -back \\ -round \end{bmatrix}$ 보이다 → 뵈이다

2) $V \rightarrow [-back] / \_\_\_ C \begin{bmatrix} V \\ +high \\ -back \\ -round \end{bmatrix}$ 사기다 → 새기다

3) $V \rightarrow [-back] / \_\_\_ CC \begin{bmatrix} V \\ +high \\ -back \\ -round \end{bmatrix}$ 덤비다 → 뎀비다

4) $V \rightarrow [-back] / \_\_\_ CCC \begin{bmatrix} V \\ +high \\ -back \\ -round \end{bmatrix}$

4)는 이론상 가능하나, 한국어의 경우 이러한 자음연속은 있을 수 없다.

이와 같은 경우, 분절음(또는 자질)의 상한수를 명시할 필요가 있다. 그래서, 하위의 수와 상위의 수를 병기하게 되는데, 앞의 규칙처럼 C의 상한수 2가에서 멈춘다면 C_0^2로 나타낸다. 곧 하위의 수는 규칙이 작용하는데 필요한 분절음의 수의 하한, 상위의 수는 상한의 수다. C_0^2는 C는 없어도 되고 (하한), 있으면 두 개까지만 (상한) 허용된다는 것이다. 만일에 하위의 수가 없을 때에는 그것은 상위의 수만의 것이 있어야 한다고 풀이된다. C^1은 오직 C 하나만, C^2는 오직 2개만(C C)이란 뜻이다.

경상표기 음운규칙에서 다음과 같은 규칙은 흔한 일이다.

61. A → B /___X
    A → B / X ___

만일에 두 규칙의 X가 동일한 것이라면 A가 B로 변하는 것은 마치 거울의 영상처럼 대칭적으로 행해지는 것이 된다.

한국어에서 ㄴ(n)음이 ㄹ(l)음의 앞에서나 뒤에서 ㄹ로 바뀌는 현상이 62.에서처럼 보인다.

62. 1) 천리 > 철리   윤리>율리
    2) 솔내 > 솔래   설날>설랄

이는 63. 1), 2)로 나타낼 수 있고 또 경상표기 %를 이용하여 63.과 같이 하나의 규칙으로 묶을 수 있다.

63. 1) n → l /___ l
    2) n → l / l ___

64. $\begin{bmatrix} +\text{ant} \\ +\text{cor} \\ +\text{nas} \end{bmatrix}$ → [+lateral] % [+lateral]

田相範(1977:98)에서는 한국어의 /ɨ/ 모음탈락현상을 경상규칙으로 포착하고 있다. '먹으면, 가면'에서 어미의 기저형을 '으면'으로 본다면 가으면>가면으로(ɨ → ∅ / V__), '먹어라, 써라'에서 명령형어미의 기저형을 '으라'로 본다면 써으라>써라(ɨ → ∅ /__V)로 곧 /으/ 모음은 모음의 앞뒤에서 경상적으로 탈락한다는 것이다. 위의 규칙을 경상표기로 나타내면, 다음과 같다.

65. ɨ → ∅ % V

4.3 음운규칙의 유형

규칙의 유형 기저표시의 분절음이나 그 연속체를 표면음성표시의 음성형으로 변화·수정하는 과정을 음운과정이라고 하는데, 그것은 음운규칙이라는 형식으로 정식화(定式化)된다. 따라서 음운규칙에는 음운과정의 조건과 결과가 명시된다.

음운과정의 동화·중화의 현상과 음절구조에 관계되는 현상에 대하여는 앞에서(4.1) 언급한 바 있지만, 덧붙여서 몇 가지 예를 보기로 한다.

동화현상에는 모음조화, 자음동화가 있다. 모음동화의 예로는 57.의 터어키어 접미사의 모음조화의 경우가 있고, 자음동화의 예로는 역시 55.의 일본어의 비자음의 역행동화(동기관화)의 경우가 있다. 다음의 일본어의 구개음화도 [+high] 자질의 동화현상이다.

66. $\begin{bmatrix} s \\ z \\ t \end{bmatrix} \to \begin{bmatrix} ʃ \\ ʒ \\ tʃ \end{bmatrix}$ /____ [i] (단, ta행 자음의 기저형을 t로 보았을 때)

67.의 일본어에 있어서의 모음의 무성화도 [-voice]의 동화현상이다.

67. musi → musi̥ '虫'
    masu → masu̥ '敬語助動詞'
    sika → si̥ka '鹿'

68. [+vocalic] → [-voice] / $\begin{bmatrix} C \\ -voice \end{bmatrix}$ ___ $\begin{bmatrix} V \\ +high \end{bmatrix}$

중화현상의 대표적인 예로는 독일어의 어말에 있어서의 유성·무성의 교체가 있다. (Rad 'wheel':Rat 'advice' 기저형 /raːd/)

69. [-sonorant] → [-voice] / ___#

음절구조에 관계되는 것으로는 탈락현상, 삽입현상, 융합현상, 음위전환 현상 등이 있다. 모음탈락의 예로는 65.의 한국어의 매개모음 ɨ의 탈락현상 그리고 일본어 류뀨(琉球)방언의 하나인 미야꼬(宮古)방언에서의 70.과 같은 어말모음의 탈락현상이 있다.

70. /inu/ → [in] '大'
　 /kani/ → [kan] '蟹'
　 /ami/ → [am] '網'
　 /kami/ → [kam] '神'

자음탈락현상으로는 9.의 일본어의 자음동사 기저형에서의 r탈락, 모음삽입의 예로는 16.의, 자음동사의 k, s, g 말자음어간과 과거형태소 사이의 i모음 삽입의 경우가 있다.

자음삽입의 예로는 일본어의 경우 71.의 규칙이 있다.

71. 1)　∅ → s /+___　　　　　harusame '春雨'

　　2)　∅ → w / $\begin{bmatrix} V \\ +low \end{bmatrix}$ ___ $\begin{bmatrix} V \\ +low \end{bmatrix}$ bawai　'場合'

한국어의 사이시옷(t)의 경우는 72.와 같다.

72. ∅ → t /+___+　　바다+가>바닷가

융합현상으로는 일본어 오사카(大阪)방언에서의 모음과 반모음의 융합현상이 있다. 곧 자음동사의 어간반모음 w가 후속하는 과거접미사 ta와의 사이의 형태소 경계 앞에서 oː가 된다.

73. kaw-anai   koː-ta   '買'
    aw-anai   oː-ta   '会'
    moraw-anai   moroː-ta   '貰'

한국어의 융합현상으로 다음이 예거된다.

74. nak 'fall' +hwa 'flower' → nak^{h}wa   'fallen flower'
    kup 'bend' +hita 'causative suffix' → kuphita   'to bend'
    čoh 'good' +ko 'and' → čok^{h}o   'good and'
    noh 'to lay'+ta 'verb ending' → not^{h}a   'to lay'
                                       (Schane 1973:54)

음위전환현상으로는 필리핀 방언의 하나인 Hanunoo에서의 성문폐쇄음과 자음과의 전환이 있다.(성문폐쇄음+자음이 자음+성문폐쇄음이 됨) (Schane 1973:56)

75. ʼsa   (1의 어간)   →   ʼusa   (1, CC-사이에 u 삽입)
    ʼpat   (4   〃   )   →   ʼupat   (4,   〃   〃   )
    ʼnum   (6   〃   )   →   ʼunum   (6,   〃   〃   )
    tlu   (3   〃   )   →   tulu   (3,   〃   〃   )

76. ka- ʼsa(1회)   →   kasʼa   어중에서 성문폐쇄음+자음의 연속시
    ka- ʼpat(4회)   →   kapʼat   음위전환
    ka- ʼnum(6회)   →   kanʼum
    ka- tlu (3회)   →   katlu~   기타자음의 연속시는 음위전환 아니함

    (ka는 회수를 나타내는 형태소)

이상의 대표적인 음운과정은 결국 다음과 같은 유형의 음운규칙의 분류로 요약된다.

1) 자질변경규칙, 2) 탈락규칙, 3) 삽입규칙, 4) 치환규칙, 5) 축약규칙,

앞서의 동화현상과 중화현상은 1), 음절구조에 관계되는 현상은 위의 2), 3), 4), 5)에 해당된다.

자질변경규칙 이는 다음 형식으로 된다.

77. A → [+F] / X___Y

69.의 독일어에 있어서의 어말에 있어서의 유성폐쇄음의 무성화규칙이 그것이다. 프랑스어에 있어서의 모음비음화 그리고 78.의 한국어의 비음화 현상에 대한 79.의 규칙들도 그 예이다.

78. k → ŋ / ___nasal   국민>궁민
    t → n / ___nasal   받는>반는
    p → m / ___nasal   입말>임말

79. [-sonorant] → [+nasal] / ___[+nasal]

자질을 바꾸는 규칙은, 80.에서처럼 자질집합에서 +B만이 -B로 바뀐다는 것이다.

80. $\begin{bmatrix} +A \\ +B \\ +C \end{bmatrix} \rightarrow \begin{bmatrix} +A \\ -B \\ +C \end{bmatrix}$

이것을 규칙으로 표시할 때는 81.로만 표시한다.

81. $\begin{bmatrix} +A \\ +C \end{bmatrix} \rightarrow [-B]$

화살표 된 쪽의 자질집합에서 오른쪽 것을 되풀이할 필요는 없고 변화한 자질만 표기하면 된다. 마찬가지로 왼쪽에는 변화하는 자질의 반대되는 것도 표시할 필요가 없다. 그것은 2치(値) 자질 값으로 되어 있는 자질표기에서 어떤 자질이 -로 변했다면 +의 자질이 이미 존재한 것이 된다.

탈락규칙 이는 다음 형식으로 된다.

82. $A \rightarrow \phi \ / \ X\_\_\_Y$

탈락은 ϕ 곧 공(空)기호(null symbol)로 나타낸다. 화살표의 왼쪽에는 탈락한 분절음을, 화살표의 오른쪽에는 ϕ 탈락기호를 쓴다.

프랑스어에서는 뒤에 오는 단어가 자음으로 시작하는 경우 바로 앞 단어의 어말자음은 탈락한다.

83. $\begin{bmatrix} -syll \\ +cons \end{bmatrix} \rightarrow \phi \ / \_\_\_\_\# \begin{bmatrix} -syll \\ +cons \end{bmatrix}$ petit[pəti]   garçon[garsɔ̃]
    cf. petit ami[pətitami]

또한 프랑스어에서는 어말자음이 구말의 위치에서도 탈락하므로 83.까지 묶고 자음을 C로 지정하면,

84. $C \rightarrow \phi \ / \_\_\_\_\# \begin{Bmatrix} C \\ ‖ \end{Bmatrix}$

프랑스어는 비음화 모음 뒤에서도 비자음이 탈락한다. garçon[garsɔ̃]

85. $\begin{bmatrix} C \\ +nasal \end{bmatrix} \rightarrow \phi \ / \begin{bmatrix} V \\ +nasal \end{bmatrix} \_\_\_\_\_$

(이는 자음은 [+cons], 모음을 [+syll]로 지정하면,

$$\begin{bmatrix} +\text{cons} \\ +\text{nas} \end{bmatrix} \rightarrow \emptyset / \begin{bmatrix} +\text{syll} \\ +\text{nas} \end{bmatrix} \underline{\quad}$$ 와 같이 된다.)

일본어에 있어서의 자음동사의 기저형식인 /자음어간 +ru/로부터 음성형을 도출하는데 있어서의 r삭제도 탈락규칙으로 표시된다.

86. [-syll] → ∅ / [-syll]+___

(r을 명기할 때는 $\begin{bmatrix} +\text{son} \\ +\text{nasal} \\ -\text{lateral} \end{bmatrix}$ → / [-syll] +___

일본어의 한자어에서 모음탈락의 현상이 보인다. gaku(mon)-gak(koo), hatu(mei)-hak(ken) 이는 다음과 같이 기술한다.

87. [U] → ∅ / C ___ + C
    [+sino-japanese] $\begin{bmatrix} -\text{cont} \\ -\text{nas} \\ -\text{voice} \end{bmatrix}$ $\begin{bmatrix} -\text{cont} \\ -\text{nas} \\ -\text{voiced} \end{bmatrix}$

한국 한자음에서도 88.의 어두 r음탈락현상과 89.의 어두 n음의 탈락현상이 있다.

88. l → ∅ / # ___ 락원(樂園) → 낙원

89. [+nas] → ∅ / #___ $\begin{bmatrix} +\text{high} \\ -\text{low} \\ -\text{back} \\ -\text{round} \end{bmatrix}$ 녀자(女子) → 여자

한국어의 고유어에서도 90.과 같은, 어말중자음 중 하나의 탈락이 있고 91.과 같은, ㄹ의 n 앞의 탈락이 있다. 또한 형태소 경계에서의 모음연속중 앞것이 탈락하는 것도 92.와 같이 있다.

90. $C \rightarrow \phi / C \_ \begin{bmatrix} \# \\ C \end{bmatrix}$ 닭 → 닥

91. $l \rightarrow \phi / \_ + n$ 딸님 → 따님

92. $V \rightarrow \phi / \_ + V$ 쓰어 → 써, 흐르어 → 흘러

영어에서 강세가 없는 모음이 어중에서 탈락하는 경우가 있다. 그 탈락규칙은 다음과 같다.

93. $\begin{bmatrix} V \\ -stress \end{bmatrix} \rightarrow \phi / C \_ C$ eg. family[fǽmili]→[fǽmli]
chocolate[tʃákəlit]→[tʃáklit]

삽입규칙 이는 다음의 형식으로 된다.

94. $\phi \rightarrow A / X \_ Y$

탈락규칙과는 반대로 화살표의 왼쪽에 공(空)기호, 오른쪽에 삽입하는 분절음을 나타낸다. 일본어에 있어서의 자음동사와 부정형, 경어형 후속형의 기저형 사이의 모음삽입(앞서의 15, 16.)이 그 예다.

한국에서는 복합어 사이에 자의에 자음이 삽입되는 현상이 있다. 사잇소리가 그것이다. 하나는 된소리(const, ʼ로 나타냄. const는 constricted glottis 후두긴장성을 뜻함)로 또 하나는 ㄷ받침 [tʼ]으로 실현된다. 이들 음성형은 다르지만 실은 동일한 작용이다. 곧 전항이 후항을 유성음화하는 환경을 파괴하는 것으로 하나의 이화(異化)작용이다. 그 작용은 공명자음 뒤에서는 된소리로 (등불), 모음 뒤에서는 ㄷ받침(바닷가)으로 나타난다는 것이다.

95. 1)과 같이 공명자음 뒤에 된소리가 삽입되는 것은 국어 음절구조상 공명자음 뒤에 다른 조음점의 자음이 삽입될 수 없기 때문이며, 95. 2)와 같이 모음 뒤에서 [t']으로 나타나는 것은 무표적 위치에서 무표자음의 조음 위치인 [t][+ant, +cor]을 선택할 수 있기 때문이다.

95. 1) 자음삽입규칙 $\emptyset \rightarrow$ [+const]/ [+son]__ + C]$_x$ (X:형태정보)

    2) 조음위치삽입규칙 [+const]→$\begin{bmatrix} ant \\ +cor \end{bmatrix}$ / [+ syll]_____

    3) 조음위치의 잠재표기:범어적

	[p]	[t]	[c]	[k]
ant	[ ]	[ ]	—	—
cor	—	[ ]	[ ]	—

$$\begin{pmatrix} 잠재규칙 \ [\ ]\rightarrow[+ant] \\ [\ ]\rightarrow[+cor] \end{pmatrix}$$

(金武林 1992:127)

치환규칙 이는 다음의 96. 또는 97.의 형식으로 된다.

96. XABY
    1 2 3 4 ⇒ 1 3 2 4

97. SD : XABY
    1 2 3 4 ⇒
  SC : 1 3 2 4

분절음의 순서가 치환(置換)되는 곧 음운도치(metathesis)를 나타내고 있다. 한국어의 통시적 변화에서 널리 알려진 빗복>빗곱(배꼽)의 도치를 다음과 같이 나타낼 수 있다.

98. ㅂ ㅗ ㄱ ⇒ ㄱ ㅗ ㅂ
    1 2 3   3 2 1

축약규칙 이는 다음의 99. 또는 100.의 형식으로 된다.

99. X A B Y ⇒ 1   2   3   4
    1 2 3 4   +F   4

100. SD : X A B Y
         1 2 3 4 ⇒
     SC : 1 $\begin{bmatrix}2\\+F\end{bmatrix}\begin{bmatrix}3\\\phi\end{bmatrix}$ 4

두 개 이상의 분절음을 하나의 분절음으로 융합하고 있다. 앞서의 치환규칙은 AB의 기호순이 BA가 되는 것이라면 여기서의 축약은 AB가 이와 다른 C 하나로 바뀌는 것이다. 탈락과 다른 점은 단순히 삭제되어 버리는 것이 아니고 다른 분절음에 자질을 첨가 하는 점이다. 모음축약이면 101.처럼 또는 구체적인 분절음으로 102.처럼 나타낼 수 있고, 103.처럼 자질표기로 나타낼 수 있다.

101. VV → $\begin{bmatrix}1\\+F\end{bmatrix}$ $\begin{bmatrix}2\\\phi\end{bmatrix}$
    1 2

102. a i → æ

103. SD : $\begin{bmatrix}+voc\\-cons\\-high\\+back\\-round\end{bmatrix}$, $\begin{bmatrix}-cons\\+high\\-back\end{bmatrix}$
              1   2

4. 음운규칙   151

$$SC : 1\ 2 \rightarrow \begin{bmatrix} 1 \\ -back \end{bmatrix} \begin{bmatrix} 2 \\ \phi \end{bmatrix}$$

4.4. 음운규칙의 적용

규칙 적용순 음운표시와 음성표시를 연결하는 기능을 갖는 음운규칙은 두 표시 사이에서 오직 하나만이 존재하는 것은 아니다. 오히려 몇 개의 규칙이 있어서 그것이 몇 개의 파생표시를 거치면서 최종적인 음성표시에 이르는 경우가 많다. 이 경우에는 어느 규칙을 먼저 적용할 것인가 또는 동시에 적용할 것인가, 순서적으로 적용한다면 순서는 어떻게 매기는가 등의 문제가 있게 된다. 음운규칙의 적용의 순서가 차례대로 매겨져 있으면 그것을 선형적인 순서라고 한다. 곧 규칙$_1$ — 규칙$_2$ — 규칙$_3$ — 규칙$_4$와 같이 일렬로 순서가 정해져 있음을 말한다. 그렇다고 이 규칙이 모두 적용되어야 한다는 것은 아니다. 규칙 적용의 조건이 맞지 않으면 건너뛸 수 있다. 그러나, 일단 건너뛴 후에는 되돌아서 적용될 수는 없다. Chomsky와 Halle (1968:54-55)를 보면 criticize의 기저표시 /kritikiz/로부터 [kritisāyz]의 파생 과정은 다음과 같다.

104. 기 저 표 시   / kritikiz /
    연구개음연화 kritisiz   연구개음 연화규칙 $k \rightarrow s\ /\ \_\ \begin{bmatrix} i \\ e \end{bmatrix}$
    이중 모음화 kritisiyz   과도음 삽입규칙 $\phi \rightarrow y\ /\ i\ \_$
    모 음 교 체 kritisæyz   모 음 교 체규칙 $i \rightarrow æ$
    모 음 조 정 kritisāyz   모 음 조정규칙 $æ \rightarrow ā$
    음 성 표 시 [kritisāyz]

여기서 첫번째의 연구개음화규칙이 만일 모음교체규칙보다 나중에 적용된다면 그 규칙의 SD를 충족할 수 없어서 잘못된 파생이 되어버린다.

105. 기 저 표 시   / kritikiz /
    모 음 교 체   kritikæz
    이중 모음화   kritikæyz

연구개음연화   *kritisæyz

와 같이 올바른 음성형을 얻을 수 없다.

내재적, 외재적 규칙순 순서적용은 규칙 내부의 상호간의 관계에 의하여 정해지는 경우가 있고, 그것을 외부에서 정해주는 경우가 있다. 전자를 내재적 규칙순(intrinsic ordering)이라고 하고, 후자를 외재적 규칙순(extrinsic ordering)이라고 한다.

프랑스어에서의 104. 1)의 비모음화 규칙과 104. 2)의 비자음탈락규칙을 보게 되면,

106. 1) $V \rightarrow [+nas] / \_\_ \begin{bmatrix} C \\ +nas \end{bmatrix} \begin{bmatrix} C \\ \# \end{bmatrix}$

2) $\begin{bmatrix} C \\ +nas \end{bmatrix} \rightarrow \emptyset / \begin{bmatrix} V \\ +nas \end{bmatrix} \_\_\_\_$

규칙 자체가 내부적으로 순서가 매겨져 있다. 곧 1) 적용 후 도출된 것에 대해서만 2)를 적용할 수 있기 때문이다. 보기를 든다면,

     1)의 규칙   2)의 규칙

107. / bon / — bõn — bõ 'good'
  / bont / — bõnte — bõte. 'goodness'

이러한 연계적인 규칙순이 내재적 규칙순이다. 이에 대해 규칙순을 예언할 수 없고 외부적으로 규칙순을 규정하는 경우가 외재적 규칙순이다.

핀랜드어에는 108.과 같은 규칙이 있는데, 이 규칙은 109.와 같이 기저형에 차례대로 적용된다.

108. 1) e → i / _ #

   2) t → s / _ i

   3) t → d / V (i) C $\begin{Bmatrix} C \\ \# \end{Bmatrix}$

   4) ä → ∅ / _ i

109.

	손	손에	손들에
기저표시	/ käte /	/ kätessä /	/ kätissä /
규칙 1)	käti	———	———
규칙 2)	käsi	———	käsiaaä
규칙 3)	———	kädessä	———
음성표시	[käsi]	[kädessä]	[käsissäa]

위에서 1)~4)까지의 순서대로 적용되지 않으면 기대하는 음성형이 도출되지 아니한다. 이러한 외재적 규칙순은 화자의 문법에 큰 부담을 준다. 화자는 그 언어의 모든 규칙을 배우는 외에 그 규칙의 순서까지 외어야 하기 때문이다. 그리고 음운표시와 음성표시의 연결만을 능사로 알고 그 연결을 위한 자의적인 규칙이나 규칙순의 조작을 시도할 우려도 없지 않다.

규칙의 첨가 언어변화는 규칙의 첨가와 소실・단순화에서 온다. 음성변화도 규칙의 첨가에 상응한다(Kiparsky 1968b:175). 규칙의 순서는 역사적 변화와 관계된다. 방언의 차이도 두 규칙의 적용순서의 차이다(Kiparsky 1968b:177 - 178).

독일어에는 다음과 같은 규칙이 있다.

110. 1) [+obst] → [-voice] / ____ #   (어말 무성화 규칙)

   2) V → [+long] / ____ $\begin{bmatrix} +obst \\ +voice \end{bmatrix}$ (장모음 규칙)

규칙 1)은 독일어에 서기 1000년경에 첨가된 규칙이고, 2)는 1400년경에 첨가된 규칙이다. 다음 111. AB에서 A는 규칙 1), 2)의 차례대로 적용된 15, 16C의 독일어를, B는 2), 1)의 차례대로 적용되어 (규칙의 재배열) 주격형의 모음이 길어진 현대독일어를 나타낸다.

111.　A　　Tag　　Tages　　　　B　　Tag　　Tages
　　　　／tag／／tag+əs／　　　　　／taːg／　／taːg+əs／
　　　　1) tak　　＿＿＿＿　　　　2) taːg　　　taːg+əs
　　　　2) ＿＿＿　taːgəs　　　　　1) taːk　　　taːgəs
　　　　　　[tak]　　[taːgəs]　　　　　　[taːk]　　[taːgəs]

규칙의 재배열 111. B의 현대독일어를 설명하기 위해서는 규칙이 2) - 1)로 재배열된 것으로 보아야 한다. 규칙의 재배열은 유표순에서 무표순으로 재배열되는 게 원칙이다. 1) - 2)의 순서는, 1)의 적용이 2)의 환경을 파괴시켜 2) 적용을 막으므로 출혈(出血)(bleeding)관계이다(유표적 규칙순). 출혈관계의 순서를 뒤집은 2) - 1)의 순서는 2)의 적용이 1)의 적용을 막지 않으므로 역출혈(counter bleeding)관계이다(무표적 규칙순). 따라서, 여기서의 규칙재배열은 유표순 → 무표순(역출혈관계)으로 되어 있다. 111. A에서는 규칙이 한번만 적용된 데 대해 B에서는 두번 적용되고 있다. 곧 출혈관계를 극소화한다는 것은 규칙의 적용 횟수를 늘린다는 것과 같다. 그래서 규칙은 그것들이 최대한도로 이용되는 방향으로 재배열 된다(Kiparsky의 최다 적용원칙).

　급여와 역급여 음운규칙 간의 관계에 대하여는 급여(給與, feeding), 출혈, 역급여(逆給與, counter feeding), 역출혈, 상호출혈(multual bleeding)의 관계 등이 있다(Kiparsky 1968:197-198, 200). 이 중에서 급여 및 역출혈의 관계에 있는 규칙이 출혈 및 역급여의 관계에 있는 규칙보다 자연적이고 일반적이다. 보편적으로 급여관계의 규칙은 최대 이용하고 출혈관계의 규칙은 되도록 사용하지 않는다(Kiparsky 1968b:197).
　급여와 역급여의 예는, 핀란드어에서의 112 1) - 2)와 같은 규칙과 (Kiaprsky 1968b:177), 그 적용 예 113에서 볼 수 있다. 그 A는 핀란드 표준어의 경우이고 B는 동부방언의 경우이다.

112. 1) dipthongization

$$\begin{bmatrix} V \\ -low \end{bmatrix} \rightarrow [+high] / \underline{\quad} V$$

2) loss of medial voiced continuant

$$\gamma \rightarrow \phi / V \underline{\quad} V$$

113. A / teγe / 'make' / vee / 'take'   B / teγe /   / vee /
1) _____   vie   2) teφe   _____
2) teφe   _____   1) tie   vie
     [tee]   [vie]   [tie]   [vie]

A의 1) - 2)의 순서로는 1)은 적용되지 않고 2)만 적용된다. 그러나, B의 2) - 1)의 순서는 2)의 결과가 1)의 환경을 만들어 주므로 1)을 적용할 수 있다. 이는 급여관계이고 그 반대인 1) - 2)의 순서는 역급여의 관계이다, 따라서, 여기서의 규칙재배열은 유표의 역급여의 관계에서 무표인 급여의 관계로 바뀌는 것이 된다.

상호출혈 상호출혈의 예로는 독일어에서의 다음의 두 규칙의 예가 있다.

114. 1) -syll   → [-voiced] / _____ $\begin{bmatrix} +C \\ \# \end{bmatrix}$
     +cons

2) g → φ / [+nasal] _____   /g/자음탈락규칙

역사가 오랜 방언에서는 다음의 115. A처럼 규칙 1) - 2)의 순서대로 적용되고 새로운 방언에서는 B처럼 2) - 1)의 순서로 적용된다.

115. A / laŋg / 형용사 / laŋg+e / 부사   B / laŋg / / laŋg+e /
    1) laŋk   2) laŋ   laŋ+e
    2) ___   laŋ+e   1) ___   ___
       [laŋk]   [laŋe]   [laŋ]   [laŋe]

　변화는 보다 안정된 자연의 상태로 바뀌는 것이므로 B쪽이 보다 자연적이나, 규칙의 순서로 볼 때 어느 순서로 적용되든 먼저 적용된 규칙에 의해 뒤의 규칙이 적용되지 못하는 상호출혈의 부자연스러운 상태다. 또 어느 순서이든 두 규칙이 두번 적용되었으므로, 최다적용원리로도 둘 중 어느 쪽이 자연적인 것인지 설명할 수 없다. Kiparsky(1971b 65-66)에서처럼 활용변화 일람에서 이형태는 감소하는 경향이 있다는 것을 조건으로 내세운다면, A에서의 [laŋk]와 [laŋ]의 두 개의 이형태의 존재보다 B에서의 [laŋ] 하나의 존재가 보다 자연적이어서 B쪽이 이 조건에 맞는다고 하겠다.
　이와 비슷한 예가, 일본의 동북방언에서의 옛세대와 젊은 세대의 언어차이에서 보인다(Muraki 1970). 다음에서 A는 옛세대어이고, B는 젊은 세대의 것이다.

116. A [kigu]   B [kigu]   '듣다'
        [su̥kane]   [sugane]   '좋아하지 않는다'
        [ki̥kane]   [kigane]   '듣지 않는다'
        [ki̥ke]   [kige]   '들어라'
        [su̥ke]   [suge]   '깔아라'

　이 변화의 설명에는 다음 두 규칙이 필요하다. 1)은 모음무성화규칙이고, 2)는 유성화규칙이다.

117. 1) $\begin{bmatrix} V \\ +high \end{bmatrix} \rightarrow [\text{-voiced}] / \begin{bmatrix} C \\ \text{-voiced} \end{bmatrix} \underline{\quad} \begin{bmatrix} C \\ \text{-voiced} \end{bmatrix} \begin{bmatrix} V \\ \text{-high} \end{bmatrix}^*$

　　　(淸水 1978:233에서는 *표의 환경지정은 부자연한 것으로 봄)

2) C → [+voiced] / V ___ +V

이 규칙에 의한 음성형의 도출 과정은 다음과 같다.

118. A / kik-u /   / kik-ane /   B / kik-u /   / kik-ane /
    1) _____   kikane   2) kigu   kigune
    2) kigu   _____   1) _____   _____
       [kigu]   [kikane]   [kigu]   [kigane]

곧 옛세대와 젊은 세대의 언어 차이는 규칙 적용의 재배열에서 온 것이다. 그러나, 규칙의 적용 순서는 모두 상호 출혈의 관계에 있어 젊은 세대의 것이 보다 자연적임을 설명할 수 없다. 앞서의 이형태 감소화의 원칙에서 본다면, 옛세대의 것이 이형태 [kig-], [kik-] 두 개, 젊은 세대의 것이 [kig-] 하나인 점에서 젊은 세대의 방향이 자연적이라 할 수 있다.

급여관계와 출혈관계는 전자가 보다 자연적이어서 보편적 원칙으로 최대한 이용되고 후자는 가급적 사용되지 않는다고 하지만, 오히려 후자가 보다 많은 언어사실을 설명하는 경우도 있다.

Kenstowicz와 Kisseberth(1971)에 의하면, Yawelmani어에서는 폐음절에 있어서 단(短)모음화의 규칙(120)이 있다. 119.의 예에서처럼 자음연쇄의 앞에 오는 장모음은 단모음으로 변하는 것이다.

119. ⎡ [doːs-ol]   'might report'
     ⎣ [dos-hin]   'reports'
     ⎡ [ṣaːp-al]   'might burn'
     ⎣ [ṣaːp-hin]   'burns'

120. V → [-long] / ___ C C

이 규칙 외에도 모음 / i /를 삽입시키는 다음과 같은 규칙이 존재한다.

121. $\emptyset \rightarrow \begin{bmatrix} V \\ +high \\ -back \end{bmatrix}$ / C ___ C $\begin{Bmatrix} \# \\ C \end{Bmatrix}$

이 두 개의 규칙의 적용순서에 있어 121.을 먼저 적용하면, 120.의 규칙의 적용환경을 파괴하는 것이 되어, 121.은 120.에 대한 출혈의 관계가 되고 부자연한 것이 되어 버린다. 허나 Yawelmani 및 기타 관련 언어자료로 볼 때는 오히려 출혈의 관계가 보다 많은 언어사실을 설명할 수 있는 경우가 있다. 다음 예에서,

122. / 'aːml /   ['aːmil-hin]   ['aml-l]   'help'.
     / moːxl /   [moːxil-hin]   [moxl-ol]   'grow old'
     / siːnt- /   [seːniṭ-hin]   [senṭ-al]   'smell'
     / wuːwl- /   [woːwul-hin]   [woːwl-al]   'stand up'

기저형에서 음성형에의 파생과정은 123. A처럼 2 - 1의 순서로 적용될 필요가 있다. 만일 B처럼 순서가 바뀌면 그 음성형처럼 *['amilhin]과 같이 올바르지 못한 것이 되어 버린다.

123. A / 'aːml+hin /   B / 'aːml+hin /
      2)   'aːmil+hin   1)   'aml+hin
      1)   _____   2)   'amil+hin
         ['aːmilhin]   *['amilhin]
         (출혈관계)   (역출혈관계)

B는 또한 Kiparsky의 최다적용의 원칙이 맞지 않음을 보여준다. 곧 A보다 B가 최다적용인데도 출력은 잘못되어 있다.

투명・불투명원리 Kiparsky(1971b)에서는 급여・출혈관계라든지 최대적용원칙으로서 포착할 수 없는 자연적인 순서를 투명(transparent)과 불투명(opaque) 원리로 포착하려고 한다. 다음 124.의 음운규칙은 1) XAY인 경우

또는 2) B가 X __ Y의 환경 이외에 있을 때는 불투명하다(Kiparsky 1971b: 75).

124. A → B / X __ Y

1)은 A가 변화해야 하는데 변화하지 않는 경우이며, 2)는 A가 X __ Y 에서 B로 변해야 하는데, 변해서는 안 될 다른 곳에서 변한 경우가 된다. 이들 경우 외에는 투명하다고 한다. 곧 파생되는 음성형식이 어떤 규칙의 적용결과임을 명확히 판단할 수 있는 경우이다. Kiparsky(1971b:75)는 음운규칙은 투명도가 최대한이 되도록 순서짓는 경향이 있다고 하였다. 곧 투명성이 높은 적용순서가 자연적인 순서임을 나타낸다.

앞서의 Yawelmani의 예에서 123. A의 출혈관계에 있는 순서가 오히려 자연의 상태가 되는데, 그것은 투명·불투명의 개념으로 설명될 수 있다는 것이다. 곧, 출혈관계의 [ʼaimilhin]이 왜 올바른 음성형이고, 역출혈관계와 최다적용원칙에 맞는 *[ʼamilhin]이 잘못된 것인가는 120.의 단모음화규칙을 보면 알 수 있다. 그것은 뒤에 두 자음이 연속된 경우에만 적용될 수 있기 때문이다. 곧, *[ʼamilhin]은 /ʼa/에 대해서는 규칙이 적용될 환경이 아닌데도 불구하고 적용되고 있어서 불투명한 처지에 있다(i - 삽입규칙이 먼저 적용되어 단모음화규칙의 적용의 환경을 파괴했기 때문임). 이에 대해 [ʼaːmilhin]은 투명·불투명의 두 조건에 투명하여 음성형으로 합당하다는 것이다.

범어적규칙순의 원칙 Kisseberth(1973a)는 투명·불투명의 원리를 원용하여 다음의 범어적규칙순의 원칙(universal rule ordering)을 보여준다.

125. 범어적 규칙순의 원리. 규칙들은 가능한 한 불투명을 줄이는 순서로 적용한다.

이것이 뜻하는 바는 규칙 1, 2가 있을 때 적용순은 1 - 2, 아니면 2 - 1이다. 이 중이 어느 하나가 다른 것보다 투명하다면 그것이 바로 규칙순이 된다는 것이다. 예컨대 Yawelmani어에 있는 126.의 두 규칙이 127. A, B와 같

이 순서가 바뀌어 적용되는 경우,

126. 1) V → ∅ / V+C __ #   (모음탈락규칙)

      2) V → [-long] / __ C $\begin{Bmatrix} \# \\ C \end{Bmatrix}$ (단모음규칙)

127. A   / laga:+ḱa # /   B   / laga:+ḱa # /
     1)   laga:ḱ   2)   _____
     2)   lagak   1)   laga:ḱ
         [lagaḱ]   *[laga:ḱ]

B에서처럼 2) - 1)의 순서로 적용된 음성형 [laga:ḱ]는 단모음화규칙 2)에 대하여 불투명하다. [laga:ḱ]에는 단모음화규칙이 적용될 여지가 있기 때문이다. 이에 대해, 1) - 2)의 순서로 적용된 음성형 [lagak]은 두 규칙 1), 2)에 대해 투명하다. [lagaḱ]에는 더 이상 규칙이 적용될 여지가 없다. 따라서, A에서의 규칙순이 옳다는 것이 된다.

     규칙순을 범어적 원칙에 의해 규정하려는 노력은 Koutsoudas 외(1974)에 보이며, Kousoudas(1973)에 의해 무규칙순가설(unordered rule hypothesis)로 불린다. 이는 규칙순이 없다는 뜻이 아니고 규칙순이 내재적으로 규정된다는 뜻이다. 자연적인 규칙순을 포착하려는 노력은 최다적용의 원칙 - 투명·불투명의 원리 - 범어적 규칙순 등으로 이어지는데 이러한 원칙들로 결정할 수 없는 관계는 외재적으로 규칙순을 지정하는 수밖에 없다.

5. 음운변화

5. 1. 통시적 변화

변동과 변화 구조주의 언어학에서 말하는 형태소의 공시적인 변동이나 생성 음운론에서의 표면형의 도출과정과는 달리 통시적으로 분절음이 변하는 것을 따로 구별하고 음운의 변화로 다룬다.

생성음운론에서는 음운에 관한 변화는 내장하는 문법의 변화로 파악한다. 그것은 기저음운표시의 변화나 규칙에 관한 변화의 형식을 취한다. 규칙의 변화로는 규칙의 첨가, 상실, 단순화, 규칙적용순서의 변화 등이 있다.(방언의 차이도 이와 같은 방식으로 설명이 가능하다.)

규칙의 단순화의 예를 보인다면, 현대 영어에서 그 기저구조는 장모음이지만, 두 개 또는 그 이상의 자음이 후속하는 경우 단모음(短母音)의 음성표시로 나타난다(keep/kept, sleep/slept).

1. V → [−long] / __ C C

고대 영어도 이와 같은 단모음화 현상이 있었다. 현대 영어와 다르다면 그 환경이 3이상의 자음이 후속하는 것이었다(OE. cildrn 'children', OE. hundred 'hundred').

2. V → [−long] / __ C C C

1.과 2.를 비교하면 고대보다는 현대의 것이 환경부에서 단순화되어 있다. 곧 고대 영어에서 단모음화하지 못한 모음들이 규칙의 단순화로 현대 영어에서 단모음화하고 있는 것이다.

물결이론 규칙재배열의 예로서 음운변화에 관한 일본의 東北방언 자료 (mado '窓', mato '的')를 보기로 한다(淸水 1978:205).

3.   방언 A   방언 B

    窓   [mādo]   [mādo]
    的   [mado]   [mādo]

동북방언은 유성자음 앞에 모음이 오는 경우 비음화하지만, 무성자음이 유성화한 분절음 앞에 오면 일반적으로 비음화하지 않는다. 방언 B는 그 예외가 되고 있다. 이를 설명하기 위해서는 다음의 두 규칙이 필요하다.

4. 비음화규칙 $V \rightarrow [+\text{nasal}] / \_\_ \begin{bmatrix} C \\ +\text{voiced} \end{bmatrix}$

5. 유성화규칙 $C \rightarrow [+\text{voiced}] / V \_\_ V$

방언 A는 1-2의 규칙순으로, 방언 B는 2-1의 규칙순으로 적용된 결과이다.

6. 방언 A /mado/   /mato/   방언 B /mado/   /mato/
       1) mādo   _____   2) _____   mado
       2) _____   mado   1) mādo   mādo
           [mādo] [mado]   [mādo] [mādo]

B가 보다 새로운 방언이라고 했을 때 규칙의 재배열은 급여관계에 서 있다.

통시적으로 두 개의 방언의 규칙의 재배열에 대해 물결이론(wave theory)적인 설명도 가능하다.

7.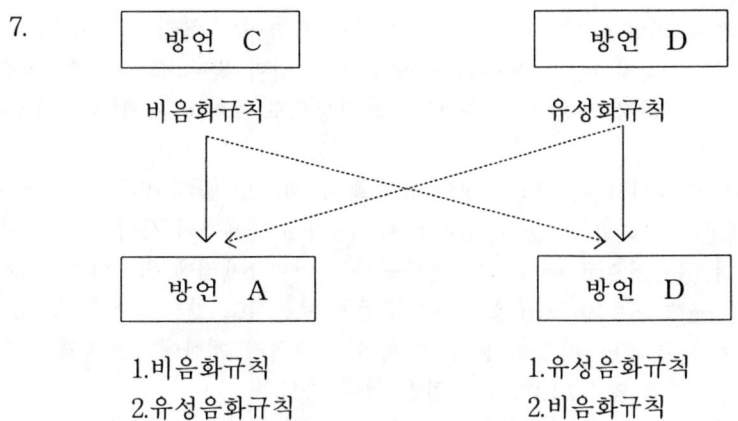

곧 방언 C, D에 각각 비음화규칙, 유성음화규칙의 하나가 존재하였는데, 그것이 방언 A, B에 전파되는 속도에 차가 있을 때 A, B방언에서의 적용순서가 바뀌게 된다. 이론적으로 그렇다는 것이고 동북방언의 경우 여기서의 C, D에 상당한 것이 있었는지 여부는 미상이다.

5. 2. 오키나와방언의 예

오키나와방언 일본의 오키나와방언은 amami(奄美), miyako(宮古), yaesima(八重島) 등의 방언과 함께, 일본 본토방언과 대립하는 류큐(琉球)방언에 속한다. 일본어(본토방언)와 류큐어는 같은 조어(祖語)에서 갈라져 온 자매어로 보고 있다. 이러한 말을 처음으로 한 사람은 영국인 B. H. Chamberlain이다. 그는 그 계통적 관계를 다음과 같이 표시한다(Chamberlain 1895:3).

8.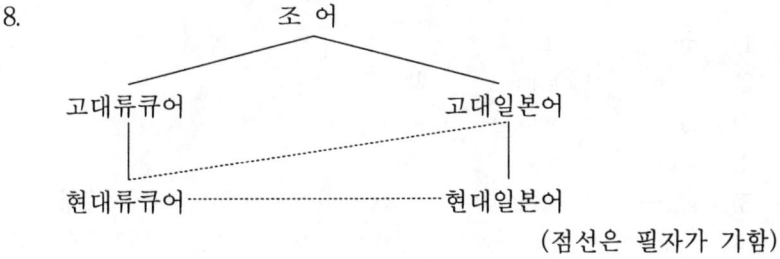

물결이론에 의하면 현대류큐어는 조어-고대류큐어의 특징을 이어받으면서 고대일본어 내지 현대일본어의 영향을 받은 것이 된다. 그 반대의 경우는 류큐어의 지리적, 문화적 특수성과 그 위상으로 보아서 거의 없었던 것으로 사료된다.

그런데, 일본어와 류큐어의 방언적 분화의 시기는 服部(1955)의 언어연대학적 계산에 의하면(+치만 한정했을 때) 서기 3~5세기의 사이로 또는 보다 더 내려오는 것으로 추정된다. 본토에서는 이미 8세기에 양순마찰음 [ɸ]으로 변한 pa행 어두자음 [p]음이 류큐방언에 보존되고 있는 점에서 늦어도 8세기 이전에 분파된 것으로 본다. 앞서의 연대학적 계산에서 +치와 ÷치(대응하나 완전치 않은 것)까지 합치면 이에 가깝다.

그 이후 고대류큐어는 나름대로 독자적 발달을 했고 고대일본어도 나름대로 독자적인 발달을 해 온 것이다. 특히, 후자의 경우는 전자의 물결의 영향을 이전부터 많이 받은 것으로 보아진다.

여기서 그들의 형태를 서로 비교해서 차이점이 보인다면 A → B의 공시적인 변동이라기보다 A>B의 통시적인 변화로 볼 수 있다. 단어에 따라 류큐방언 쪽이 고형(古形)을 지니는 것이 있을 것이고 현대일본어(표준어)가 보다 고형을 보존한 것이 있을 것이다. 이하에서는 본토방언이 원형을 유지하고 류큐어가 변화한 것으로 보고 서술한다. 본토방언은 표준어, 류큐방언은 오키나와방언이 이용된다. 이하의 자료는 Teruya(1979)에서 인용, 요약한 것이다.

모음변화 표준일본어는 a, i, u, e, o의 5모음을 갖고 있는데 대해, 오키나와방언에서는 a, i, u 세 개만 있고, e, o는 그것들이 공기(共起)하는 환경에 따라 i, u, e나 그 장모음이 되고 있다.

9. 1) me   mi: 目
   2) kore   kuri   此
   3) ue   wi: 上
   4) koe   kwi   声
   5) soeru   si:yun   添 (yu 현재시제표지, n은 서술문 표지)
   6) moeru   me:yun   燒 (yu 현재시제표지, n은 서술문 표지)

7) koe   kwe   肥
8) sensei sinsi 先生
9) taiko   teːku 鼓
10) mae   me   前
11) sao   soː   棹

표준어의 e, o음은 후발달음으로 볼 수 있기 때문에 그 고모음 i, u와의 통시적 관계가 문제되지만, 일단은 표준어형에서 변화한 것으로 전제하고 이들의 관계를 보기로 한다. (만일에 표준어형이 변화형이라면 그 역으로 생각하면 된다.)

3)에서는 어두 위치에서 4)와 7)에서는 k 다음에서 [-low, +back]모음이 비모음화되고 있다.

10. $\begin{bmatrix} +back \\ -low \end{bmatrix} \rightarrow [-syll]/ \_\_\_\_[+syll]$

이 규칙은 /o/와 /u/ 모음 앞에서 [w]로 바꾼다.

11)에서는 ao모음연속이 oː장모음화되고 있다. 이는 다음의 축약규칙으로 나타난다.

11. SD : $\begin{bmatrix} +syll \\ <+low> \end{bmatrix}$, [+syll]
          　　　1　　　　　　　　2

   SC : ϕ , $\begin{bmatrix} +syll \\ +long \\ <-high> \end{bmatrix}$
          　　1　　　　　2

이 규칙이 적용된 후 [-long, -low]모음은 고모음으로 바뀐다.

12. $\begin{bmatrix} +\text{syll} \\ -\text{long} \\ -\text{low} \end{bmatrix} \rightarrow [+\text{high}]$

다음은 1)에서의 단음절어의 장모음화(me → mi:)와 3)과 4) 그리고 7)에서의 w 다음의 장모음(wi:, kwi:, kwe:)이 도출되어야 한다.

13. $[+\text{syll}] \rightarrow [+\text{long}]/ \left\{ \begin{matrix} \#C \_\_ \# \\ \begin{bmatrix} -\text{syll} \\ -\text{cons} \\ +\text{back} \\ -\text{low} \end{bmatrix} \end{matrix} \right\}$

이는 곧 [-low]모음이 단음절어에서 그리고 /w/ 다음에서 길어진다는 것이다.

또 5)와 6)에서, /soe/에서 [si:] 그리고 /moe/에서 [me:]를 도출하기 위하여는 /s/와 /m/다음에 /w/를 삭제하는 14.의 규칙이 첨가되어야 한다.

14. $\begin{bmatrix} -\text{syll} \\ -\text{cons} \end{bmatrix} \rightarrow \emptyset / \begin{bmatrix} +\text{cons} \\ -\text{back} \end{bmatrix}$ _____

이러한 규칙들은 통시적인 순서를 나타내는 것으로 가정한다.

15.

	/koe/	/sensei/	/mae/	/me/	/soe(ru)/	/moe(ru)/
규칙 10	kwe	____	____	____	swe	mwe
규칙 11	____	sensi:	me:	____	____	____
규칙 12	kwi	sinsi:	____	mi	swi	____
규칙 13	kwi:	____	____	mi:	swi:	mwe:
규칙 14	____	____	____	____	si:	me:
	[kwi:]	[sinsi:]	[me:]	[mi:]	[si:]	[me:]

5. 음운변화

r탈락 표준일본에서 존재하는 어중 r음이 오키나와방언에서 어중에서 r 음이 i모음 앞에 있을 때 15.에서처럼 탈락하는 현상이 있다.

16. ari > ai   蟻
    nori > nui   糊
    uri > ui   瓜

다만 i _ i 사이에서는 탈락하지 않는다.

17. kiri > ciri   霧
    giri > ziri   義理

물론 그 외의 모음환경에서는 탈락하지 않는다.

18. yoru > yuru   夜
    tokoro > tukuru 所

위의 r탈락을 다음과 같이 규칙화된다.

19. r → ∅ $\begin{bmatrix} +syll \\ +back \end{bmatrix}$ ――― $\begin{bmatrix} +syll \\ +high \\ -back \end{bmatrix}$

형태소 내부의 어중에서뿐만 아니라 형태소 경계 곧 동사 어간말음 위치에서의 r도 탈락한다.

위의 두 규칙은 다음과 같이 묶을 수 있다.

20. r → ∅ $\left\{ \begin{matrix} \overline{} \\ \begin{bmatrix} +syll \\ +back \end{bmatrix} \end{matrix} \right\}$ + ――― $\begin{bmatrix} +syll \\ +high \\ -back \end{bmatrix}$

이 규칙은 통시적으로 모음축약 다음에 그러나 모음상승화규칙 전에 문법에 첨가되었다고 본다. 그 이유로는 첫째 /r/탈락에 의해 생기는 모음연속은 ari > ai > *eː에서처럼 장모음으로 바뀌지 않으며, 둘째 /r/은 비록 r 탈락규칙의 구조적 기술이 충족된다 하더라도 도출된 /i/ 앞에서 발생할 때 kore > kure > *kui에서처럼 탈락되지 않는다.

전설모음화   오키나와방언에서는 후설모음 u가 치경자음 다음에서 i로 변하는 전설모음화현상이 있다.

21. tuna > cina   網
     tubo > cibu   壺
     suna > sina   砂
     sumi > simi   隅
     kazu > kazi   **數**
     mizu > mizi   水

그러한 변화는 표준어 u가 음성적으로 비원순성 후설모음에 가깝기 때문에 자연스럽다. 이 전설모음화의 규칙은 다음과 같이 형식화된다.

22. $\begin{bmatrix} +syll \\ +high \end{bmatrix} \rightarrow [-back] / \begin{bmatrix} +obst \\ +cor \end{bmatrix} \underline{\quad\quad}$

(obst<저해음>은 [-son])

이 규칙은 중모음 상승 전에 적용되어야 한다. 만약 그렇지 않다면 모음상승규칙에 의해 /oto/로부터 도출된 /utu/가 *uci (oto > utu > uti > uci)가 될 것이다. 그래서, 이 규칙이 모음상승규칙이 도입되기 전에 문법에 첨가되었을 것으로 본다.

/o/로부터 도출된 /u/는 결코 /i/로 변하지 않았다.

23. soba   suba (*siba)   '側'
     soko   suku (*siku)   '底'

5. 음운변화   169

    tosi   tusi (*cisi) '年'
    hato   hatu (*haci) '鳩'

구개음화 고대일본어의 치경장애음이 일반적으로 15세기 말엽쯤에 전설모음 앞에서 구개음화되었다고 말한다. 예컨대 /tikara/가 [cikara] '力'로 바뀜과 같다.

원래, 일본어의 ta행 청탁과 sa행 청탁은 萬葉假名의 50音圖上의 위치를 고려한다면 다음과 같은 정연한 체계를 지녔던 것으로 보아진다.

24. ta (多)   ti (知)   tu (都) ……
     da (陀)   di (遲)   du (豆) ……
     sa (佐)   si (斯・志) su (須) ……
     za (邪)   zi (自・士) zu (受) ……

17세기의 Collado의 日本文典의 로마자 표기로 보아서는 ta행 청탁과 sa행 청탁은 다음과 같은 구개음화와 파찰음화가 평행적으로 있었던 것으로 사료된다.

25. ta   chi (či)   tsu (cu)
     da   gi (ǰi)   zzu (d^{z}u)
     sa   xi (ši)   su
     za   ji (ži)   zu

이러한 변화는 다음과 같이 규칙화된다.

26. $\begin{bmatrix} -\text{son} \\ +\text{cor} \end{bmatrix} \rightarrow \begin{bmatrix} +\text{delrel} \\ +\text{strid} \\ \alpha\,\text{ant} \end{bmatrix} / \underline{\hspace{1cm}} \begin{bmatrix} V \\ +\text{high} \\ \alpha\,\text{back} \end{bmatrix}$

이러한 평행성은 Tosa(土佐)방언에 현존하는 것으로 관찰되고 있다. t, d, s가 -i 앞에서 č, ǰ, š가 되는 것은 많은 언어에서 관찰된다.

27. $\begin{bmatrix} -son \\ +cor \end{bmatrix} \rightarrow \begin{bmatrix} +delre \\ -strid \\ -ant \end{bmatrix} / \underline{\hspace{1cm}} \begin{bmatrix} V \\ -high \\ -back \end{bmatrix}$

그러나, t가 u 앞에서 파찰음화하는 것은 흔하지 않다. d^z가 z가 되는 것은 흔하나, ž가 j가 되는 것은 그렇지 않다. 그러나, 탁음인 da행과 za행은 다음과 같이 중화를 이루었다. 현대의 동경어가 그것을 반영한다.

```
da  zi  zu  de  do
za  zi  zu  ze  zo
```

이에 대하여 다음과 같이 규칙화된다.

28. $\begin{bmatrix} -son \\ +cor \\ <+voiced> \end{bmatrix} \rightarrow \begin{bmatrix} +delrel \\ +str \\ \alpha\ ant \\ <\alpha\ cont> \end{bmatrix} / \underline{\hspace{1cm}} \begin{bmatrix} V \\ +high \\ \alpha\ back \end{bmatrix}$

(Stockwell et al 1972:13)

여기서 구개음화만 다루었을 때 오키나와에서는 치경장애음은 /i/앞에서 뿐만 아니라 /u/로부터 파생한 i 앞에서도 구개음화된다.(그러나, 앞서 논의한 바 있는 모음상승에 의해 /e/로부터 도출한 /i/ 앞에서는 구개음화되지 않는다)

29.   /tikara/ '力'   /tuna/ '網'
    전설모음화   ———   tina
    구개음화   čikara   čina
    음성형   [čikara]   [čina]

구개음화규칙은 다음과 같다.

30. $\begin{bmatrix} +\text{obst} \\ +\text{cor} \end{bmatrix} \rightarrow \begin{bmatrix} +\text{strid} \\ -\text{ant} \end{bmatrix} / \underline{\qquad} \begin{bmatrix} +\text{syll} \\ +\text{high} \\ -\text{back} \end{bmatrix}$

치경마찰음의 구개음화(sima>šima)는 일본어사에 있어서 아주 초기에 도입된 것 같다. 왜냐 하면 모든 일본어 방언에 걸쳐서 그에 대한 어떠한 예외도 없기 때문이다.

표준일본어와는 달리 오키나와방언에서는 연구개의 파열음 또는 /i/ 앞에서 구개음화된다.

31. kaki > kaci '垣'
    saki > saci '先'
    kiri > ciri '霧'
    kimo > cimu '肝'
    kugi > kuzi '釘'
    mugi > muzi '麥'
    kinoo > cinuu '昨'
    kiru > cijuN '着·切'

오키나와방언의 연구개의 구개음화는 치경음의 구개음화 이후에 그러나 모음상승 이전에 첨가규칙으로서 나타났다고 본다. 왜냐 하면, 치경음의 파열음과 연구개의 파열음은 모음상승규칙에 의해 /e/로부터 파생한 /i/ 앞에서는 구개음화되지 않기 때문이다. 이 규칙은 다음과 같이 형식화된다.

32. $\begin{bmatrix} +\text{obst} \\ +\text{back} \end{bmatrix} \rightarrow \begin{bmatrix} +\text{strid} \\ -\text{back} \end{bmatrix} / \underline{\qquad} \begin{bmatrix} +\text{syll} \\ +\text{high} \\ -\text{back} \end{bmatrix}$

30.과 32.는 33.으로 단일화될 수 있다.

33. $\begin{bmatrix} +\text{obst} \\ +\text{cor} \\ +\text{back} \end{bmatrix} \rightarrow \begin{bmatrix} +\text{strid} \\ -\text{back} \\ -\text{ant} \end{bmatrix} / \underline{\qquad} \begin{bmatrix} +\text{syll} \\ +\text{high} \\ -\text{back} \end{bmatrix}$

구개음화규칙 33.과 모음전설화규칙 22.의 두 과정 중에 모음전설화규칙은 구개음화에 앞선다. 왜냐 하면, 치경음은 /u/로부터 파생된 모음 /i/ 앞에서 구개음화되기 때문이다.

어휘항목이 구개음화된 자음으로 재구성된 이후에 규칙 33.이 형태소 내 적위치에서 파열음에 적용되지 않기 위해 재형식화되었다. 그래서 그것들은 /e/로부터 파생한 /i/ 앞에서 구개음화되지 않는다. 그래서 그것들은 34.와 같이 /e/로부터 파생한 /i/ 앞에서 구개음화되지 않는다. 공시적으로는 파열음들은 35.와 같이 형태소 경계를 넘어서 구개음화한다. 그러나, s와 z는 36.처럼 계속해서 형태소 내부에서도 물론 형태소 경계를 건너서도 그리고 모음상승 이후에도 구개음화된다.

34. te   >   ti   '手'
    ude   >   udi   '腕'
    hade   >   hadi   '派手'
    hatake >   hataki   '田'
    hage   >   hagi   '禿'

35. tat + i + busja + n   tacibusjan
    kak + i + busja + n   kacibusjan
    tug + i + busja + n   tuzibusjan
                             (busja-n 희망조동사(접미사)현재서술형)

36. a) ase   >   aši   '汗'
       kuse >   kuši   '辟'
       kaze >   kaži   '風'
       zehi >   žihi   '是非'

    b) hanas + i + busja + n   hanašibusjan

35. 및 36. a의 예들은 어간말음절 위치에서 /s/ 뿐만 아니라 치경음과 연구개의 파열음이 접미사 어두음 /i/(어간말음 /z/는 없다)가 따라올 때 구개음화되고 있음을 보여 주고 있다. 이 사실로부터 규칙 33.이 37.로 수정될 것이다.

37. $\begin{bmatrix} +\text{obst} \\ +\text{back} \\ +\text{cor} \\ <-\text{cont}> \end{bmatrix} \rightarrow \begin{bmatrix} +\text{strid} \\ -\text{back} \\ -\text{ant} \end{bmatrix} / \underline{\qquad} <+> \begin{bmatrix} +\text{syll} \\ +\text{high} \\ -\text{back} \end{bmatrix}$

각괄호(angled blacket)로 공식화된 규칙 37.은 /s/와 /z/가 형태소 경계를 넘어서 뿐만 아니라 형태소 내적으로 구개음화되는 반면에 재형식화된 치경음과 연구개음의 파열음은 오로지 형태소 경계를 넘어서 그들의 구개음화된 상대물로 전환한다.

이 규칙에 의해서 /s/와 /z/는 어디서나 도출된 /i/ 앞에서 [š]와 [ž]로 변한다. 반면에, /t/와 /d/와 /k/는 형태소 내에서 도출된 모음 앞에서 여전히 변화되지 않은 채 남아 있다.

5. 3. 한국어의 예

제주방언 오키나와방언과는 달리 제주방언에서는 k구개음화는 어두에서만 실현된다. 어중에서 실현되는 경우는 복합어의 후항의 어두의 경우이다.

38. a는 어두에서 i모음 앞에 38. b는 y 앞에서 k구개음화된 경우이고, 39. a는 어중에서 k구개음화되지 않고, 39. b는 복합어의 후항의 경우 k구개음화되는 경우를 보여 준다.

38. a 기름 > 지름   '油'
       기침 > 지침   '咳'
       기미 > 지미   '斑'
       길 > 질   '道'
       기르다 > 질르다   '育'
       길다 > 질다   '長'
       기프다 > 지프다   '深'
       키 > 치   '舵'
       도끼 > 토치   '斧' (이는 어중 실현의 예가 된다. 중세어 : 돗·귀와 같이 성조 때문에 복합어로 의식하였는지 모른다)

키 > 지레　　　'身長'

b 겨울(<겨슬) > 저슬　'冬'
　겨누다 > 저느다　'狙'
　결 > 절　　　　'波'
　겨우 > 제우　　'艱'
　곁 > 저곁　　　'傍'
　겨집 > 제집　　'女人'

39. a 아기 > 애기　　'兒'
　　모기 > 모기　　'蛟'
　　고기 > 괴기　　'肉・魚'
　　거기(<거긔) > 거기 '彼處' (이 예로 미루어 혹이면 이들 기는
　　　　　　　　　　　　　형태적으로 구별되었는지 모른다)

　b 참기름 > 춤지름　'眞油'
　　물결 > 물절　　'波'
　　옷깃 > 옷짓　　'衣襟'
　　기름질 > 지름질　'捷徑' (표준어에도 보임)

위를 보아서 알 수 있듯이 오키나와방언은 어두, 어중 가리지 않고 구개음화하는데 제주방언의 경우는 어두에서만 (형태소 경계 뒤 어두 포함) 구개음화하는 특징이 보인다. 어두에서 (형태소 경계 뒤에서) i, y 앞에서의 k>c의 규칙을 다음과 같이 형식화할 수 있다.

40. $\begin{bmatrix} +obst \\ +back \end{bmatrix} \rightarrow \begin{bmatrix} +strid \\ -ant \end{bmatrix} / \left\{ \begin{matrix} \# \\ + \end{matrix} \right\} \underline{\qquad} \begin{bmatrix} + -cons \\ -back \\ +high \\ -round \end{bmatrix}$

제주방언에서는 비전설모음 ə 앞에 y가 선행할 때 전설모음 e로 바뀌고 나중에는 y가 탈락(단모음화 yə>ye>e)하는 현상이 있다.

41. 며누리 > 메누리   '子婦'
    벼루 > 베리   '硯'
    별 > 벨   '星'

또한 2음절어의 어말에서 u>i의 전설모음화가 있다.

42. 고추 > 고치   '椒'
    목숨 > 목심   '命'
    배추 > 배치   '白菜'
    너무 > 너미   '甚'
    자루 > 잘리   '袋'
    마루 > 마리   '床'
    노루 > 노리   '鹿'

41.에는 1) ə → e/C_y__, 2) y → ∅/C_e의 규칙이 42.는 다음과 같은 규칙이 있다고 보겠다.

43. $\begin{bmatrix} +syll \\ +high \\ +back \end{bmatrix} \rightarrow$ [-back] / CVC_0^2 _____ #

이들 전설모음화는 구개음화 이후에 첨가된 것으로 본다. 그렇지 않으면, e모음 앞에서의 구개음화(겨우>제우, 혀>세(舌))는 이루어지지 못하기 때문이다.

제주방언에는 k구개음화 외에 t구개음화, h구개음화가 현저한 것은 주지의 사실이다. 어두에서나 어중에서(i와 y 앞에서) t구개음화되는 것이 k구개음화와 다르다. 형태소 경계를 사이에 두고 구개음화하는 것은 k구개음화와 같다.

44. a 디다 > 지다   '落'
       모딜다 > 모질다   '酷'
       고티다 > 고치다   '改'

b 뎔 > 절   '寺'
  뎌 > 저   '彼'

c 굳이 > 구지   '固'
  미닫이 > 미다지 '映窓'

44. a는 어두에서 44. b는 어중에서 44. c는 형태소 경계를 사이에 두고 t구개음화한 경우이다. 이는 다음과 같은 규칙으로 형식화된다.

45. $\begin{bmatrix} +obst \\ +back \end{bmatrix} \rightarrow \begin{bmatrix} +strid \\ -ant \end{bmatrix}$ / _____ (+) $\begin{bmatrix} -cons \\ -back \\ +high \\ -round \end{bmatrix}$

s구개음화의 예로는 힘>심 '力', 혀>세 '舌', 흉>숭 '欠点', 형>성 '兄' 등이 보인다.

기타의 방언 서북방언을 제외한 모든 방언에서, t구개음화는 음절 위치에 관계없이 일어났다. 이에 대해 k구개음화는 중부방언의 일부와 서북방언을 제외한 나머지 방언에서 일어났으며, 그 음절상의 위치는 두음절에 국한하였다. 이하 창원(昌原), 월성(月城), 전주(全州) 지방의 예를 보이기로 한다.

창원 지역어의 구개음화의 예(金永泰 1983:93-94)로는,

46. a (k구개음화)
       kil > cil   '道'
       kipta > cipúta   '深'
       kiulta > c'ibulda   '斜'
       kjətiraʙ > cɜtʰɜraʙ '腋'
       kjəntita > cɜndida '忍'
       kʰi > cʰi   '舵' (예외 kʰi '身長', 이 예외는 모음 i가 wi/ij에서 유래하기 때문으로 보고 있다)

b (t구개음화)
  kuti > kuči   '固'

c (h구개음화)
  hiə > s'E   '舌'
  him > sim   '力'
  hjoca > soča   '孝子'

전설모음화로는 다음 예가 있다.

47. karu > kari   '粉'
    koc^{h}u > k'ochi '椒'
    maru > mari   '床'
    noru > nori   '獐'
    siru > siri   '甑'

월성 지역어의 구개음화의 예(崔明玉 1982:64-67)로는,

48. a (k구개음화)
    kil > cil   '路'
    kjət > cát^h '傍'
    k^{h}i > c^{h}ɛɔ́i '箕'
    kil- > ciíl   '長'

b (t구개음화)
    tjəpsa > cɜpsíki   '樏子'
    tjoh- > coóh   '好'
    t^{h}i- > c^{h}i   '打'
    tet^{h}i > tɛc^{h}i '牒'

c (h구개음화)
　　him > sim　　　'力'
　　hjə > sɛ　　　'舌'

　k구개음화와 h구개음화는 어두에서만, t구개음화는 어두·어중의 위치에 관계없이 행해진다.
　전주(全州)방언도 이상의 방언과 마찬가지로 통시적인 구개음화를 일찌기 거치고 종식되었다(崔泰榮 1983:66-71).
　k구개음화나 h구개음화는 어두에서만 이루어졌고, t구개음화는 어두·어중에서 가능하였다.

49. a (k구개음화)
　　kirɨm > cirɨm　　'油'
　　kicʰim > cicʰim　　'咳'
　　kjətiraᵇ > cədiraᵇ　　'腋'
　　kipta > cipta　　'深'

　b (h구개음화)
　　him > sim　　'力'
　　hjə > se　　'舌'
　　heəm > siəm　　'泳'

　c (t구개음화)
　　ti- > ci-　　'落'
　　tʰi- > cʰi-　　'打'
　　motir- > mocir　　'惡'
　　tjoh- > coh-　　'好'

　t구개음화는 지금은 단일형태소내에서는 일어나지 않는다. 통시적인 구개음화의 예외가 되는 어사들이 원래는 이중모음을 유지하고 있었기에 구개음화를 겪지 않는 것인데, 단모음이 된 이후에 이들이 구개음화를 외면하고

있는 것은 이러한 현상은 통시적인 변화임을 보여 준다.
지금으로서는 형태소 경계에서의 구개음화는 존재한다.

50. kot-i → koji   '直'
    kut-i → kuji   '固'
    hɛtot-i → hɛdoji   '一生'
    tat-hiko → tacʰigo '閉'

이는 다음과 같이 규칙화된다.

51. $\begin{bmatrix} -son \\ +cor \\ -cont \end{bmatrix} \rightarrow \begin{bmatrix} -ant \\ +high \\ +strid \end{bmatrix} / \underline{} + \begin{bmatrix} -cons \\ +high \\ -back \\ -labial \end{bmatrix}$

(cf. 崔泰榮 1983:66)

문헌어 근세의 동남방언적 요소를 지닌 문헌에 18세기 후기의 十九史略諺解가 있다(崔林鐘 1986).

구개음화의 진원지가 남부방언권이라는 점에서(그 改新波가 북상하여 중부방언에 이르렀다. 그러나 서북방언에는 미치지 못함) 당연히 구개음화현상이 문헌에 반영되기 마련이다.

t구개음화는 남부방언의 경우 16세기말에 비롯되었고 중앙방언의 그것은 17세기 문헌에 보인다. 따라서 18세기 후기의 十九史略諺解에 t구개음화가 현저히 나타나는 것은 당연하다.

52. a 이 ㅈ치   '如'
       굿치   '末'

    b 쓰졔   '志'

52. a는 형태소 내부와 형태소 경계에서도 t구개음화가 되고 있고, 52. b는 e(처격) 앞에서도 t구개음화가 되고 있음을 보여 준다.

k구개음화는 문헌상 17세기에 간행된 彌陀懺略抄에 처음 나타나는 것으로 보고 있는데, 18세기 후기의 十九史略諺解에도 다음과 같이 나타난다. 모두 어두의 경우이다.

53. 지다 혀   '倚'
    딜고   '長'

이보다 앞서는 자료 곧 1571년 전후에 함흥에서 간행된 村家救急方(安秉禧 1978)에도 t구개음화와 k구개음화가 보인다. 이 책의 原刊(전라방언 지역), 편자(경상방언 지역 출신), 重刊(함경방언 지역)이 각각이어서 어디를 기준할 것인지는 문제가 있겠으나 이 문헌상의 자료로 미루어 구개음화는, 16세기 후반에 일어났다기보다 이미 그 때는 완성단계에 있었다고 할 수 있다.

54. a 升麻雉脚   끠쟝가리 (< 끠댱가리)
       瞿麥石竹花   셕쥭화   (< 셕듁화)

    b 指南石   디남석

    c 鴉鶻油   沙鳥油   사ᄃ새지롬

54. a는 t구개음화의 예, 54. b는 지(한자음)~디의 혼동에서 온 것, 54. c는 k구개음화의 예다.

t구개음화는 문헌상 고구려 지명어 穴口 : 甲比古次, 楊口 : 要隱忽次의 次에 반영된 음에 소급할 수 있다는 의견(金完鎭 1968)이 있다. 일본어 kuti '口'에 반사되어 있는 t음이 구개음화된 것으로 보는 것이다. 次의 모음이 구개음화를 유도하는 i/j가 아닌데서 문제되지만, 혹이면 그 모음은 j系 이중모음 je의 성격을 지니고 있었는지 모른다.

고대일본의 萬葉語로 반영되어 있는 구개음화로 美知(知 支韻 3等韻) '道'가 예거된다. 이는 1) 한국에서 이미 k구개음화가 이루어진 다음에 그것을 받아들인 것인지 2) 일본에서 독자적으로 k구개음화된 것인지 분간하기 어려우나, 아직은 그 시기에 한국에서의 k구개음화의 증표가 없으므로 일본에서의 k구개음화의 결과로 풀이된다.

문헌어에서는 r삭제의 흔적도 보인다. 문헌어(또는 한일공통재구어)에 존재하였던 어중 r음이 모음과 전설고모음 사이에서 후대에 탈락한 것으로 보이는 예(상성화)가 보인다.

55. nari > nai > nɛ   '川'
    *mori > moi > mø   '山'
    nuri > nui > ny   '世'
    *ori > oi > ø   '瓜'
    *nirim > *niim > nim   '主'

이를 56.과 같이 형식화할 수 있다.

56. r → ø / V _____ $\begin{bmatrix} +syll \\ +high \\ -back \end{bmatrix}$

오키나와방언에서는 i__i 사이에는 탈락하지 않지만, 여기서는 탈락하고 있다.

6. 음절이론

6.1 기본적 개념

기본원리 운율적 음운론에서의 음절이론은 Itô(1988)에서 보인다. 그것은 주로 음절의 형성 그리고 방향성 parameter에 의해 지배되는 계속적 형판(型板) 일치로서의 음절화에 대한 것이다.

운율적 음운론의 기본원리로는 첫째 운율적 인가, 둘째 국소성, 셋째 방향성이 꼽힌다. 첫째 것은 모든 운율적 단위는 반드시 운율적으로 인가되어야 한다는 것이고, 둘째 것은 운율적 구조의 적형성은 국소적으로 결정된다는 것이며, 셋째 것은 음운적 사상(寫像)은 방향적으로 진행된다는 것이다. 이들 원리와 관련된 중요한 개념들을 Itô의 논의를 중심으로 살펴보기로 한다.

운율적인가 이는 모든 음운단위들이 보다 상층의 운율적 구조에 반드시 속해야 한다는 것이다. 하층-상층에의 계층은 분절음-음절-운율적음보-음운론적 단어(구)이다. 하나하나의 분절음이 음절에 의해 인가되는 것을 전제로 함으로써 음운적 연쇄가 철저하게 음절화되고 있음을 보여준다.

운율적 인가에 대한 명백한 예외는 외치운율성(Extraprosodicity)이다. 그것은 오로지 경계선상에서 특별하게 되는 것을 허용하는 일이다. 강세(强勢) 체제에서 끝음절에 운율적인 규칙이 적용되지 않는 경우, 단어 내부에서의 음절화와 그 변두리에서의 음절화가 다른 경우, 그리고 복합 onset와 복합 coda의 형태가 다른 경우 등을 고려할 때 외치(外置)운소는 운율인가와 동등한 또는 다른 인가 기제(機制)가 된다고 생각할 수 있다. 곧 인가되지 않는 운소는 음운론적 연쇄로부터 삭제 당하게 되는 것이다(부유부 삭제, Stray Erasure). 남은 부분은 그 이후에 운소 인가가 충족된다.

보편적 핵음절조건 음절화의 이론에서 형판(型板) 접근과 규칙 접근의 두 가지가 있다. 전자에서 음절화는 그 언어의 음절 형판에 음운론적인 연쇄를 사상(mapping)하는 것으로 이루어진다. 음절 형판은 언어의 가능한 골격의 연속을 정의한 적형성 조건과 같은 것이다(보기 CCVC). 이를 보편적으로 포착한 것이 보편적 핵음절조건이다. 기본적 음절을 보편적으로 C-V의 평행적인 중복으로 분석할 것을 요구한다.

1. 보편적 핵음절조건

```
    if    C V
           \|/
    then    σ
```

CV 연속체에 이어지는 coda조건과 같은 언어에 따라 다른 특정 적형성 조건은 어떤 형판 위치에 사상될 수 있는 분절음류에 제한을 둔다.

음절화에 대한 이러한 형판 접근에서는 음절 사상은 운소인가에 의해 야기되고 음절 형판과 그리고 다른 적형성 조건에 의해 지배되는 보편적인 연결 기제와 동일시 될 수 있다. 그와 같은 일은 규칙접근으로는 불가능한 것이다.

음절형성규칙

2. a CV → σ
            /\
           C V

   b   σ   σ
        | →   /\
       V C   V C

2. a는 onset 규칙이고, 2. b는 rime 규칙이다. 이것으로 CV와 CVC가 허용된다. 만일 이러한 규칙으로만이 가능한 음절구조가 형성된다면, 그 구조적 기술이 일치하는 곳마다 적용되는 필수적 음운 규칙이 되어 운율인가의 원리는 불필요한 것이 될 것이다. 그러한 음절화는 운율인가 때문이 아니고

규칙의 필연성에서 생기는 것이 된다.

그러나 운율인가는 운율음운론에서 독립적으로 동기화된 것이므로, 이러한 여잉성은 규칙방법에 심각한 문제가 된다. 음절 사상은 음운론적인 파생을 통하여 계속적으로 발생하는 것이고 또한 이러한 계속적인 음절화는 운율음운론의 맥락에서 어휘적 그리고 후어휘적 음운론을 통하여 운율인가로 일어난다고 보기 때문에 더욱 그렇다.

국소성 국소성 원리는 운율구조의 국소적 적형성을 요구한다. 이는 음절 또는 운율음보의 적형성이 단지 음절이나 음보내에서 결정된다는 것이며 엄연히 그 구조밖의 정보에 의존하지 않는다는 것이다.

Coda조건 어떤 언어가 오직 공명음만이 coda가 되는 것을 허용한다고 했을 때에 형판 접근에서는 이를 (3)의 coda에 대한 적형성 조건으로 서술할 수 있다. 여기서 장애음이 형판 끝자리에 사상되는 것이 저지된다.

3. Coda 조건

```
    *  C  ] σ
       |
     [-son]
```

규칙접근에서는 그와 같은 조건은 coda를 만들어 내는 음절형성규칙의 구조적 기술의 일부가 될 것이다.

4. Coda 규칙

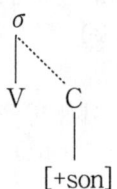

국소성의 원리는 특정언어의 조건이 음절규칙에서가 아니고 음절표시로 서술되고 3.에서 보인 적형성 조건과도 같이 형식화되어야 만이 유지될 수 있다.

이래서 국소성 원리는 음절화에 있어서의 형판적 접근을 간접적으로 지지한다.

국소성은 운율층 제약의 영역에서도 중요한 역할을 한다. 음절에 본유적으로 있는 운율층 제약의 한 가지 유형은 공명도의 것이다. 음벌내에서 공명도의 peak를 이루는 분절음은 공명도를 떨어뜨리는 분절음의 연속체를 선행하거나 후행하거나 한다. 공명도의 보편성과 특정언어성의 양면을 지닌다. 많은 경우에 특정언어의 공명도 조건은 인접한 평행음절의 분절음에 대한 최소의 이화(異化)조건에서 이루어진다. 운율인접성에 대한 한정은 국소성 원리의 또다른 결과이다.

방향성 음운론적 사상의 방향성이 매개변수화되는 데는 운율음운이론, 어근과 형태의 형태론 그리고 어두음절의 반복과 같은 분야에서는 이론(異論)의 여지가 없다.

Itô(1988.10-)는 운율음운론에서 쓰이는 parameter로서 방향성이 음절이론에 설명적인 역할을 한다는 것을 논하였다. 방향성에 관한 매개변수와 결합된 음절화에 대한 형판 사상접근방법은, 음절형성규칙의 어떤 본유적인 순서를 매김으로써 이미 다루었던 음절화의 여러 국면을 보다 잘 설명할 수 있다. 특히 방향성 매개변수는 모음 사이의 자음을 애매함이 없이 형판에 사상하는 것을 가능하게 한다. 오른쪽에서 왼쪽으로의 형판 사상은 최대한으로 분절음을 onset에 끼워 넣어 결과적으로 onset의 최대화가 된다(인도, 유럽어).

한편, 왼쪽에서 오른쪽으로의 사상은 coda의 최대화를 가져온다. 방향성 매개변수의 더한 귀결은 삽입음 체제에서 보인다(elm [éləm]). (삽입은 저생성음절 사상으로 이해된다. 곧 모음적 핵이 형성된 음절들로)

구조보존 Itô(1988.11-)의 음절이론 전개의 주된 방법은 어휘적 음운론의 원리와 이론적 가정에 입각한다. 구조보존의 원리는 어휘적 그리고 후어휘적 음절화와 연관된다. 그리고 음운론적 순환은 운율음운론의 다양한 원리들의 작동을 보여준다.

구조보존의 원리는 적형성 제약(예컨대 제약 *[+voice, +son]이 공명음에서의 비변별적 유성화의 명세를 배제시킴)이 어휘적 음운론에서 위반될 수 없음을 보장한다. Coda조건과 같은 다른 조건들 역시 문법내에 정의된 적형성 제약이므로 구조보존은 음절의 적형성 조건을 위반하는 잘못 형성된 음절이 나오지 않도록 보장한다.

게다가 그 조건을 위반하는 음절구조가 일정한 음운규칙의 적용에 의해 어휘적 순환중에 일어난다면 음절보존은 비음절화 곧 분리를 야기한다. 후어휘적 음운론에서 형판이나 다른 음운구조에 일치하지 않는 음절구조는 이루어질 수 없다. 구조보존이 더 이상 지탱될 수 없기 때문이다.

이와 같이 구조보존을 위해서는 보존되어야 할 구조가 문법내에서 정의되어야 한다. 이 요구는 규칙 접근에서가 아니라 음절화에 대한 형판접근에 의해 채워진다고 할 수 있다.

외치운율성과 부유부 삭제 음운적 순환은 외치운율성(Extraprosodicity)의 이론과 부유부(浮遊部) 삭제(Stray Erasure)의 조작에 대해 중요한 역할을 한다. 모든 순환의 출력은 반드시 운율적으로 인가되어야 하고 비인가된 자료는 제거해야 한다는 것을 각 순환 끝에서 환기하는 것이 부유부 삭제이다.

각 운율적 영역에서 가장자리 분절음으로 외치운율적으로 인가된 것을 제외하고는 모든 부유적 분절음은 제거되어야 한다는 점에서 매우 제약적인 이론이다. 가장자리 분절음은 보편적으로 어휘적 순환에서는 외치운소적이어서 어레벨에 입각한 특정언어에 있어서의 외치운소적인 것으로 정의될 수 있다. 후어휘적으로는 모든 분절음은 음절적으로 인가되어야 한다.

음절표시 Clements와 Keyser(1983)에 의거 음절과 melody 그리고 그 매체 skeleton을 받아들인다면 다음과 같이 표시될 것이다.

5.

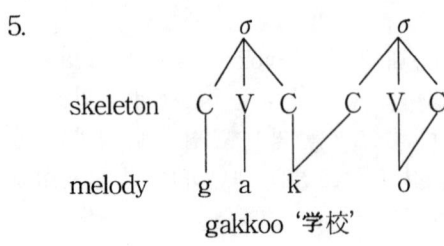

gakkoo '学校'

계층적으로는 다음과 같이 표시된다.

6.

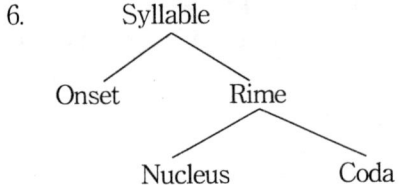

부유부 삭제 모든 자음의 삭제 부분은 비음절화된 분절음의 부유부 삭제(Stray Erasure) 결과라는 가설에 선다.

그리고, 음절화는 순환 사이에 다른 음운론적 규칙과 어울리며 다양한 위치에서 일어나는데, 음절화와 음운규칙 사이의 상호작용은 그 배열에 관한 특정언어의 본유의 순서조건에 의해 포착될 수 있다고 한다. 또한 음절화는 항상 가능한 적용이고 어떤 음운규칙 뒤에도 적용될 수 있다는 연속음절화 가설의 의견이 있다. Itô는 후자에 입각한다(1998:49).

이 음절이론의 두 가지의 중심적인 가설은 다음과 같다.

7. a 특정언어의 음절화 조건은 적형성조건으로 진술된다.
   b 음절화는 일련의 특정언어 규칙에 의해서가 아니라 보편적인 연결 기제(여기에는 최초연결뿐만 아니라 재연결과 비연결을 포함한다)에 의한다.

구조보존의 원리는 7. a의 음절구조를 포함하여 모든 어휘적 조건을 보증한다. 이 어휘적 조건은 어휘적 음운론에 관계된다.

운소인가의 원리는 7. b에서의 음절화의 기제의 적용을 보증한다. 모든 음운적 순환의 출력은 반드시 모조리 음절화되어야 하기 때문이다. 인가되지 않는 분절음 자료는 부유부 삭제와 관련된다.

원리의 상호작용의 예 이러한 원리의 상호작용에 대한 간단한 가설적 예를 아래에 도시하기로 한다.

장애음 coda를 허용치 않는 8.과 같은 coda 조건을 가진 언어에서의 kap.ta와 같은 예를 보자.

8.　　＊C]σ
　　　　 |
　　　　[-son]

이 특정언어의 coda 조건 8.은 구조보존의 보편적 원리를 통해서 9.에서의 p의 음절화의 저지가 실현된다. 운율인가 원리는 운율적으로 인가되지 않는 p를 허용치 않는다. 그것은 부유부 삭제에 매이게 된다.

9.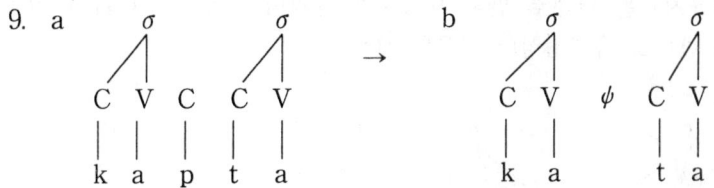

구조보존에 의해 저지된 음절화　　운율인가에 야기된 부유뷰 삭제

그런데, kappa와 같이 이중으로 연결된 구조에서의 p의 음절화는 저지되지 않는다. 그러나, 모음삭제규칙에 의해 다음과 같은 구조가 생길 것이다.

10.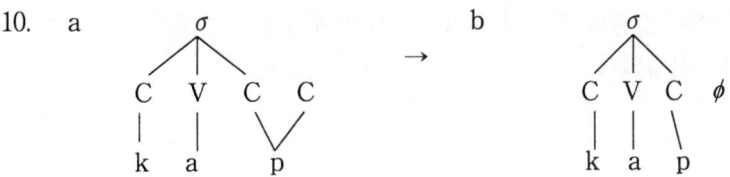

말자음 위치는 운율적으로 인가되지 않기 때문에 10. b와 같이 부유부삭제되고 p는 단독으로 연결된 coda 장애음의 11. a가 된다. 이는 구조보존을 위반하므로 11. b와 같이 직접적으로 음절에서 분리되고, 운율인가는 차례로 p의 부유부 삭제를 야기한다.

11.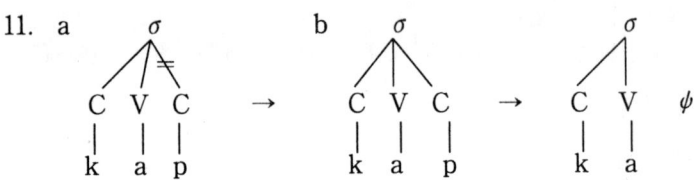

      구조보존에 의한 비분절화   운율인가로 야기된 부유부 삭제

구조보존은 9.의 음절화를 저지하면서 11.의 비분절화를 야기한다. 그리고 해당언어의 음절구조조건이 어휘음운론 중에 위반되지 않도록 한다. 곧 구조보존원리는 어휘음운론 중에 있으며 비기저분절음이 이음(異音)규칙에 의해 파생되는 후어휘적 음운론에 있는 것은 아니다.

모음삭제규칙과는 반대로 만일 모음부가 규칙이 적용된다면 11.의 부유부삭제와는 반대로 음절형성이 이루어진다.

12.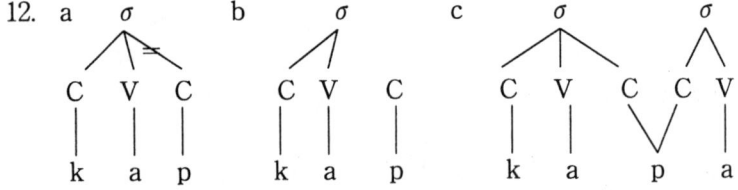

한국어의 기본적인 음절구조를 CVC, 일본어는 CV로 보았을 때 대응하지 않는 -C는 일본어 쪽에서 비음절화되어 부유부 삭제되거나 모음부가를 통하여 음절화하였다.

13. a (Kor.)

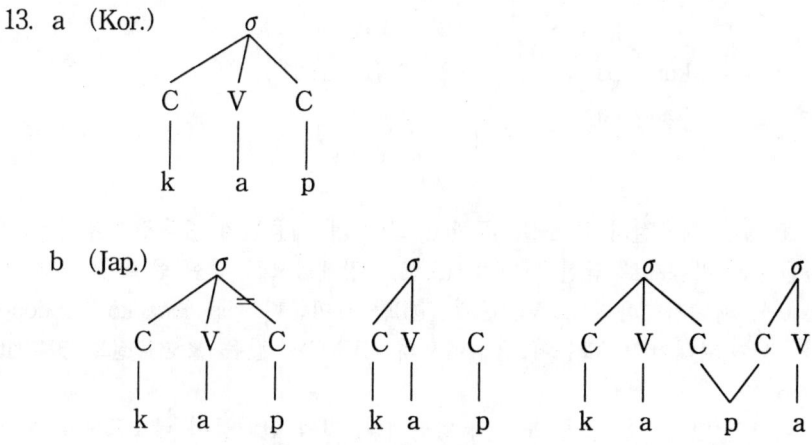

b (Jap.)

6. 2 음절화조건

형판접근 국소성의 원리는, 어느 운율적 구성소의 적형성이 다른 구조에 관한 외부의 정보를 창조함이 없이 국소성에 의해 결정되어야 할 것을 요구한다. 국소성은 복선 음운론에서의 복자음 문제의 해결과도 관련된다. 그 해결의 결정적 정보는 음절형성규칙의 구조적 기술에서보다는 음절표시의 적형성조건의 표시에 있다.

일본어음절의 대표적 예

15. a ka mi ka ze   '神風'
       i   ke ba na   '生花'

    b kai soo   '海藻'

    c sen see   '先生'
       kam pai   '乾杯'
       sek ken   '石鹸'

gak	koo		'学校'
kap	pa		'河童, 合羽'
tos	sa		'咄嗟'
toot	te		'通って'

15. a는 개음절의 경음절, 15. b는 CVV의 개음절의 중음절이다. 15. c의 앞음절은 비음으로 닫힌 것이며, 15. d는 장애음으로 닫힌 음절이다. 맨끝의 toote는 최대가능음절 CVVC(超重音節)를 보여준다. ron donk ko 'Londoner' 와 같은 외래어 + 고유어 혼합에서의 CVNC와 같은 초중음절도 있다(Itô 1988:18).

이상의 단어들은 물론 모두 전형적이다. 만약 단어들이 국소적으로 잘 형성된 음절의 연속으로 이루어졌다면 이들 발음의 순열이 음운론적으로 잘 형성된 일본어 단어를 낳게 한다.

어중 중자음 15.를 임의적으로 배열한 16.에서 16. a는 가능한 형이지만, 16. b는 불가능한 형이다.

16. a ka ze mi
     see sen
     soo kai
     ba ke na

   b * kap toot
     * sek pa
     * kap sek
     * te gak

16. a에서의 음절들은, 비음에 의해 닫히는 see, sen에서의 말음절을 제외하고는 모두 모음으로 끝나는 음절들이다. 한편, 16. b의 것은 모두 적어도 장애음에 의해 닫혀진 하나의 음절을 포함하기 때문에 명백히 문제되는 것이다.

문제의 음절은, 15.에서의 문법적인 보기에서 유래되었음에도 잘못이 되는 것은 설명을 필요로 한다. 그 차이는 15. d에서의 각 음절들은 장애음에 닫혀 있으나 동일 장애음이 후행하는데 반해 16. b의 비문법성은 그렇지 않은 데 있다. 여기서 다음과 같은 일반화가 가능하다.

17. 장애음은 한 음절에서 맨끝 요소가 될 수 있는데, 그것은 다만 후행하는 음절이 동일한 장애음으로 시작되는 경우일 뿐이다.

이 일반화의 진술이 국소성의 원리에 위반됨을 유의할 필요가 있다. 음절의 적형성을 결정하는데 음절의 외부로부터의 정보에 의존하고 있기 때문이다. 복선이론에서 비국소성의 문제가 어떻게 극지하는지는 관심거리다. 관련된 음절표시가 18.에 주어진다.

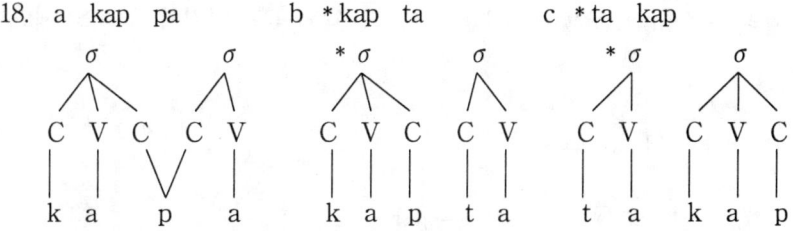

문법형 kappa(18. a)에서 단독선율 p는 두 개의 C 위치에 연결되어 있는데 이는 복자음의 자격을 표시한다. 다른 두 형태 kap ta(18. b)와 ta kap (18. c)는 이중연결이 없는 데서 비문법적이다. 복자음의 복선개념을 사용함으로써 다소 다르게 음절말 장애음에 대한 일반화를 진술할 수 있다.

19. 하나의 장애음은 만약 그것이 동시에 후행음절의 첫음절 선율일 때 음절말 선율일 수 있다.

이에 의하여 18. a는 맞고 18. b, c는 배제된다.
위의 17., 19.의 진술은 모두 국소성을 위반하고 있으며 19.에서는 복선적인 용어가 쓰이고 있다. 그렇다면 국소성원리는 복선음운론에 아무런 도움이 되지 않는다는 것이 된다. 복자음의 복선 개념은 20.의 복선적 표시에 의해 직접 파악된다. 복자음은 가끔은 두 분절음으로서 또는 가끔은 하나의 분절음으로서 행동하는데 바로 skeleton과 선율층의 구별에서 나타낼 수 있다.

20. skeleton
    선율

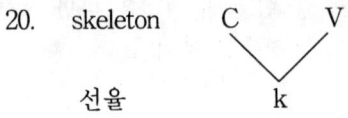

6. 3 Coda 조건

어말자음 일본어 음절구조 조건의 형식화에서 부딪힌 비국소성의 문제와 관련하여 Itô(1988:26)는 다음과 같은 선율 -CV 연결의 조건을 제안한다.

21. 일본어의 coda조건   *C]σ
                          |
                        [-nas]

이는 곧 음절말에서 비음 아닌 자음을 허용치 않음을 나타낸다. 그렇다면 앞서의 kap pa에서처럼 장애음이 음절말에서 잘 형성된 것마저 배제하는 것처럼 보인다. 그러나, 21.의 구조적 기술은 skeleton과 선율사이에 하나의 연결선만을 보여주고 있다. 이 연결제약조건은 복합연결선과 같은 형식에는 적용될 수 없음을 뜻한다. 결국 21.에서의 일본어의 Coda조건의 구조적 기술은 비음 아닌 자음이 오로지 음절말 C위치에 연결될 때만이 적용된다는 것이다. 따라서 앞서의 21.의 조건은 22. b, c의 형태는 배제시키지만 22. a는 배제시키지 않는다, 거기에는 장애음 선율 p가 이중으로 연결되어 있기 때문이다.

22.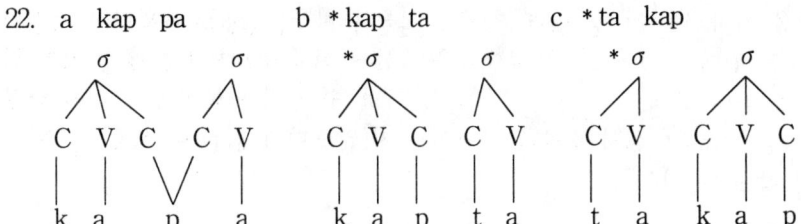

이러한 분석의 이점은, 복선적 표시가 연결제약으로 하여금 조건을 감당하도록 하는 외에 21.에서의 조건이 엄밀하게 국소성의 방법이 진술되어 있다는 것과 단독으로 음절 내부의 정보를 언급하고 있다는 데 있다. 그래서 국소성의 원리는 어겨지지 않는다.

물론 kap pa와 같이, 연결제약이 21.조건을 적용할 수 없게 만드는 경우는 외부 정보(p가 후행음절 onset의 C와 연결된다는)가 아직도 연속체 kap의 음절 적형성의 평가에 역할하고 있다 하겠다. 그러나 이 외부정보는 엄밀히는 단지 보편적인 연결제약을 이용하는 데만 필요하고 특정언어의 음절조건(21)을 이용하는 데는 필요치 않다. 따라서, 음절표시에서의 특정언어 조건으로 진술하고 있는 21.의 coda조건은 일본어의 coda의 속성에 대한 설명성을 제공한다.

규칙접근 만일 이것을 규칙접근방법 곧 음절형성규칙의 환경을 제한하는 방법으로 한다면 중자음 문제가 이론적으로 잘 설명이 될까? 이와 관련된 일본어의 coda 규칙은 23.과 같다.

23. 일본어 coda 규칙

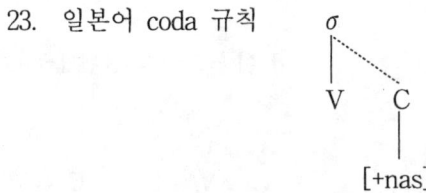

규칙 23.은 skeleton C는 오로지 그것이 [+nas]에 연결되어 있을 때만이 coda로서 음절화된다는 것을 진술하고 있다. 이것은 두 가지 점에서 그릇된

예측을 자아냄을 알 수 있다. 첫째는 모든 [-비음] coda는 예외없이 허용되지 않게 된다는 것이다. 곧, 장애음은 그들의 선율이 단독으로 혹은 이중 연결되든 간에 그 규칙의 구조적 기술을 채울 수 없기 때문이다. 그래서 연결제약은 중복 장애음의 경우에 도움이 되지 않으며, kap pa의 적형성은 설명되지 않은 채 남는다.

어중중복비자음 둘째는, 연결제약은 만일 [+nas] 자음이 중자음이면 coda 규칙의 적용을 잘못 저지하게 한다. 24.가 보이는 대로 중복 비자음은 일본어에서 명백하게 허용되고 있다.

24. a   mi<u>nn</u>a   '皆'
    b   ko<u>nn</u>ičiwa   '今日'
    c   a<u>mm</u>a   '按摩'

21.의 coda 조건과 23.의 coda 규칙을 체계적으로 비교해 본다면 고려될 수 있는 4가지 경우가 있다.

25.   a 단독으로 연결된 [+nas]   b 단독으로 연결된 [-nas]

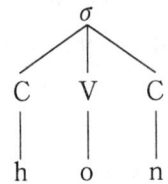
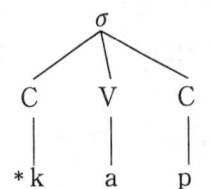

c 이중으로 연결된 [+nas]   d 이중으로 연결된 [-nas]

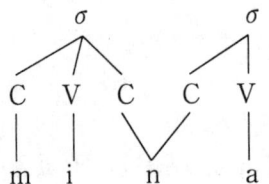
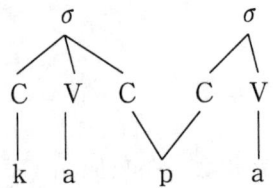

21.의 coda 조건과 23.의 coda 규칙은 함께, 단독으로 연결된 경우인 25. a는 문법적이고 25. b는 비문법적이라고 하는 문법성의 차이점을 설명한다. 그러나, 이중으로 연결된 25. c와 25. d의 문법성을 바르게 예측하는 것은 21.의 조건뿐이고 23.의 규칙은 이 두 가지를 모두 비문법적이라고 잘못 예측한다.

Coda 규칙 이를 시정하기 위하여 음절형성규칙은 연결제약과는 무관하다는 가설을 세울 수 있다. 그러면 coda 규칙 23.은 25. a, c는 음절화할 수 있다. 그러나 비비음성의 중자음 25. d는 음절화 할 수 없다. 또 이를 위해서 26.과 같이 각괄호를 사용하여 관련 정보를 coda 규칙에 기호화 할 수 있다.

26.   일본어 coda규칙 (수정)

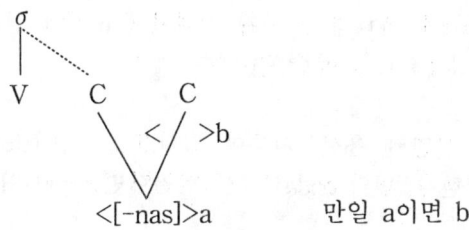

이러한 형식화도 여러 가지 문제점이 있다. 첫째 음운론적 연속체의 어떤 면과 관련될 수 있는 강력한 기제로서의 각괄호 표기는 원리적인 이유로 규칙의 구조적 기술에서의 도구로서는 바람직하지 못하다. 둘째 각괄호에서 규정된 조건은 일반화를 놓쳤음을 시사하는 형상성의 한 경우가 된다. 셋째 수정된 coda규칙의 형식화는 음절영역 밖의 정보를 사용하고 있어 명백한 국소성 원리에의 한 가지 위반이 된다.

이에 비해 coda조건 21.에는 이러한 문제점이 없다. 각괄호가 포함되어 있지 않으며 중자음 불변성의 이론이 어떤 조건 없이 올바른 해석을 제공하며 또 조건은 음절 밖의 정보에 의존하지 않는다. 그래서 국소성 원리를 해치는 일이 없다. 요는 음절 해석규칙의 조건의 이론보다는 음절표시의 조건의 이론이 보다 이점을 지닌다는 것이다.

적형성조건 그런데 21.의 일본어 coda조건 (27.로 재인용)은 선율 대 골격의 연결에 대한 제약에서 부정적인 조건의 형식을 취하고 있다.

27.　　　　＊C]σ
　　　　　　　|
　　　　　　[-nas]

곧 27.은 모든 비음이 아닌 coda는 허용하지 않는 다는 것이므로 28.의 표현으로 바꿀 수 있다.

28. 만약 단독으로 연결된 음절말자음이 있다면, 그 선율은 [-nas]일 수 없다. 혹은 만약 coda와 단독 연결이면 [-nas]가 아니다.

여기서 ' [-nas]가 아니다'는 바꿔 말해서 [+nas]와 같다는 것이 되므로 다음과 같이 긍정적으로 표현할 수 있다.

29. 단독으로 연결된 음절말자음이 있다면 그 선율은 반드시 [+nas]가 되어야만 한다. 만약 coda와 단독연결이면 [+nas]이다.

혹은 이는 음절구조 표시에서 다음과 같은 긍정적인 적형성조건으로 진술된다.

30.　IF　　　　＊C]σ
　　　　　　　　|
　　THEN　　　[-nas]

여기서 긍정적인 적형성조건의 함의적인 구조를 인식하는 것이 중요하다. 곧 조건 30은 모든 음절이 비음 coda를 갖는 것을 요구하지 않는다는 것, 만약 이중의 연결이 있다면 그 조건은 발효하지 않으며 [-nas] 혹은 [+nas]의 구별화와 무관하게 음절화가 자유롭게 적용된다는 것이다.

핀란드어의 예 일본어의 어중 중자음의 음절화의 일은 결코 고립된 현상이 아니고 다른 여러 나라에서도 유사한 현상이 보인다. 여기서 핀란드어의 경우(Itô 1988:40-)를 보면, 핀란드어는 CVCC와 같이 coda로서 중자음을 허용한다. 이 경우[+son], [-son]의 순이다. 따라서 31.은 허용되나 32.는 허용되지 않는다.

31. a   pyrs tō   'fish-' 또는 'bird-tail'
    b   help po   'easy'

32. a   *laps ta
    b   *uks ta

물론 33. a와 같이 coda가 하나거나, 33. b와 같이 두 음절에 중자음이 걸치는 경우는 장애음도 가능하다.

33. a   lap si   'child'
       uk si   'door'
       lat va   'to'
       jat ka   'continue'
   b   hat tu   'hat'
       pap pi   'priest'
       myk ka   'mute'

이제 음절말의 가능, 불가능 자음의 경우를 정리하면,

34. a   pyrs to   'fish, bird-tail'
       kons ti   'trick'
       sals ka   'slender'
   b   * pyrk so
       * tolp ko
       * kont po

c help po   'easy'
  polt ta   'burn'
  tark ka   'exact'
  kynt tilä   'candle'

34. a를 보면 s음절말자음은 가능하고 34. b를 보면 파열음은 금지된다. 단 34. c와 같이 두 음절에 걸치는 중자음인 경우는 가능하다. 여기서 단독으로 연결된 파열음을 금지하는 다음 조건을 형식화할 수 있다.

35.   * C]σ
          |
       [-cont]

이대로는 33. a의 문법성은 놓치게 된다. 따라서 이 조건은 coda에 두 자음이 있을 때 유효하다는 것을 명시할 필요가 있다. 그래서 다음과 같이 음절 말자음의 조건을 내세울 수 있다.

36. 핀란드어 coda조건   * CC]σ
                                     |
                                [-cont]

이 조건은 단독으로 연결된 37. c를 비문법적인 것으로 정확히 배제한다.

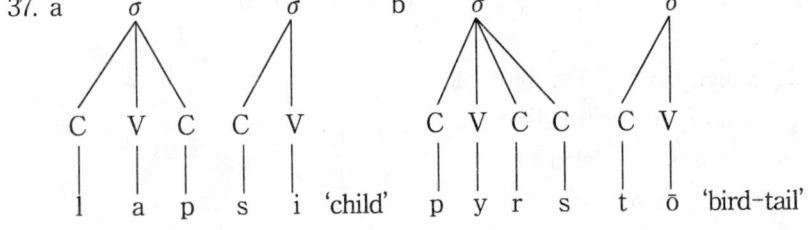

c 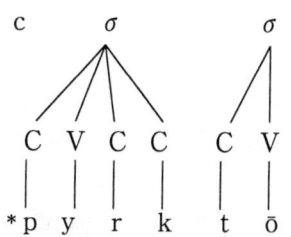   d 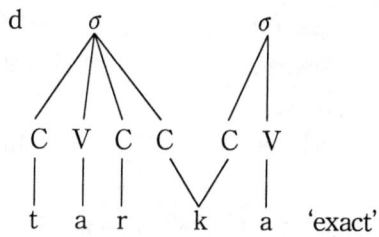 'exact'

6. 4 한자어의 음운현상

어중음탈락 일찍이 일본한자어에서 이미 V/ø 교체현상(Vowel-Zero Alternation, McCawley 1968:115)의 설명을 위해 어중음탈락(syncope) 규칙이 다음과 같이 제안 된 바 있다.

38. 일본한자어 모음탈락
    v → ø / k ___ + k (여기서의 +는 한자어의 형태소 경계)

그 예는 다음과 같다.

39. a gak+koo   学校 (cf. *gaku + koo)
       gak+kai   学会 (cf. *gaku + kai)

    b gaku+see   学生
       gaku+coo   学長
       gaku+batsu   学閥
       gaku+mon   学問
       dai+gaku   大学
       gaku+in   学院

40. a sek+ken   石鹸 (cf. *seki + ken)
       sek+ki   石器 (cf. *seki + ki)

b sek+tan   石炭
   seki+yu   石油
   tan+seki   炭石
   seki+en   石塩

38.의 규칙은 결국 kVk에 적용되어 중자음 kk을 낳게 한다는 것이다. 이는 선율 레벨에서 인접하는 동일 요소는 금지된다는 OCP(Obligatory Contour Principle, Itô 1988:135)에 비추어 볼 때 비정상적인 어중음탈락(syncope)이다.

삽입현상 이에 대해 Itô(1988:147-)는 음절에 입각한 분석으로 39.와 40.은 어중음탈락이 아니고 삽입현상이라고 주장한다. 곧 39. b, 40. b는 삽입이 행해진 파생형으로 본다. 그 가설은 기저형에는 39. a, 40. a와 같이 어말모음을 간직하고 있지 않다고 보는 것이다. 이는 한일 두 언어에 있어서의 대응관계도 어말모음을 가지고 있지 않은 한국어를 기저형으로, 어말모음을 가지고 있는 일본어는 파생형으로 보는 것과도 맥을 같이한다.

먼저, gakussee와 gakko의 대조적인 파생과정을 보면 기저형을 gak see 그리고 gak koo로 보면, gak koo에서는 층융합(Tier Conflation, Itô 1988:134)에 의한 연합(Fusion, Itô 1988:138)이 일어나고 하나의 k에 이중으로 연결된 구조가 있게 된다. 이들은 차례로 41.의 조건에 의해 42.와 같이 충분히 음절화 될 수 있다.

41. 일본어의 음절형판 [CVVC]
    coda조건   *C]σ

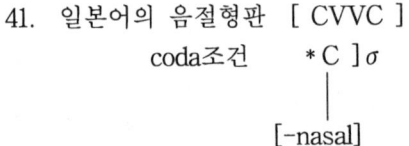

42.

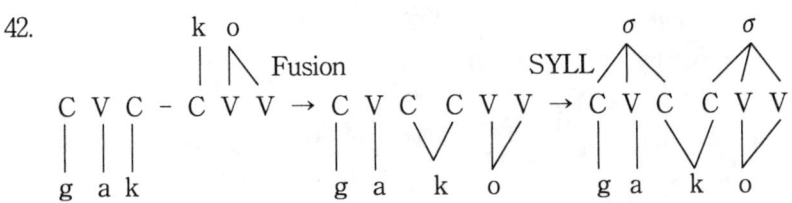

이에 대해 gak+see의 경우는 층융합이 어떤 이중연결구조를 가져오지 않는다. 형태말 k는 coda조건 때문에 음절화되지 못하고 43.과 같이 부유부는 새로운 음절에 사상된다.

43.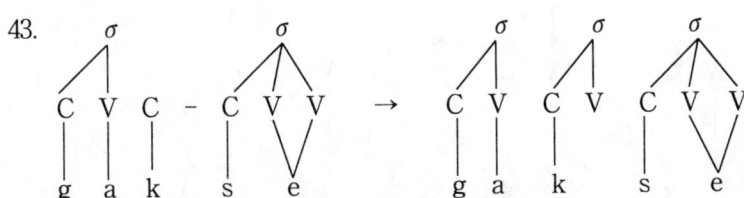

이들 삽입모음은 39. b와 40. b에서 보인 것처럼 i가 아니면 u이다. 그리고 삽입환경은 어중자음군(群) 사이거나 어말(dai-gaku) 그리고 모음으로 시작되는 후항 앞(gaku-in)이다.

형태말 자음은 구개음화된 것과 비구개음화된 것으로 나뉘고, 전자의 다음에는 모음 i가, 후자의 다음에는 u가 삽입된다는 의견이 있다. 연합에 의해 생긴 중자음의 경우는 두번째 자음의 구개음화의 가치에 의존한다.

44. gak - kyuu → gakʸkʸuu 学級

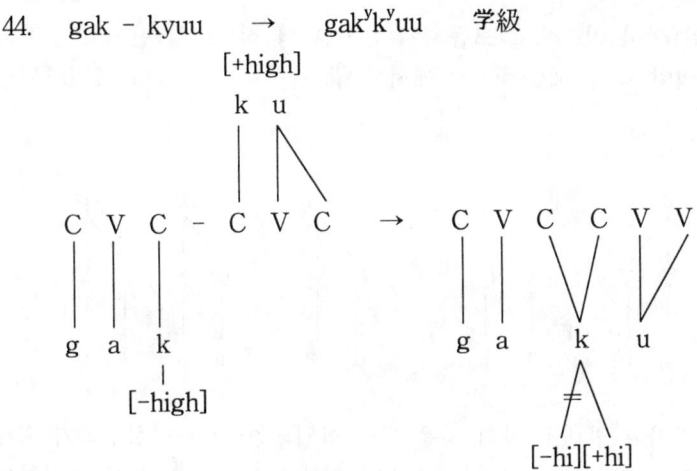

45. sek^y - koo → sekko

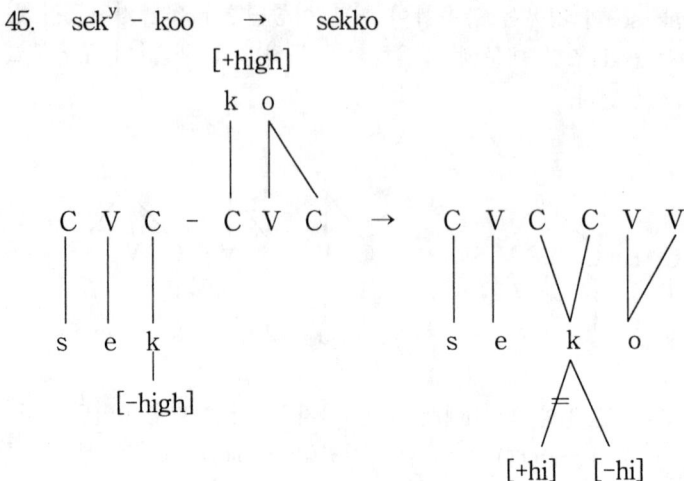

모음삽입은 자음군 사이에 끼어드는 것 이외에 다른 두 가지가 있다. 어말에서 자음 뒤에 그리고 모음으로 시작된 형태소 앞의 자음 뒤에 삽입되는 것이 그것이다.

어말에서 자음 뒤에 삽입이 행해지는 것은 일본어에서 단어레벨의 외치운율(Itô 1988:99)이 없으므로 모든 분절음은 단어 레벨에서 반드시 음절적으로 인가되어야 하기 때문에 다음에서와 같이 부유 말자음이 음절화되는 것이다.

46.

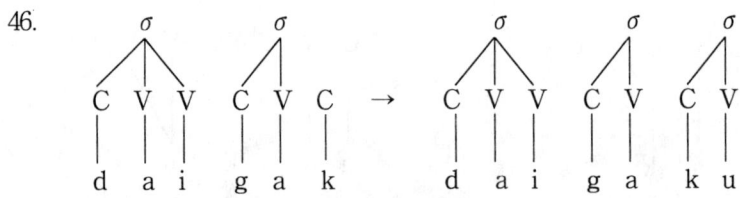

모음으로 시작된 형태소 앞의 자음 뒤에 삽입되는 현상을 설명하기 위해서는 음절화의 부가적인 가정이 필요하다. 형태말 k는 onset로서 음절화한 후 없다든지 어두후두파열음(')은 선행자음의 onset 음절화를 저지한다고 하는 것과 같은 것이다.

47.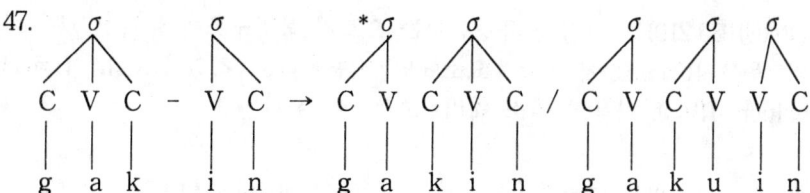

6.5 유성음화

우분지조건 일본어에는 다음과 같이 복합어에서 후행요소의 어두장애음을 연속 유성음화하는 규칙이 있다.

48.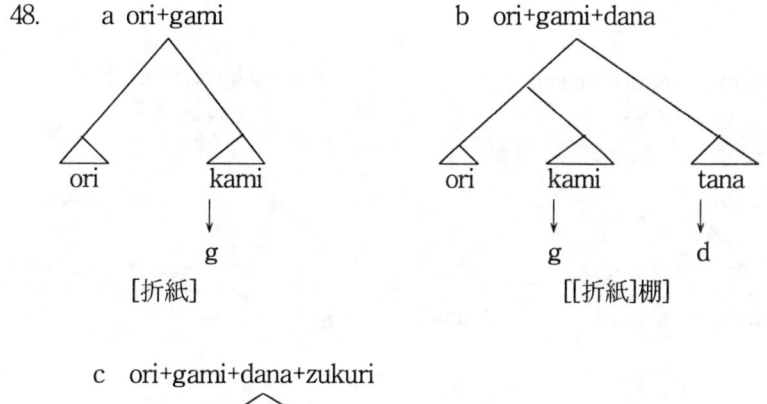

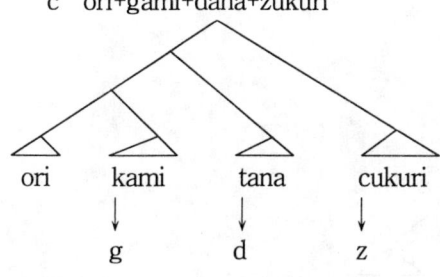

[[[折紙]棚]作]

Otsu(1980:219)는 이러한 유성음화는 오로지 복합구조에서 가장 낮은 레벨의 우분지(右分枝)에 있는 요소에만 적용한다고 하였다(Right Branch condition, RBC). 다음의 최소 대립항으로 예시된다.

49.

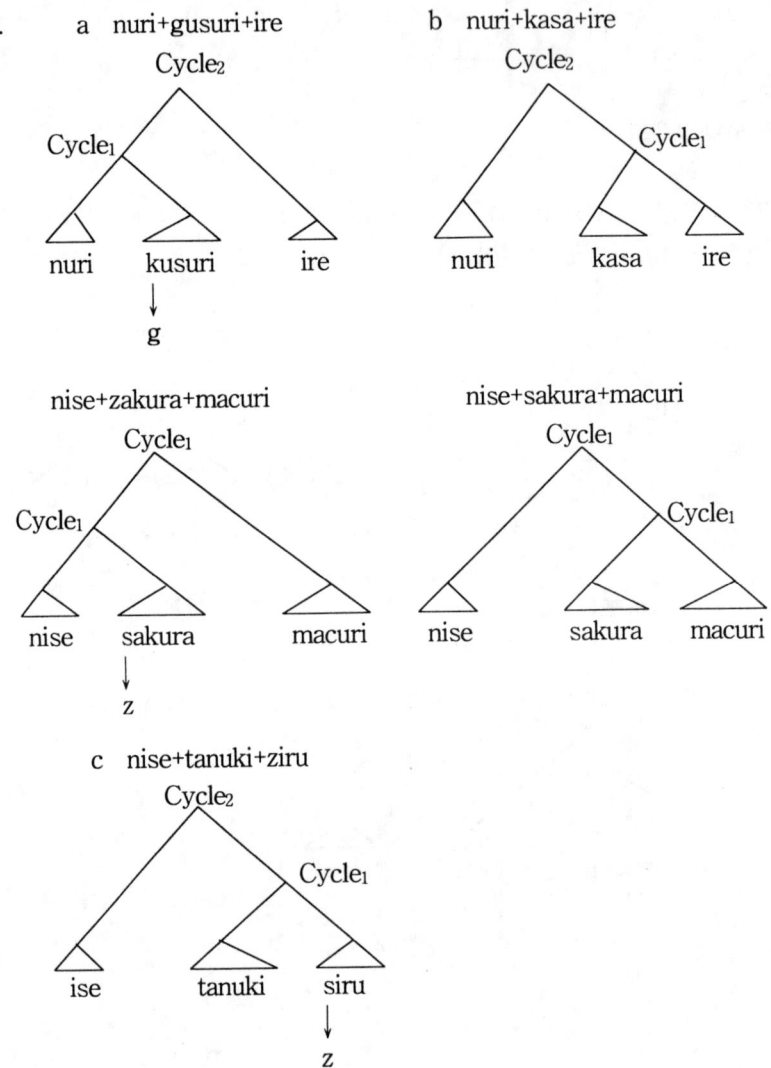

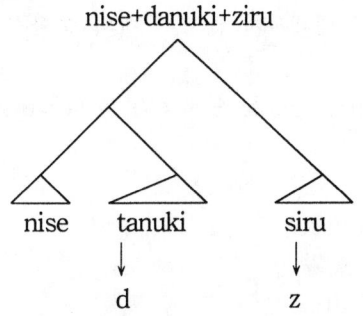

위를 간추리면, ○자리가 유성화하는 자리다.(×는 안되는 자리)

50.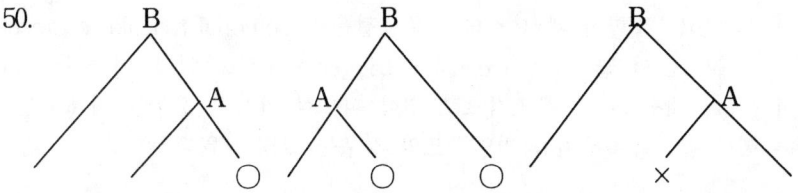

원자조건 위의 우분지조건은 다음의 원자조건에 어울리지 않는다. 이는 형태에 적용되는 음운론적 형태론적 규칙들은 그 형태론적 조직에 매우 한정적으로 접근해야 한다는 이론에서 온 것으로 모든 형태들은 원자로서 취급하고 실지 내부구조 정보의 모든 접근은 배제하는 것이다. 50.에서 복합순환 B에서 유성음화를 저지하기 위해서는 A의 내부적 구조에 접해야 되고 따라서 정확히 이용될 수 없는 정보이다.

51. 원자조건 (Williams 1981)
    Afx의 Y에 대한 부가의 제한은 Y에서 실현된 특징만을 오로지 참조할 수 있다.
    (핵을 통해 독립적으로 동기화된 삼투가 주어지면, Y의 핵의 특징들은 Y로 삼투하고 그래서 접근할 수 있다. Williams 1981)

그러나, 유성음화에 대해 음운론적 순환, 다층화된 음운표시를 이용하는 운율분석에서는 그러한 조건을 특별히 내세우지 않고 규칙의 순환적 상호작용으로 끌어내려고 한다.

먼저, 일본어의 유성화음인 Rendaku의 특징을 살펴보면, 후행모음성과는 무관하다는 것이다.

52. iro + kami → irogami 色紙
 asa + kiri → asagiri 朝霧
 de + kuci → deguci 出口
 eda + ke → edage 枝毛
 unari + koe → unarigoe 唸聲

Otsu(1980)는 복합어 제2요소의 어두분절음을 'potential rendaku segment'라 하고 제1요소의 끝부분을 (rendaku) trigger라 부르고 있다. 이들 두 요소의 어형성이 내심(內心) 구조적으로 수식 피수식 관계의 경우는 형태음운적 변동으로서 유성음화하지만 병렬구조의 경우는 그렇지 않다.

53. a morai + ko 貰子   b oya + ko 親子
      ↓
      g

 mizu + hana 水洟   me + hana 目鼻
   ↓
   b

 yama + tera 山(の)寺   yama + tera 山(と)寺
   ↓
   d

 yama + kawa 山(の)河   yama + kawa 山(と)河
   ↓
   g

a형은 [N #[N # yama #][N # gawa #] #], b형은 [N # yama (+) kawa #]이다. b형의 기저는 yama to kawa로 보고 기저접속사 to가 Rendaku를 방해하는 것으로 본다. to가 삭제된 후 흔적을 남기고 그것이 연탁을 저지한다는 것이다.

또 하나의 형태음운적 변동의 유무는 형태소류의 여하에 달려 있다. 곧 고유어 형태소와 비고유어 형태소류의 구별인데, 전자에서는 Rendaku되지만 후자에서는 되지 않는다.

54. a nise + kane   僞金   b nese + kin   僞金
         ↓
         g

    garasu + tana   硝子棚   garasu + keesu   硝子容器
         ↓
         d

    yasu + heya   安部屋   yasu + hoteru   安旅館
         ↓
         b

그러나 간혹 외래어도 Rendaku의 trigger가 되기도 한다.

55. eiga + suki   →   eigazuki   映画好
    garasu + to   →   garasudo   硝子戶

구조적인 유성음화 제약 유성음화는 구조적인 유성음화제약을 지킨다. 복합어의 후항 요소 중에 유성음화된 장애음이 포함되고 있으면 후항의 어두 장애음은 유성화되지 않고 무성음으로 남는다.

56. a nuri + huta　　　塗蓋　　b nuri + huda　　　塗札
　　　　　↓
　　　　　b

　　　oharai + kusa　　　　　　　oharai + kuzi
　　　　　↓
　　　　　g

다음과 같은 예들도 있다.

57. kami + kaze　　　　神風　　　*kami + gaze
　　mono + sizuka　　　物靜　　　*mono + zizuka
　　siro + tabi　　　　白足袋　　*siro + dabi
　　maru + hadaka　　　丸裸　　　*maru + badaka

위의 제약은 비국소적이어서 다음과 같이 후항의 제3음절 자리에 저지 장애음이 있기도 하다.

58. a taikucu + hanasi　退屈話　b taikucu + sinogi　退屈凌
　　　　　↓
　　　　　b

　　　onna + kokoro　　女心　　　onna + kotoba　　女言葉
　　　　　↓
　　　　　g

　　　oo + kata　　　　大方　　　oo + kaze　　　　大風
　　　　　↓
　　　　　g

여기서 유의할 것은 단순한 유성자음은 Rendaku를 방해하지 않는다는 사실이다.

59. o + hire   尾鰭   ha + kire   端切
      ↓   ↓
      b   g

다음과 같이 예외적인 것도 보인다.

60. rei + tegami   礼手紙   syo + saburoo   小三郎
        ↓   ↓
        d   z

    hun + sibaru   縛   nawa + hasigo   繩梯子
        ↓   ↓
        z   b

여기서 모음과 공명음의 여잉적인 유성음화와 장애음의 변별적인 유성음화를 식별하는 것이 중요하다. 모음과 공명음은 음성적으로 유성음이라 하더라도 앞서의 예에서 보인 바와 같이 Rendaku를 방해하지 않기 때문이다. 이상을 Rendaku 규칙으로 요약하면

61. C (onsonantal) → [+voice] / [N X [# _____ Y
                             where (i) X ≠ null and
                                    (ii) Y does not contain any
                                                       voiced obstruent.

이러한 여잉적 특징(여기서는 공명음의 [+voi], 장애음의 [-voi])은 기저적으로 혹은 음운적 순환에 있지 않고 후순환적인 것이고 변별적인 장애음의 [+voi]가 순환 동안에 파생한다면 구조적인 유성음화제약은 유성음화층의 단순한 제한으로 이해될 수 있다.

유성음화층 삽입   Rendaku는 복합어의 제2요소의 유성음화층이 비어 있지 않으면 저지된다.

Rendaku가 오로지 유성음화와 관련된 것이라면 62.에서처럼 규칙은 단순히 [+voi] 자율분절음을 유성음화층에 삽입하는 것이다.

62.
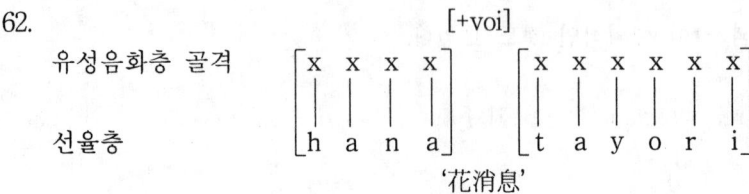
유성음화층 골격

선율층

'花消息'

이러한 접근은 근본적인 문제에 봉착한다. 왼쪽에서 오른쪽으로의 연결을 가정한다면 부유(floating)의 [+voi]는 복합어의 제1요소에 접착함으로써 올바른 [hana][dayori](63. b) 대신 잘못된 *[bana] [tayori]를 낳게 한다.

63.

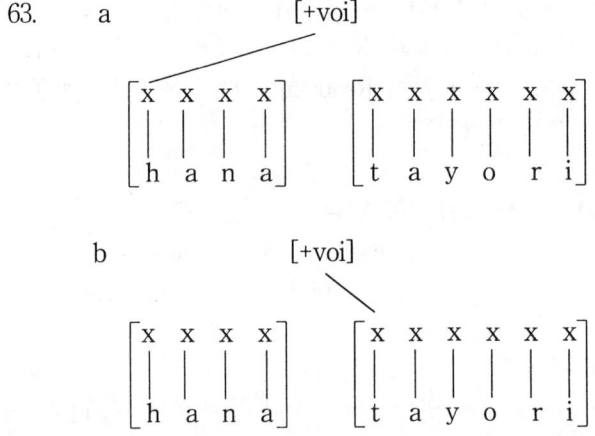

Rendaku는 본질적으로 연결형태소를 어떤 형태음운론적 맥락에 도입시키는 형태음운론적 과정이다. 다음 64.에서 [+voi] 자율 분절음을 복합어 연접에 삽입, 그 골격추를 매고 있다.

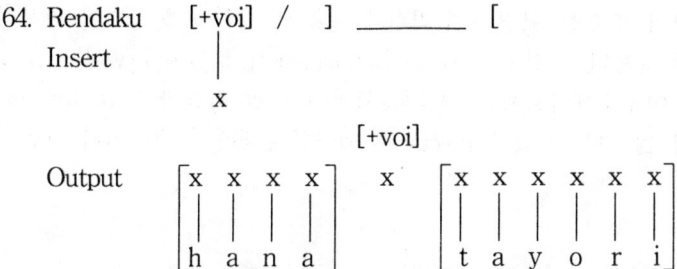

규칙 64.는 Rendaku 유성음을 복합어의 요소 사이에 삽입시키는 것이다. 여기서 x는 음운론적 연쇄의 한 위치를 표시하나 발화시에는 아무런 역할을 하지 않는다. 골격 요소는 본질적으로 오직 위치만을 나타내고 시점을 나타내지 않는다.

이 규칙은 Rendaku 유성음화를 그 x에 연결된 자율분절음으로 받아들인다. 이 [+voi] 자율분절음을 복합어의 두번째 요소의 어두분절음에 연결함으로써 표면형에 도달해야 한다. 곧 haha[+voi] tayori가 hanadayori로 실현하기 위해서는 바라는 연결 66.을 위한 65.의 규칙이 있게 된다.

유성음 확산

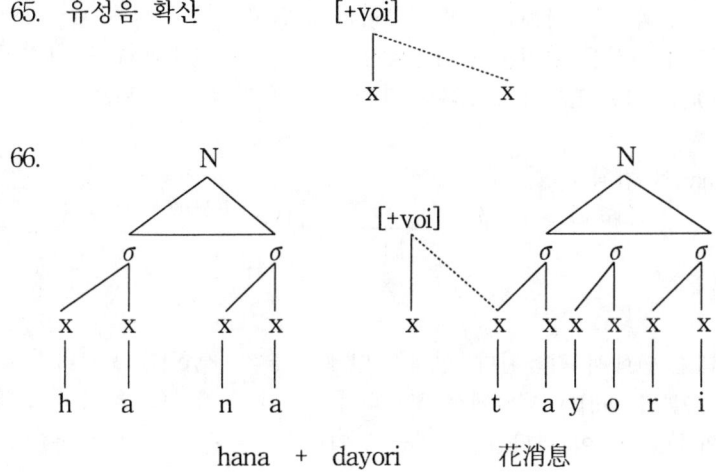

유성음 확산의 중요한 귀결은 엄격하게 국소성 영역에 한정되어 반복적으로 적용되지 않는다는 것이다. 64.의 Rendaku에서 도입된 [+voi]는 67. a에서 tayori의 어두장애음 t에 유성음화 확산이 한번 적용되고 67. b에서는 전연 적용되지 않는다. 그것도 macuri의 어두분절음은 공명음이기 때문이다.

67.

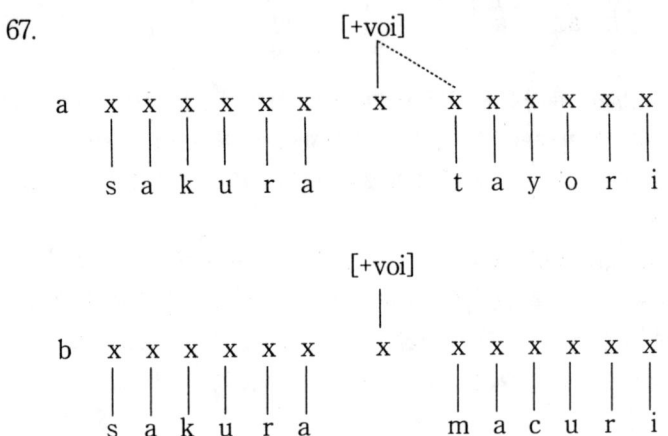

Lyman 법칙 가령, 복합어의 후항 요소 중에 유성음화된 장애음이 포함되어 있으면 후항의 어두장애음이 유성음화되지 않고 무성음으로 남는다는 규칙을 처음 이 현상을 환기시킨 서양학자의 이름을 따서 Lyman의 규칙이라고 하고(Otsu 1980, Itô at al 1986), 다음과 같이 형식화하였다.

68. Lyman의 법칙

$$[+\text{voi}] \rightarrow \emptyset \;/\; \underset{\text{x}}{\underline{\qquad}} \; [+\text{voi}]$$

이는 형태소 안에서 적용된다. 형태소 안에 이중의 [+voi]를 포함하지 않기 때문에 다른 [+voi]의 맥락에서 하나의 [+voi]를 삭제한다. 하나의 형태소에 하나의 [+voi]만이 나타날 수 있는 것이다.

68.의 형식화로 64., 65., 68.의 규칙의 상호작용을 다음의 64., 69. a, b의 두 파생의 예에서 보이면,

69. 복합화

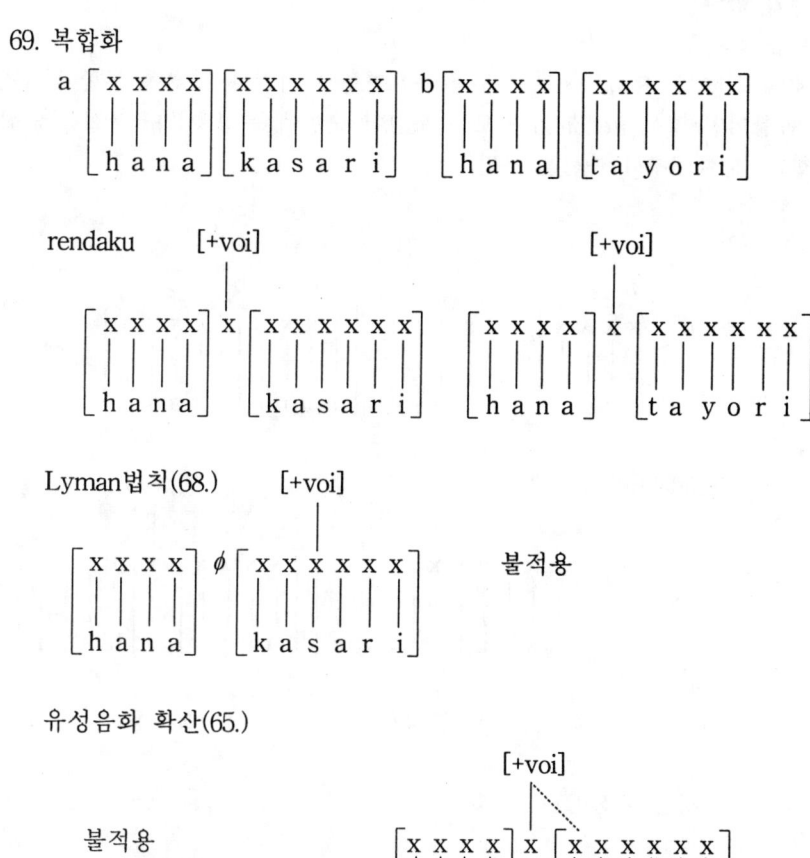

69.에서의 규칙의 순서는 지켜진다. Rendaku(64)는 형태음운론적 조작이 므로 순환에서 모든 음운론적 규칙에 선행한다. Lyman의 법칙 68.은 유성

음화 확산(65.)보다 반드시 선행되어야 한다. 왜냐하면, 그 반대의 경우 Lyman의 법칙은 아무런 표면적인 효과가 없기 때문이다. 따라서 존재할 이유가 없다.

운율적 분석 Rendaku는 우분지에만 영향을 미친다. 오른쪽 복합어 요소가 복합어인 경우 Rendaku는 모든 복합어 순환에 유성음 자율분절음을 삽입한다. 순환 2에서 파생을 보면,

70. 순환 1.

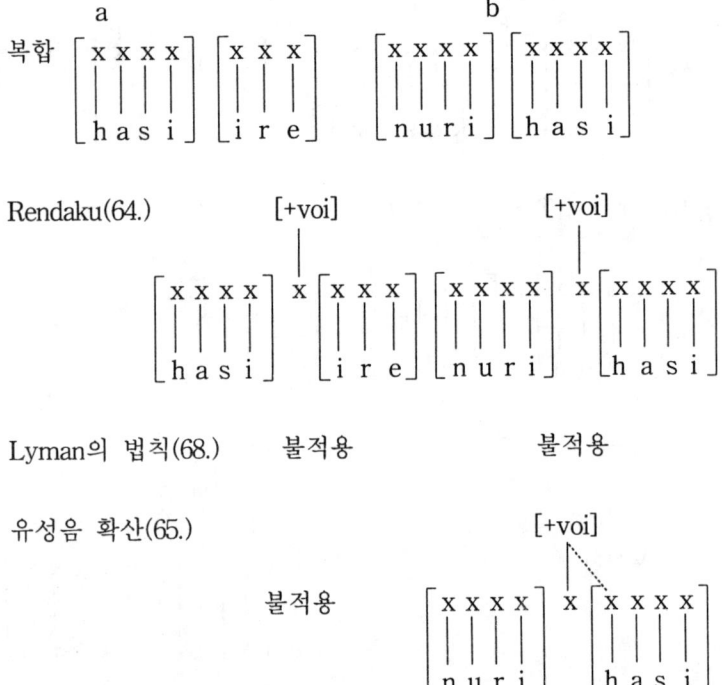

71. 순환 2.

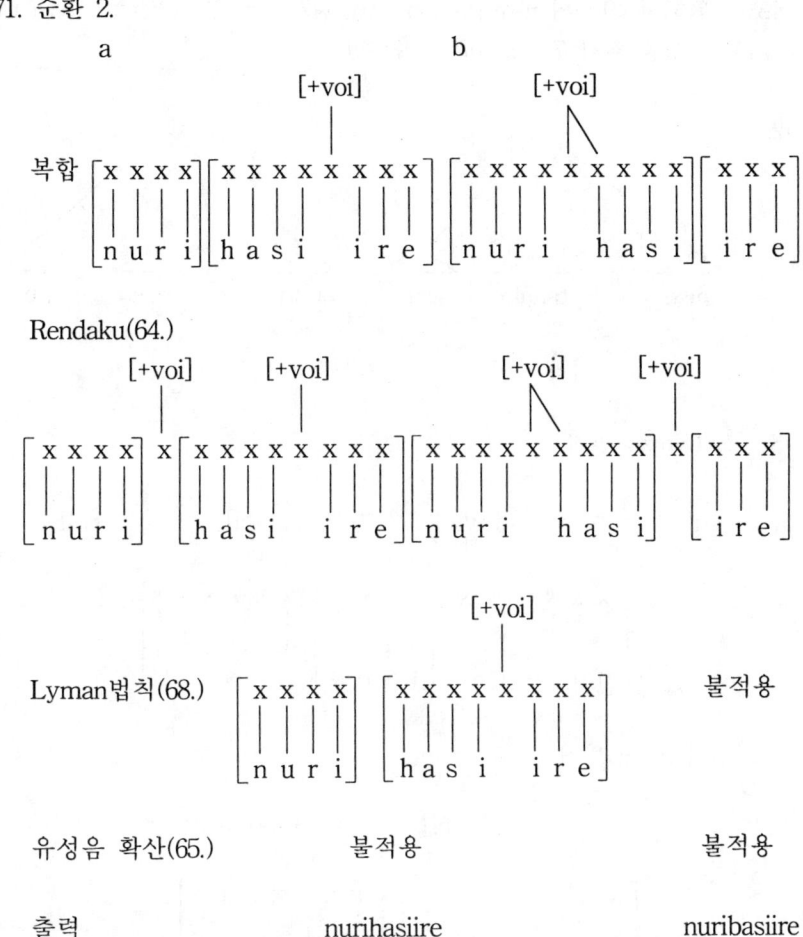

Rendaku는 또다시 연접 환경] ___ [에서 모두 [+voi]를 삽입한다. Lyman의 법칙은 삽입된 [+voi]가 유성음화층의 다른 [+voi]에 선행하는 71. a에 적용된다. 71. b에서는 어떠한 자율분절음도 규칙의 구조적 기술을 충족시키지 못한다. 가장 왼편의 [+voi] 자율분절음은 비록 다른 [+voi]가 따라올지라도 부유부가 아니다. 가장 오른편의 자율분절음은 비록 부유부일지라도 다른 [+voi]가 따라오지 않는다.

대조를 위해서 49. c의 nise [tanuki ziru] (72. a)와 71. a의 nuri [hasi ire] (72. b)의 파생을 각각 73. a, b로 나타내면

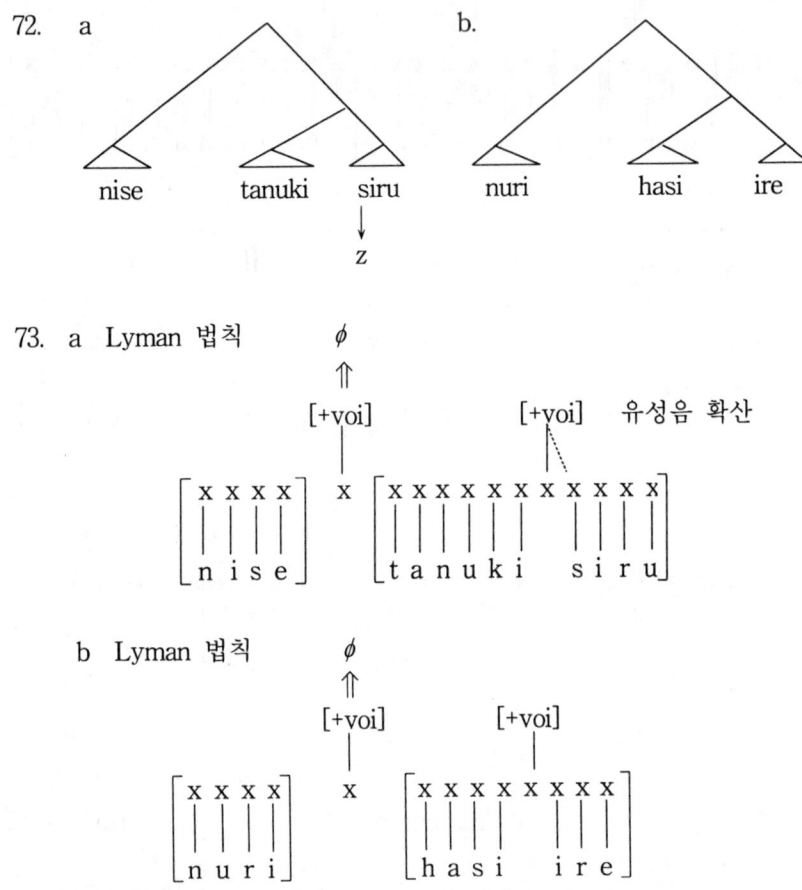

73. a, b에서 [+voi]는 Lyman법칙에 의해 [+voi]의 맥락에서 삭제되고 단 하나의 차이점은 유성음 확산이다. 73. b에서는 적용되지 않는데 73. a에서는 적용되어 s로부터 유성장애음 z를 파생한다.

이와 같은 운율적 분석은 모든 우분지 효과에 대한 원리적인 설명을 이룰 수 있고 엄격한 형태음운론적 비접근성하고도 보다 잘 조화되는 것이다.

7. 악센트

7.1. 악센트 부여규칙

악센트부여의 예측성 일본어의 공통어인 동경어 악센트는 전형적인 고저 악센트이다. 일인 학자가 보는 이 악센트의 특징에 대하여는 이미 김공칠(1983)에 소개되어 있다. 생성음운론적인 접근 특히 악센트부여규칙에 대하여는 McCawley(1968), Haraguchi(1977), Haraguchi(1991)에 보인다. Haraguchi(1991)에서 논의한 이하의 악센트 부여의 제도는 그 근간에 있어서 악센트의 예측성에 입각한다.

일본어의 단어는 크게는 악센트가 있는 것과 없는 것으로 구별된다. 이러한 구별 자체는 native는 직관적으로 가능하더라도 외지인에게는 불가능한 일이다. 그것을 예측하는 증표가 없기 때문이다.

동사·형용사 악센트가 있는 단어라는 것을 직관적으로 알아차릴 수 있다면 동사나 형용사의 경우는 어간(어근) 말음절에 일반적으로 악센트가 있으므로 예측할 수 있다. 따라서, 이들의 악센트는 어휘항목에 [±accented]를 명기하기만 하면 된다. 곧 [+accented]형용사나 동사에는 그 어간(어근)의 마지막 모음에 악센트를 부여한다는 규칙만 마련하면 악센트의 식별이 가능하게 된다.

명사 다음절 명사, 복합어 그리고 차용어의 경우도 [+accented]임을 알기만 하면 예측적이다. 다음절어는 끝에서 세번째 mora에서 악센트가 내리고, 복합어와 차용어의 경우는 끝에서 세번째 음절에 악센트가 있다.

2·3음절어 명사 그러나 2음절 내지 3음절어는 전연 악센트 위치를 예측할 수가 없다. 예컨대 [+accented]의 3음절어는 악센트의 위치에 의해 1.a~c와 같이 세 가지로 구분된다.

 (^는 악센트 표시)

1. a ka͡buto   ka͡iko   끝에서 세번째 음절에 악센트가 있는 것.
      H L L   H L L

   b koko͡ro   saka͡i   끝에서 두번째 음절에 악센트가 있는 것.
      L H H   L H L

   c atama͡(-ga) otoko͡(-ga) 끝에서 첫번째 음절에 악센트가 있는 것.
      L H H (L)   L H H(L)

이와 같은 경우는 악센트의 위치를 예측할 수 없기 때문에 어휘항목에 악센트 위치를 명시해 두어야 한다.

4음절어 명사 [+accented]의 4음절어 그리고 그 이상의 악센트 위치는 보통은 예측적이다. 그것은 끝에서 세번째 음절 위치에 있다.

2. a ugu͡isu   b hototo͡gisu
      L H L L   L H H L L

이는 4음절어 그리고 그 이상의 명사와 같은 것에도 적용된다.

3. a a i u͡ e o   b ka ki ku͡ ke ko
      L H H L L   L H H L L

   c a ka sa͡ ta na
      L H H L L

따라서, 다음절 명사나 이와 유사한 것들은 어휘항목에 [+accented]로 분류하고 다음과 같은 규칙을 마련하면 악센트로서 실현된다.

4. [+accented]로 분류된 다음절어 명사나 이와 유사한 것은 끝에서 세번

째 음절에 악센트를 부여하라.

다음절어 차용어 이러한 일반화는 일본어에서 광범위로 적용되는데 예컨대, 다음절 차용어도 마찬가지다.

5. a buraus̬u 'blouse'
       L H L L

    b sutora̬iki 'strike'
       L H H L L

    c yooro̬ppa 'Europe'
       L H H L L

    d cyokore̬eto 'chocolate'
       L H H L L

    e hyuumani̬zumu 'humanism'
       L H H H L L

다음절 복합어 다음절의 복합어도 이와 같다.

6. a yamaneko - sutora̬iki   'wildcat strike'
       L H H H   H H H L L

    b minami - yooro̬ppa   'Southern Europe'
       L H H   H H H L L

    c cyoosen - ugu̬isu   'Korean bush warbler'
       L H H H   H H L L

    d isoppu - monogatari   'Aesop's Fables'
       L H H H   H H H L L

그렇다면 이들 다음절 명사와 이와 유사한 것들은 어휘항목에 [+accented]만 명시하면 되고, 이들이 [+accented]이기만 하면 끝에서 세번째 mora에 악센트가 위치한다는 것을 예측할 수 있다.

악센트 이동 그런데, 악센트 모음이 고모음으로 무성화하는 경우는 주 악센트가 왼쪽으로 이동한다.

7. a 복합어
   ongaku̥ - kai → ongakU̥ - kai
   L H H H L L   L H H   L L

   b 차용어
   Damasu̥kasu → DamasU̥kasu
   L H H L L   L H   L L

   c 접속어
   uresi̥ - keredo → uresI̥ - keredo
   L H H L L L   L H   L L L

악센트가 두음절에 있고, 그 모음이 무성화될 경우에는 악센트는 오른쪽으로 이동한다.

8. a hu̥kaku → hU̥kakU   '深'
      H L L   H (L)
   b ki̥kan → kIkan̥   '期間'
      H L L   H L

Tone Melody 동경어의 기본적인 tone melody는 HL로 가정된다(Haraguchi 1991:17). 동경어의 Stress Plane의 Parameter를 보면(Haraguchi 1991:14),

9. a Line 0 parameter setting are [+BND, right]

b Line 1 parameter setting are [-BND, left]
c There is no subsidiary stress.

이에 대한 metrical grid는 다음과 같다.

10. 기저형 a kokoro̜ - made̜   b sakura - made̜   c sakura

```
a에 의해      ·  *  ·  *  ·  *         ·  ·  ·  *  *       ·  ·  *  line 1
              ( * * )( * * )( * )      ( * * * * )( * )    ( * * * ) line 0
              ko ko̜ ro-ma̜ de           sa ku ra-ma̜ de      sa ku ra
b에 의해      ·  *  ·  ·  ·           ·  ·  ·  *  ·       ·  ·  *  line 2
              · ( *  ·  *  * )         ·  · ( *  * )       · · ( * ) line 1
              ( * * )( * * )( * )      ( * * * * )( * )    ( * * * ) line 0
              ko ko̜ ro-ma̜ de           sa ku ra-ma̜ de      sa ku ra
c에 의해      ·  *  ·  ·  ·           ·  ·  ·  *  ·       ·  ·  *  line 2
              ( *  ·  ·  · )           ( *  · )            · · ( * ) line 1
              ( * * ) *   *  *²        ( * * * * ) *       ( * * * ) line 0
              ko ko ro̜-ma̜ de           sa ku ra-ma̜ de      sa ku ra
```

Line 0에서는 악센트 있는데서 끊고, 그 부분의 오른쪽에 ＊표시했으며, Line 1에서는 악센트 있는데서 시작하여 그 왼쪽에 ＊표시했다. c에서는 두번째 악센트는 무시되고 있다.

10.의 metrical grid 이후에 다음과 같은 tone 연결과정이 있게 된다.

11. a 기본적 tone melody의 H tone을 주 악센트 tone bearing 요소와 연결하라.
    b L-tone을 주 악센트 H-tone 요소의 오른쪽에서 생기는 모든 tone-bearing 요소에 연결하라.
    c H-tone을 그 왼쪽에 확산하라.
    d 첫 mora의 tone을 두번째 more의 tone과 異化시켜라.

여기서 tone-bearing unit(Haraguchi 1977)는 성조 H 또는 L을 갖는 어

떤 성분을 이른다. 모음과 coda에 있어서의 비자음이 해당된다. 이들이 악센트를 가질 수 있으나 오직 핵에서의 첫번째 모음만이 악센트를 지닌다(동경어에서). 따라서, genri, koogi는 가능하나 *genri, *koogi는 불가능하다.　　　　H L L H L L　　　H H L　　H H L

11. a는 다음 12.와 같은 표시를 도출시키는 9.와 10.의 출력에 적용된다.

12.
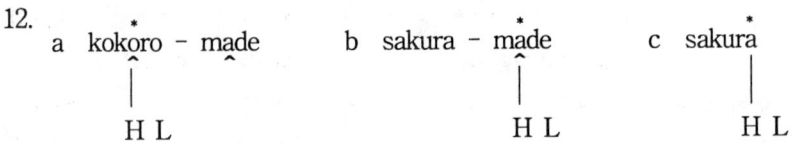

11. b는 여기서 L-tone을 다음에 예시하듯 H-tone을 따르는 tone-bearing요소가 있다면 이에 연결하기 위하여 적용된다.

13.
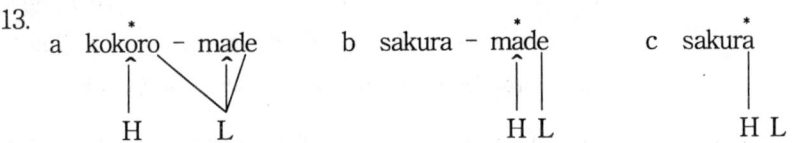

11. c에서는 H-tone mora의 오른쪽에 합당한 tone-bearer가 없기 때문에 L-tone은 연결되지 않으며 남아있다가(부동성조) 결국에는 삭제되고 만다.
11. c는 13.에 적용되어 14.가 파생한다.

14.
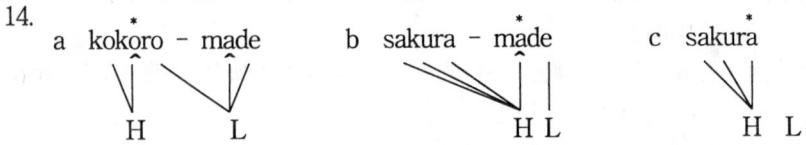

끝으로 11. d는 14.에 적용되어 두음절의 H-tone을 L-tone으로 낮춘다.

15.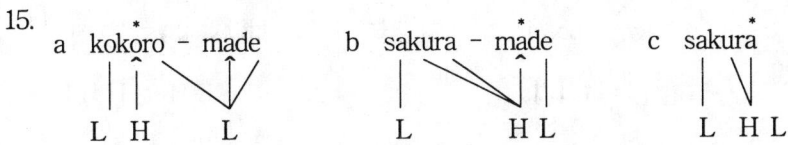

복합어의 악센트 부여 복합어에는 악센트가 있는 것과 없는 것으로 대별(大別)되는데, 전자의 경우 복합어의 후항이 다음절이면 끝에서 세번째 음절에 악센트가 부여된다.

그럼, 다른 [+ accented] 경우는 어떻게 되는가? 이 경우 대개 다음 네 유형이 있을 수 있다.

16. [$_x$ A · · · B][$_y$ C · · · D]의 복합어 형태에서
  a 복합어의 전항의 첫 more A에 악센트가 있는 것.
  b 복합어의 전항의 끝 more B에 악센트가 있는 것.
  c 복합어의 후항의 첫 more C에 악센트가 있는 것.
  d 복합어의 후항의 끝 more D에 악센트가 있는 것.

이 중에서 16. d는 매우 제한적이다. 이 경우의 대부분은 복합어의 후항이 17.과 같이 1 more의 경우이다.

17. a rei - gi   b niga - mi '苦'   c nemu - ke

        L H H   L H H   L H   H

16. a 역시 제한적이다. 특히 복합어의 전항과 후항이 모두 2 mora인 경우가 그렇다. 이 경우 대개 18.처럼 전항은 CVV-X, CVN-X 또는 CVC-X (X는 복합어 후항의 2 mora)의 경우이다. 또 19.에서처럼 복합어의 전항의 첫음절이 악센트가 있는 경우도 있다.

18. a hon - bako   b kyuu - syuu   c Nik - koo

        H L   L L   H L   L L   H L   L L

19. a （ⅰ） kage - boosi　　　또는　　　（ⅱ） kage - boosi

　　　　　 H L　L L L 　　　　　　　　　　　L H　H L L

　 b （ⅰ） aka - tonbo　　　또는　　　（ⅱ） aka - tonbo

　　　　　 H L　L L L 　　　　　　　　　　　L H　H L L

18.의 경우는 16. b의 한 경우로 다룰 수 있다.

19. a (ⅰ)와 19. b (ⅰ)는 19. a (ⅱ), 19. b (ⅱ)와 같은 교체형을 갖는 점에서 아주 한정적이다. 이들은 각각 16. b, c의 경우와 첫 악센트 형태를 교체하는 경향을 보여준다.

16. c는 다음 20.에서처럼 복합어에서 후항이 3 또는 4 mora로 되는 경우의 가장 일반적인 패턴이다.

20. a　dooka - sayoo　　　'同化作用'

　　　　 L H H　H L L

　 b　kokuyuu - zaisan　　　'国有財産'

　　　　 L H H H　H L L L

　 c　kansecu - sacuei　　　'間接撮影'

　　　　 L H H H　H L L L

16. b는 21.에서처럼 복합어에서 후항이 1 또는 2 mora로 된 경우에 널리 보이는 것이다.

21. a　gassyuu - koku　　　'合衆国'

　　　　 L H H L　L L

   b anraḵu - si   '安楽死'

      L H H H L

   c yuuḵi - sicu   '有機質'

      L H H L L

   d hog̱o - syoku   '保護色'

      L H   L L

21. a는 복합어의 전항의 끝 mora에서 악센트가 바뀐 것이다. 16. c와 16. b가 복합어 명사에서의 악센트 부여의 핵심적인 예가 되는 점에서, 복합어에서의 악센트 부여는 끝에서 세번째(드문 경우는 네번째) mora에 주어지는 것이라고 할 수 있다. 따라서, 무표(無標)의 경우 복합어에서의 악센트 부여는 다음에 따른다.

22. [+accented]류의 장음절 명사나 이와 유사한 말은 끝에서 세번째 mora에 악센트를 부여하라.

차용어의 악센트 부여 차용어의 경우도 악센트가 있는 것과 없는 것으로 대별된다. 전자는 23.과 같이 두 가지로 구분된다.

23. a 원래의 악센트와 관계하는 것.
      b 일본어 악센트 규칙에 따르는 것.

23. a의 경우는 다음과 같다.

24. a buṟanketto   'blanket'

        L H L L L L

b　puraibeeto　　또는　　puraibeeto　　'private'

　　　　　LHLLLL　　　　　　LHHHLL

　　　c　puraza　　　　　　　'plaza'

　　　　　LHL

　　　d　sikako　　　　　　　'Chikago'

　　　　　LHL

위에서 24. b는 끝에서 세번째 mora에 악센트가 놓이는 교체형을 지닌다. 이는 23. b의 경우가 될 것이다. 이외에도 다음과 같은 경우는 23. b의 기술을 보여준다.

25.　a　puramu　　　　　　'plum'

　　　　　HLL

　　　b　puratonikku　　　　'Platonic'

　　　　　LHHHLL

　　　c　burasi　　　　　　'blush'

　　　　　HLL

　　　d　metoroporisu　　　'metropolis'

　　　　　LHHHLL

이러한 예들은 23. b가 완전히 22에 따르는 것을 보여준다.
다음의 경우와 같은 교체형은 하나는 23. a에, 하나는 23. b에 따르고 있는데, 후자의 경우 고모음의 무성화에 의해 악센트가 왼쪽으로 옮기고 있다.

26. a cyo̬musUkii   'Chomsky'

      H L L L

   b cyomu̬sUkii

      L H L L

다음과 같은 세 가지 다른 혼합형도 있다.

27. a a̬rupusu   'the Alps'

      HL L L

   b ara̬pusu

      LH LL

   c arupusu   무악센트

      LHHH

27. a는 23. a에서, 27. b는 23. b에 의해 도출된 것이고, 27. c는 악센트가 없는 경우이다.

  차용어 복합어도 23.의 원리에 따른다. 다음의 28.은 23. a에, 29.는 23. b 곧 끝에서 세번째 mora에 악센트를 부여하는 원리에 따른 것이다.

28. a nyuu - i̬ngurando   'New England'

      L H   HLLLL

    b nyuu - hanpusyaa   'New Hampshire'
        L H   HLLLL

    c bukku - kab̭aa   'book cover'
        LHH   HLL

    d porı̭ - honii   'polyphony'
        LH   LLL

29. a nyuu - ziirąndo   'New Zealand'
        L H   HHHLL

    b howaito - hąusu   'White House'
        LHHH   HLL

    c bando̭ - man   'bandsman'
        LHH   LL

    d hangaa - sutoraı̭ki   'hunger strike'
        LHHH   HHHLL

    e panta - gurahu   'pantograph'
        LHH   HLL

이와 같이 22.가 복합명사, 차용어를 포함해서 장음절에서의 기본적인 악센트 부여규칙이 되고 있음을 보여준다 하겠다.

그리고, Haraguchi는 22.를 30.이나 32.의 parameter로 대체하여야 한다고
하였다.

30. a 끝 mora를 extra metrical로 표시하라.
　　b Line 0 parameter는 [BND, left, right-to-left, n /a /u,
　　　-Exhaustive]
　　　(여기서의 n /a /u는 'not applicable to unaccented strings의 뜻
　　　이고 [-Exhaustive]는 metrical 구성소 구조의 구분이 반복적임을
　　　뜻한다.)

30.에 의한 단 하나의 metrical 구성은 다음과 같다.

31.　· · · * · ·　　　line 1
　　　* * * (* *)< >　line 0
　　　1 2 3 4 5 6　　(여기서 < >는 σ의 위치가 extrametrical임을
　　　　　　　　　　　나타낸다.)

다른 가능한 parameter는 32.와 같다.

32. line 0 parameter는 [+BND, Ternary, left, right-to-left, n /a /u]
　　이 체제에서의 metrical 구성은 다음과 같다.

33.　· · · * · ·　　　　　line 1
　　　* * * (* * *)　　　 line 0
　　　1 2 3 4 5 6

7.2. tone 규칙

Harada의 분석　Harada(1977)의 동경어의 악센트에 대한 분석은 다음과
같이 정리된다. Clark(1987)는 Haraguchi의 동경어의 분석에 대해 아래와

같이 언급하였다.

명사와 조사는 34.와 같은 어휘적 표시가 주어진다.

34. 명사   악센트가 있는 것.   inoci*   kokoro*   atama*

　　　　　악센트가 없는 것.   miyako   sakura

　　조사   악센트가 있는 것.   made*   desu*   kara*

　　　　　악센트가 없는 것.   ga

여기서 악센트가 있는 것은 어휘부문에서 기저형으로서 악센트가 부여되어 있는 것으로 한다.

Tone연결규칙 기본성조 멜로디는 HL하나이며, Tone연결규칙에 의해 맺어진다. H는 다음 35.에 의해 어휘적으로 표시되어 있는 *모음에 주어지거나 그것이 없을 경우 마지막 모음에 주어진다.

35. 성조연결

　　　S. D.   # # Q V   (Q는 V̇를 포함하지 않는 음운론적 분절음의
　　　　　　　　1 2 3   최대연속체)
　　　　　　　　　　H L
　　　　　　　　　　4 5
　　　S. C.   4를 3에 연결하라.

이 규칙에 따르면 34.의 예들은 다음과 같이 연결된다(실선의 표시). 여기에 적형성조조건(모든 모음은 적어도 하나의 성조에 연결되고, 모든 성조는 적어도 하나의 모음에 연결되어야 한다. 연결선은 교차해서는 안된다.)에의 연결이 진행된다(점선의 표시).

36.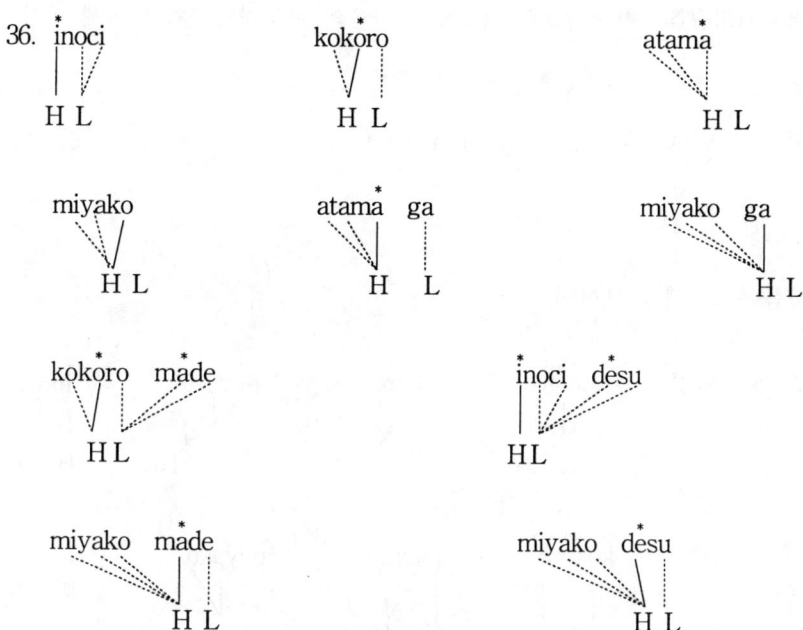

결국 성조연결은 음운론 단어의 첫번째 *를 제외하고는 모든 것을 무시하는 것이 된다. 따라서, *표시된 조사가 후행하는 경우 선행 연속체에 *가 있으면 무시되고 *표시가 없는 경우는 조사의 *표시가 표층형태로 등장한다.

음조곡선 단순화규칙 miyako, atama*에서 보이는 연결되지 않는 L은 다음의 음조곡선(Contour) 단순화규칙에 의해 제거된다.

37. L → ∅ / V 이는 곧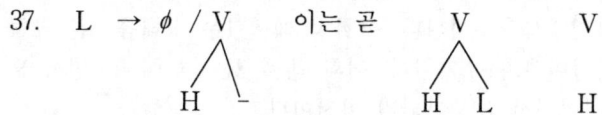

그러나, 이러한 규칙은 하나의 성조 단위는 성조 수행단위에 연결되어진다는 전제하에서는 여분적인 것이 될 것이다.

어두저하규칙 마지막으로 파생형은 다음의 어두저하규칙에 의해 완성된다.

38.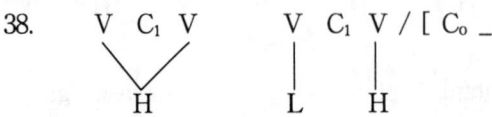

다음에 그 예를 보이면,

39. 성조연결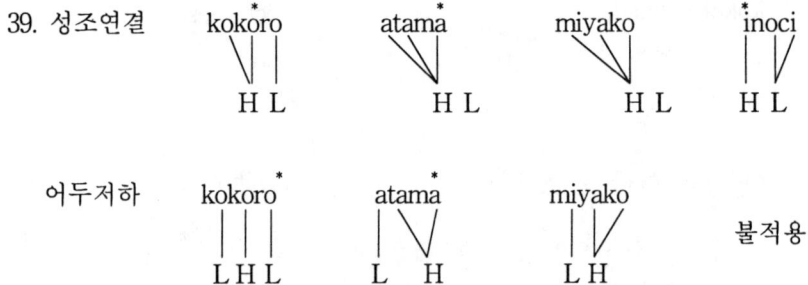

Clarak의 성조분석 이상의 Harada의 분석에 대한 Clark(1987)의 성조분석은 아래와 같이 요약된다.

40. ⅰ) 일반적인 규약 : 성조 수행단위는 mora이다. 각 성조는 단지 하나의 성조 수행단위와 연결된다.
    ⅱ) 어휘적 표시는 기껏해서 하나의 성조 (조사와 동사에서는 L, 명사에서는 H)를 가진다. 성조의 연결은 명사와 조사에서는 어휘적으로 지정되나 동사에서는 그렇지 않다.)
    ⅲ) 어휘적 레벨 2에서 *부여된다. 어휘적 레벨 1은 형태음운론 규칙인 현재시제접미사가 부가된다. 어휘 레벨 2는 그 이후이면서 모든 다른 시제접미사가 부가되기 이전이다.

어휘레벨의 규칙 어휘레벨의 성조 연결은 다음에 의한다.

41. 일본어의 자유 성조연결 : 자유성조를 받는 단위에 자유성조를 하나씩 1대1이 되도록 오른쪽에서 왼쪽으로 연결하라.

그런데, 다음의 [+accented]명사들은 H 성조가 이미 기저형으로서 존재하는 연결전 연쇄를 지닌다(이는 Haraguchi의 *을 지닌 모음과 H 성조와의 연결전 연쇄).

42.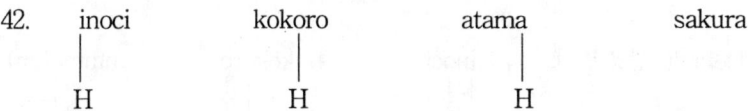

음운론레벨의 규칙 음운론적 단어 레벨에서 (순환적으로) 적용되는 규칙들을 보면, 먼저 H 삽입은 조사가 첨가된 이후 적용되는 것이다.

43. H 삽입

$$\phi \rightarrow H / [\_$$

이 규칙이 삽입한 성조는 자유성조연결에 의해 연결된다. 그리고, 여기서 삽입한 성조는 이를 확산시키는 규칙이 필요하게 된다. 여기서의 확산(Spreading)의 규칙은 다음과 같다.

44. 확산(Spreading) : 성조 없는 mora를 그 오른쪽에 있는 가장 가까운 성조에 연결하라.

악센트가 있는 명사 곧 미리 연결된 H로 구성되는 명사의 멜로디 파생은 다음과 같다.

45. 기저표시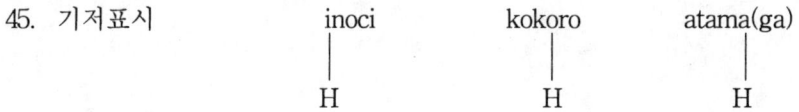

확산   불적용   kokoro   atama(ga)
                              ⋮⋮   ⋮⋮⋮
                               H   H

어두분리   불적용   kokoro   atama(ga)
                               │   │ │
                               H   H

Default 성조부여   inoci   kokoro   atama(ga)
                │ ⋮⃫   │ │ ⋮   │ │ ⋮
                H L   L H L   L H L

이외의 규칙으로 예컨대 표층형 kita(HL)의 파생을 설명하기 위해서는 다음의 규칙이 필요하다.

46. Docking   S. D.   V¹
                              │
                            H   L
                            2   3

             S. C.   2를 1에 연결하라.

이제 kita의 파생과정을 보면,

어휘적 부문		기저표시	ki | L
	레벨2	자유성조연결	ki ⋮ L
	레벨3	과거시제접미사 부가	kita | L
후어휘적 부문	W레벨	H삽입	kita | H L
		자유성조연결 및 확산	불적용
		Docking	kita | H (L)
	구레벨	어두분리	불적용
		Default성조연결	kita || H L

이러한 H삽입, 자음성조연결, 확산(Spreading), Docking이 음운론적 단어 레벨에서 적용되는 규칙이다. 이외에 H분리라는 규칙이 있다. 예컨대, 48.의 파생 곧 마지막 음절의 두번째 mora로부터 H를 분리시키는 것이다.

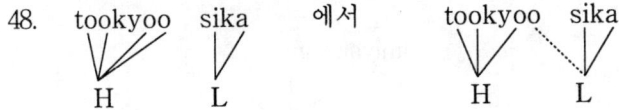

48. tookyoo sika 에서 tookyoo sika

49. H 분리

　　　　　 1 2 3
　　S. D.　V C V　　　여기서 1은 긴 음절의 약한 mora이고,
　　　　　　 |　　　　4는 3과 연결되지 않는다.
　　　　　　 H
　　　　　　 4

　　S. C.　4는 1에서 분리하라.

여기서는 H분리 후에 표층 molody를 낳기 위해 L가 채워진다. 이는 구레벨에서 적용되는 Default 성조부여이다.

구레벨의 규칙　구레벨에서 적용되는 규칙에는 어두분리와 Default 성조연결이 있다. 이들 규칙은 악센트가 없는 명사와 동사의 파생의 마지막 과정에서 적용되고 있다.

50. 악센트가 없는 명사구 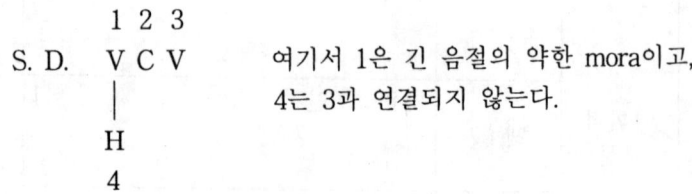yakoga의 파생

　　　조사첨가이후의 기저표현　　　miyako ga

　　　H삽입　　　　　　　　　　　　miyako ga
　　　　　　　　　　　　　　　　　　　　　 H

　　　자유성조연결　　　　　　　　　miyako ga
　　　　　　　　　　　　　　　　　　　　　⋮
　　　　　　　　　　　　　　　　　　　　　H

·　　Spreading　　　　　　　　　　miyako ga
　　　　　　　　　　　　　　　　　　　　⋰|
　　　　　　　　　　　　　　　　　　　　 H

7. 악센트

어두분리와 default성조부여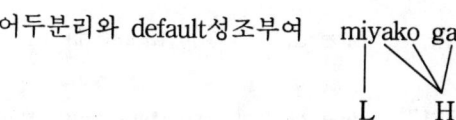
 L H

악센트가 없는 동사(구)의 파생은 정확하게 악센트가 없는 명사(구)의 파생과 똑같다.

51. 악센트가 없는 동사(구)

a 모든 시제접미사부가 이후의 기저형   hazime-ta   hazima-ru

　　H삽입 + 자유성조연결   hazime-ta   hazima-ru
　　　　　　　　　　　　　　　　　　　H   H

　　Spread   hazime-ta   hazima-ru
　　　　　　　　　　　　　　　　　　　H   H

　　어두분리와 Default성조부여   hazime-ta   hazima-ru
　　　　　　　　　　　　　　　　　L H   L H

b 기저표시   tabe   tabe   tanom   tanom
　　　　　　　　　　 L   L   L   L

　현재시제접미사 부가 tabe   tabe-ru   tanom   tanom-u

　자유성조연결   tabe   tabe-ru   tanom   tanom-u
　　　　　　　　　　　 L   L   L   L

과거시제접미사 부가   tabe-ta   tanon-da

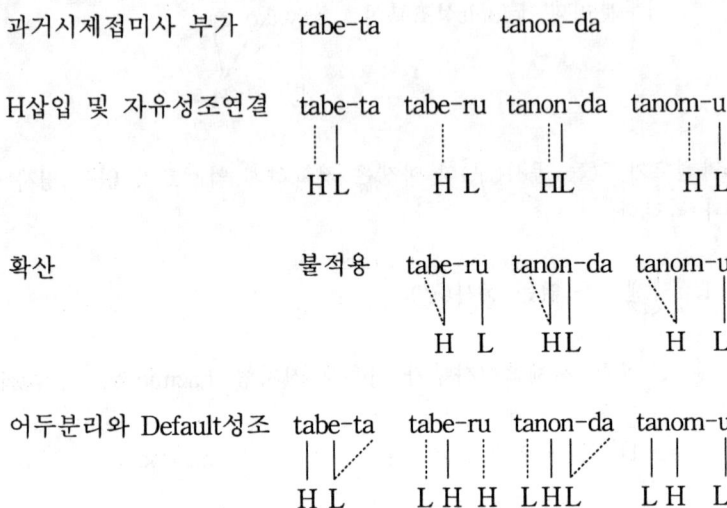

자유성조 연결이 어휘적 레벨 2(현재시제접미사 부가 이후)와 음운론적 어레벨(H삽입 이후)에 적용되고 있다.

52. 어두분리

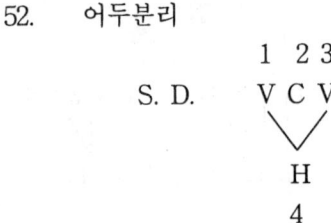

S. C. 4를 1에서 분리하라.

이는 Haraguchi의 어두저하규칙을 대체한 것이다(어두의 모음과 H와의 연결을 삭제). 어두분리에 의해 성조가 지워진 자리에 Default 성조가 나타난다.

53. 성조연결의 출력

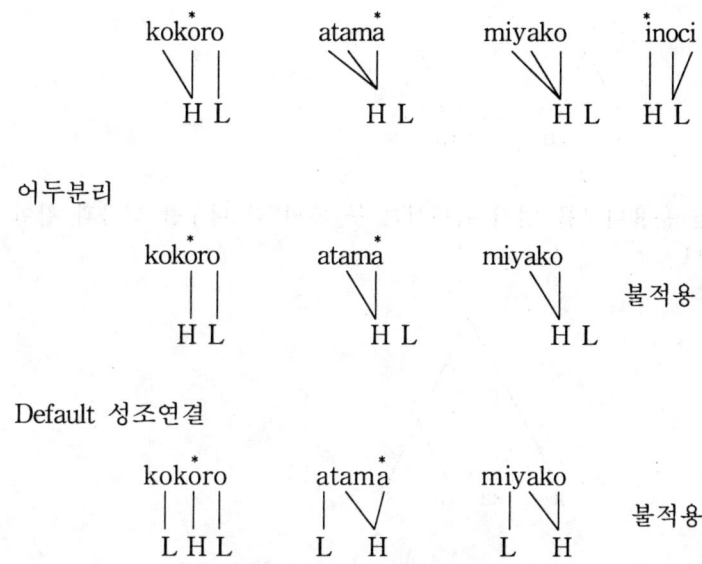

어두분리

Default 성조연결

7.3. 운율적 분석

단일어 운율나무 악센트의 고저에 관한 정보가 간직되고 있는 것으로 보이는 음연속체에 계층적 표시가 존재하는 것으로 가정된다. 이를 운율적인 나무구조로 본다면 이름붙인 二分적인 나무가지로 된다. 그것은 어휘적으로 표시된 악센트가 가장 깊숙히 내포된 것으로 한다. 그리고 그것은 55.의 적형성 조건이 충족되도록 구성된다. 다음에서,

54.　　　 *azarasi　　　　　*azarasi

　　　　　　　　　LHHL

55. 운율의 나무는 첫번째 레벨에서는 유일하게 우분지(右分枝)이다.

그렇게 되면 다음과 같은 표시를 얻게 된다.

56.

```
   /\        /\
  a  za    ra  si
```

단일한 운율나무를 얻기 위해서는 두 개의 각 나무를 다음과 같이 연결해야 한다.

57.

```
      /\
     /  \
    /\   /\
   a za ra si
```

여기에 다음과 같은 규약에 따라 이름붙이기를 한다.

58. 뿌리 이름붙이기 (Root Labelling, RL) 뿌리에 H표시하라.

59. 첫층에 이름붙이기 (First Stratum Labelling, FSL) 만약 a가 분리하면 첫번째 두 자매 절점[α β]에 각각 [+][-]를 표시하라.

60.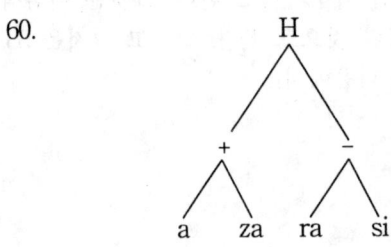

이 표시가 의미하는 바는 첫번째 운율적 요소(aza)가 H자질일 때 +가를 가진다는 것이다. 이와 상대되는 -표시된 오른쪽 요소에는 L을 지니는 것이 된다.

널리 알려진 대로 악센트 없는 단어에서 어두의 H를 L로 바꾸는 재조정 규칙(Haraguchi의 어두저하규칙 IL)이 있다.

61.
```
              H
             / \
            +   -
           / \ / \
          a  za ra si
          L  H  L  L
```

이는 中高형의 경우인데, 이러한 방법은 다른 세 가지 유형 곧 頭高형, 尾高형, 무악센트형에도 쓰인다.

62.　　頭高형　　　/gaikocu/

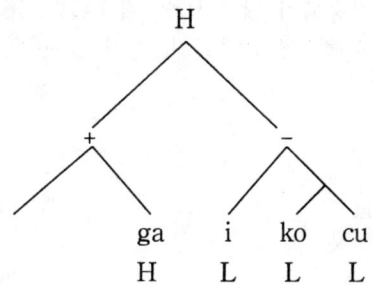

여기서는 IL이 적용되지 않는다. 그것은 가장 왼쪽 가지가 分枝되지 않았기 때문이다.

63. 尾高型   /rokugacu/

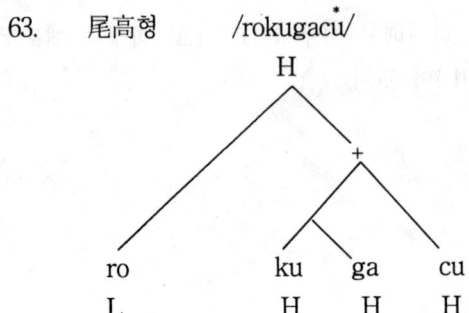

64. 무악센트형(平板式)   /gaikoku/

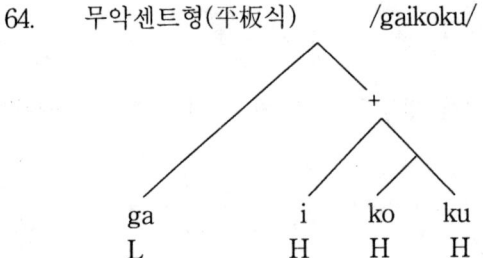

尾高型과 平板式에는 FSL이 적용되지 않고 IL만 적용된다. 尾高型과 平板式 사이의 차이는 격조사를 수반할 때 일어난다. 명사+조사 형식은 하나의 음운적 단어로 가정한다.

65. 尾高型

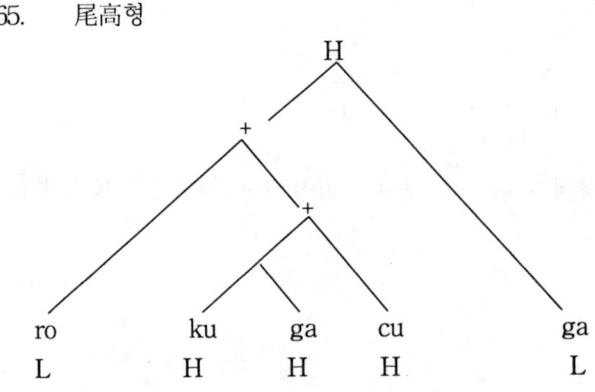

66.   平板식

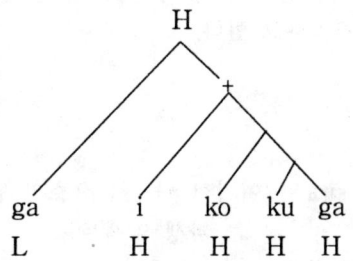

고저악센트에 대한 운율적 접근의 가장 중요한 특징은 운율의 구성소의 개념이다. 곧 운율적 접근은 음운론적 분절음 연속체가 아니고 구성소가 중요하다.

복합어의 운율나무 앞에서 본 바와 같이 악센트가 없는 복합어는 없으며 게다가 HL contour는 필수적이다. 그 HL contour는 $N_1 + N_2$의 구조에서 항상 N_2에서 나타나고, N_1은 N_2의 어디에서 contour가 나타나는지를 결정하는데 어떤 역할도 하지 않는다. 단일어의 규칙(69.의 FSL에서 조건을 제외한 것 FSL')이 복합어 규칙에도 적용되지만 그것은 N_2로 제한된다.

먼저 복합어의 운율나무를 보면 복합어의 각 명사는 악센트의 어휘적 표시에 의해 결정되는 운율구조를 지니므로 그 복합어는 단순히 운율나무의 병렬로 된다고 할 수 있다.

67.

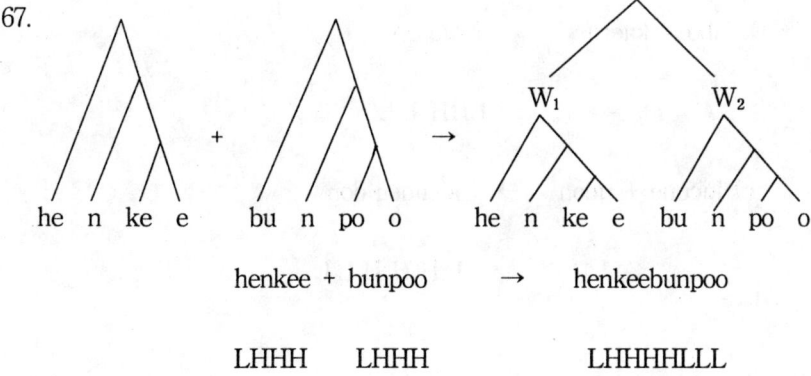

Abe의 분석 Abe(1987)는 일본어의 긴 복합어 특히 명사+명사의 구성에서 운율적 분석이 잘 들어맞음을 관찰하고 있다.

68. (1 型)

    a) ca + hasira → caba'sira (여기서 *는 각 요소의 원 악센트,
                                        ' 는 파생 악센트)
                            L H L L

       mé + kusuri → mégu'suri

                            L H L L

    b) hosi + sirusi → hosizi'rusi

                            L H H L L

      nawá + hasigo → nawába'sigo

                            L H H L L

      íbo + kaeru → íboga'eru

                            LHH L L

    c) kicune + udon → kicuneu'don

                            L H H H L L

siken* + zikan → siken*zi'kan

    LHHH L L

onna* + sumoo → onna*zu'moo

    LHHH LL

denki* + kotacu → denki*go'tacu

    L H H H LL

위의 예에서는 N_2에서 모두 악센트가 없다. 다만 a)는 N_1은 1 mora, b)는 2 mora, c)는 3 mora이다. N_2는 모두 3 mora이다.

위의 예에서 주목되는 것은 파생형의 N_1의 원 악센트(.)의 위치에 관계없이 N_2의 첫 mora에 악센트가 온다는 것이다. 바꿔 말해서 N_2가 고유 악센트가 없다면 파생복합어는 언제나 그 요소의 첫번째와 두번째 mora 사이에 HL 기복(起伏)을 갖는다는 것이다. 그것은 첫번째 단어의 역할이 복합어 전체의 성조형을 결정하는데 중요치 않음을 보여준다.

69. (2 型)

　　a) ko + takara* → koda'kara

    L H L L

te* + kagami* → teka*'gami*

    L H L L

b) nuno + hukuro* → nunobu'kuro*

                                 L H H L L

   koi* + kataki* → koiga'taki*

                                 LH H LL

   yuki* + onna* → yuki*o'nna*

                                 L HH L L

c) warai + hanasi* → waraiba'nasi*

                                 LHHH LL

   daiku* + doogu* → daiku*do'ogu

                                 LHHH LL

   hitori* + musume* → hitori*mu'sume*

                                 L H H HLL

   omote* + toori* → omote*do'ori*

                                 LHHH LL

위의 예에서는 N₂의 끝에 모두 악센트가 있다. 여기서는 앞서의 68.과 같이 파생형이 원 악센트의 위치에 개의치 않고(심지어 N₂의 악센트 위치에도 개의치 않고), N₂의 첫 mora에 온다. 여기서 68.에서 유도한 것처럼 복합명사는 언제나 악센트를 받으며 그 파생 악센트는 N₂의 첫 mora에 온다는 것이다. 다만, 유의할 것은 여기서도 N₂가 3 mora(또는 그 이상)라는 사실이다.

(N₂가 2 mora이거나 그 이하일 때는 허용되지 않는다).

70. (3 型)

 a) ko + azarasi → koaza'rasi

          LHH L L

   *e + mo*nogatari → *emo*noga'tari

          LHH H LL

 b) mizu + ham*igaki → mizuhami'gaki

          LH HH L L

   *gasu + *sutoobu → *gasusuto'obu

          L H HH LL

   *yama + *hototogisu → *yamahototo'gisu

          L H HHH LL

c) hidari + uc*iwa → hidariuc*i′wa

　　　　　　　　　LHHHH LL

　*denki + r*eezooko → *denkireez*o′oko

　　　　　　　　　LHHHHH LL

　*osyare + suk*auhu → osyaresuk*a′ahu

　　　　　　　　　L HHHH LL

　onn*a + zim*uin → onnazim*u′in

　　　　　　　　　LHHHH LL

여기서는 N_2의 원 악센트와 일치한다. N_1의 구조에 관계없이 N_2의 중간에 악센트가 있을 때는 복합어는 그대로 이를 계승하고 있다. 여기서 N_2가 3 mora이거나 더 긴 복합어에 관한 한 복합어의 악센트형은 완전히 예측할 수 있다. 이제, 그것을 다음과 같이 일반화할 수 있다.

71. 복합어규칙(CR)
　　만약 복합어 N_0가 [N_1+ N_2]의 형식으로서 3음절이거나 더 길다면,
　　[CR 1] N_0의 악센트는 만약 N_2가 중간 악센트라면 N_2의 것과 동일
　　　　　한 것이 된다.
　　[CR 2] 그렇지 않으면 N_0의 악센트는 N_2의 첫 mora에 있다.

이번에는 3개의 요소 그것도 그중의 한 요소는 다른 요소에 내포되고 있는 경우를 보자.

72.　（左分枝의 경우）

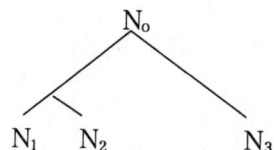

73. me* + kusuri + kaisya　→　me*gusuriga'isya

　　　　　　　　　　　　　　　　L H HH H L L

doku* + kinoko* + ziken*　→　doku*kinoko*zi'ken

　　　　　　　　　　　　　　　　L H HH HH L L

nankyoku + tanken + monoga*tari　→　nankyokutankenmonoga*'tari

　　　　　　　　　　　　　　　　　　　L H H H HH HHHHHLL

74.　（右分枝의 경우）

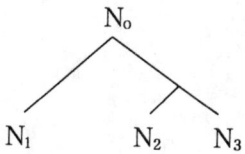

75. inciki* + hosi + sirusi　→　inciki*hosizi'rusi

　　　　　　　　　　　　　　　LHHHHHH LL

himaraya + yuki* + onna* → himarayayukio'nna**

L HH H HHH LL

keetai + gasu* + sutoobu* → keetaigasusuto'obu**

LHH H HHHH LL

이들을 보면, 左分枝이거나, 右分枝이거나 N_0의 성조형은 N_3에 의해 결정되고, N_1과 N_2는 전혀 관계하지 않고 있다. 가령 N_1- N_m의 어떤 복합어의 경우든 그 성조형은 N_3의 기능이라는 것이다. 이러한 속성을 Abe는 순차적 결정성이라고 부르고 있다.

4개의 요소를 포함하는 복합어의 경우는 어떻게 되는가? CR_2만 가지고 그리고, 그것이 순차적으로 적용된다고 가정한다면 다음과 같은 세 가지의 내적 구조가 가능하고 ○표를 친 요소의 첫번째 mora에 강세가 있을 것이다.

76. a (右分枝)

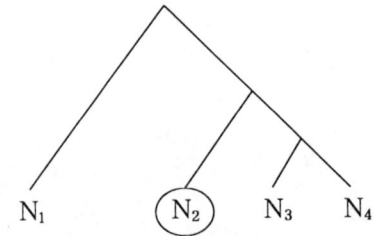

b (左分枝)

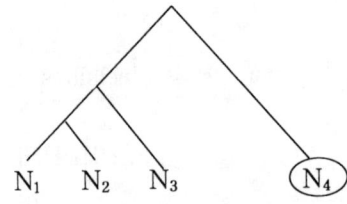

c (多重分枝)

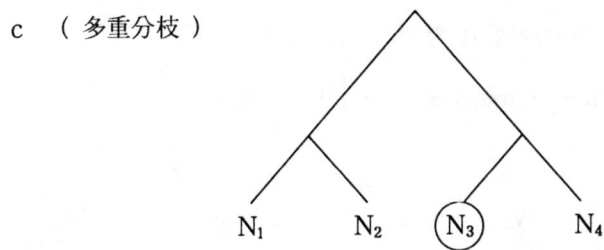

이제 Abe(1987)가 제안한 복합명사의 운율나무에 적용되는 운율규칙 CRM을 보면,

77. 복합어규칙(Compound Rule, Metrical version, CRM)
    오른쪽 요소에 FSL′를 적용하라.

이것의 적용을 예시하면,

78. 1 형 (N_2 에 악센트가 없는 경우) (CR에 해당된 것)
    henkee + bunpoo → henkeebu′npoo

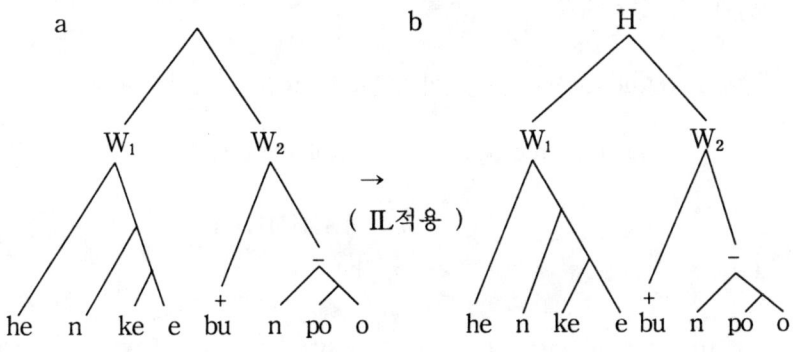

(IL은 W_2와는 관계없이 W_1의 전체의 어두에)

79. 2 형 (N₂의 마지막에 강세가 있는 경우)

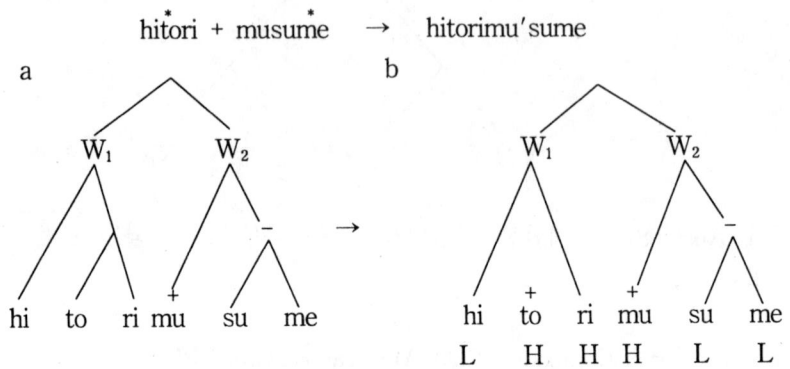

이는 CRM이 W₂에 적용된 후의 하나의 단계를 나타낸다. 이는 78. 1형의 강세 없는 단어와 이 79.의 2형의 강세가 있는 단어는 근본적으로 CRM에 대해 동일한 운율나무를 가지므로 차이가 없다. IL은 79. a 다음에 적용된다.
　위에서 보이듯 N₁에 적용되는 규칙은 유일하게 IL이다. N₁의 운율형상성은 표층운율 실현에 전혀 기여하지 않는다. 곧 N₁의 무강세, 첫강세, 중간강세는 W₁에서는 중화된다.

80. 3형 (N₂의 중간에 악센트가 있는 것) (CRI를 요구하는 것)

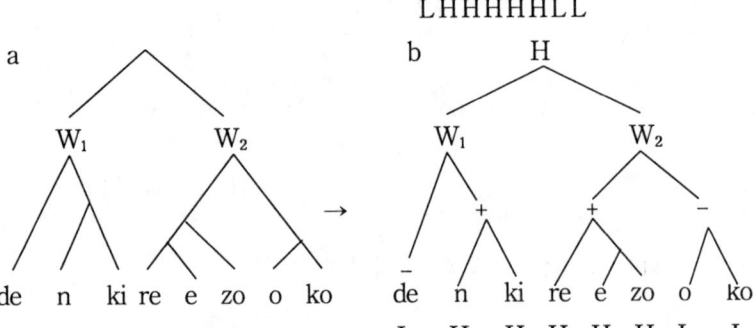

이들은 CRM에서는 문제되지 않는다. CRM은 FSL'의 필수적인 적용을 요구한다. W_2의 CRM과 관계있는 구성요소는 /reezo/와 /oko/이다. CRM은 이들 두 구성요소에 적용하고 이들에게 각각 [+]와 [-]를 표시한다. N_2 위치에서의 중간 악센트 단어들은 원래 가졌던 고저형을 그대로 간직한다. IL과 RL은 80. a를 80. b로 바꾼다.

81. 4 형 (N_1 에서 어두 악센트가 있다.)

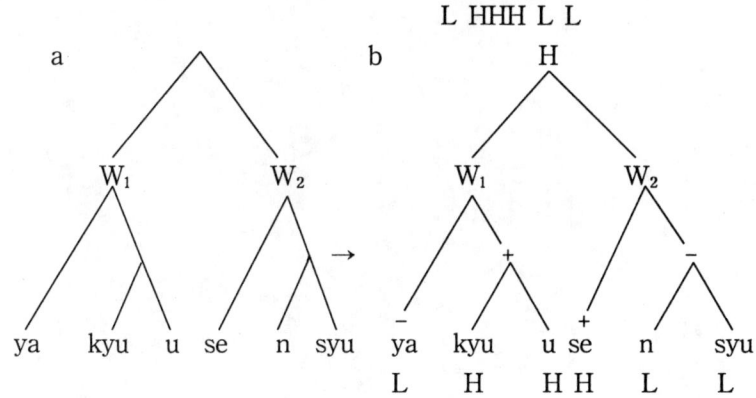

역시 CRM으로 처리된다. CRM은 W_2에서 [+]를 /se/구성요소에, [-]를 /nsyu/요소에 부여한다. IL과 RL의 후속적 적용은 81. b와 같은 표층표시를 가져온다.

참고 문헌

Abe, Y. (1987) Metrical Structure and Compounds in Japanese, in Imai, T. and M. Saito (eds.) 1987.
安秉禧 (1978) 村家救急方의 鄕名에 대하여, 언어학 3.
Anderson, S. R. (1974) *The Organization of Phonology*, Academic Press.
Anderson, S. R. and P. Kiparsky (eds.) (1973) *A Festschrift for Morris Halle*, Holt, Rinehart and Winston, Inc.
Bach, E. and R. T. Harms (eds.) (1968) *Universals in Linguistic Theory*, Holt, Rinehart and Winston, Inc.
Brame, M. K. (ed.) (1972) *Contributions to Generatiue Phonology*, University of Texas Press.
Chamberlain, B. H. (1895) *Essay in Aid of a Grammar and Dictionary of the Luchuan Language*
崔明玉 (1982) 月城地域語의 音韻論, 嶺南大出版部.
崔林植 (1986) 十九史略諺解의 音韻論的 考察, 語文學 47.
崔泰榮 (1983) 方言音韻論-全州地域語를 中心으로-, 螢雪出版社.
Chomsky, N. (1964) Current Issues in Linguistic Theory, in Fodor, J. A. and J. J. Katz (eds.) 1964. (橋本万太郎外訳:現代言語学の基礎, 大修館書店 1972. 所收)
Chomsky, N. and M. Halle (1968) *The Sound Pattern of English*, Harper and Row, Publishers.
田相範 (1977) 生成音韻論, 塔出版社.
田相範外編 (1979) 生成音韻論論文選, 塔出版社.
Clark, M. M. (1987) Japanese as Tone Language, in Imai, I. and M. Saito (eds.) 1987.
Clements, G. N. and S. J. Keyser (1983) *CV Phonology A Generative*

Theory of the Syllable, The MIT Press.

Fodor, J. A. and J. J. Katz (eds.) (1964) *The Structure of Language : Readings in the Philosophy of Language*, Prentice-Hall, Inc.

Fujimura, O. (ed.) (1973) *Three Demensions of Linguistic Theory*, TEC Company Ltd.

Goldsmith, J. (1974) An Autosegmental Typology of Tone : And How Japanese Fits in, NELS 5.

Goldsmith, J. (1976a) An Overview of Autosegmental Phonology, Linguistic Analysis 2-1.

Goldsmith, J. (1976b) *Autosegmental Phonogy*, Indiana University Linguistic Club. (李潤東譯 自律分節音韻論, 翰信文化社 1991.)

Halle, M. (1962) Phonology in Generative Grammar, Word 18.

Halle, M. (1964) Phonology in Generative Grammar, in Fodor, J. A. and J. J. Katz (eds.) 1964.

Haraguchi, Shosuke (1991) *A Theory of Stress and Accent*, Foris Publications.

Harms, R. T. (1968) *Introduction to Phonological Theory*, Prentice-Hall, Inc.

Harris, J. W. (1983) *Syllable Structure and Stress in Spanish* : a Non-Linear Analysis, The MIT Press.

Harry van der Hulst and N. Smith (eds.) (1982) *The Structure of Phonological Representations*(Part Ⅱ), Foris Publications.

服部四郎 (1955) 沖繩方言の言語年代学的 硏究, 民族学硏究 19-2.

早田輝洋 (1966) 東京方言の音韻化規則, 言語硏究 49.

Hoard, J. E. (1971) Aspiration, Tenseness, and Syllabication in English, Language 47-1.

Hoard, J. E. (1972) Naturalness Conditions in Phonology with Particular Reference to English Vowels, in Brame, M. K. (ed.) 1972.

Hooper, J. B. (1976) *An Introduction to Natural Generative Phonology*,

Academic Press, Inc.
Hyman, L. M. (1970) How Concrete is Phonology, Language 46-1.
Hyman, L. M. (1975) *Phonology Theory and Analysis*, Holt Rinehart and Winston (高秉岩譯, 音韻論의 理論과 分析, 翰信文化社, 1986.)
Itô, Junko (1988) *Syllable Theory in Prosodic Phonology*, Garland Publishing Inc.
Itô, J. and R. A. Mester (1986) The Phonology of Voicing in Japanese : Theoretical Consequences for Morphological Accessibility, Linguistic Inquiry 17-1.
이기석 (1993) 음절구조와 음운원리, 한신문화사.
Imai, T. and M. Saito (1987) *Issues in Japanese Linguistic*, Foris Publications.
이병건 (1976) 현대한국어의 생성음운론, 일지사.
Jakobson, R. et al. (1951) *Preliminaries to Speech Analysis the Distinctive Features and their Correlations.* The MIT Press. (竹林滋外訳 音声分析序説-弁別的特徴とその関係量-, 研究社, 1965.)
Kachru, B. B. et al. (eds.) (1973) *Issues in Linguistics* : Papers in Honor of Henry and Renée Kahane, University of Illinois Press.
Kahn, D. (1976) *Syllable-Based Generalizations in English Phonology*, Indiana University Linguistics Club.
筧寿雄外 (1979) 生成音韻論-理論と分析-英宝社
Kenstowicz, M. J. and C. W. Kisseberth (1971) Unmarked Bleeding Orders, in Kisseberth, C. W. (ed.) 1973b.
金公七 (1983) 日本語音韻論, 學文社.
金武林 (1992) 國語音韻論, 翰信文化社.
김영석 (1993) 영어음운론(개정판), 한신문화사.
金永泰 (1983) 昌原地域語研究, 中央大學校大學院.
金完鎭 (1968) 高句麗語에 있어서의 t口蓋音化現象에 對하여, 李崇寧博士頌壽記念論叢.

金在玟 (1973) 音韻・音聲・資質, 영어영문학 47.
金鐘勳 (1990) 音節音韻論, 翰信文化社.
Kiparsky, P. (1965) *Phonological Change,* Doctoral dissertation, MIT.
Kiparsky, P. (1968a) How Abstract is Phonology?, in Fujimura, O. (ed.) 1973. (first part of Kiparsky, P. 1973)
Kiparsky, P. (1968b) Linguistic Universals and Linguistic Change, in Bach, E. and R. T. Harms (eds.) 1968.
Kiparsky, P. (1971) Historical Linguistics, in Kiparsky, P. 1982.
Kiparsky, P. (1973) Phonological Representations, in Fujimra, O. (ed.) 1973.
Kiparsky, P. (1979) Metrical Structure Assignment is Cyclic, Linguistic Inquiry 10-3.
Kiparsky, P. (1982) Sound Change (part of chapter 1 of Kiparsky 1965) in Kiparsky, P. 1982.
Kiparsky, P. (1982) *Explanation in Phonology,* Foris Publication.
Kisseberth, C. W. (1969) On the Abstractness of Phonology : the Evidence from Yawelmani, Papers in Linguistics 1-2.
Kisseberth, C. W. (1973a) Is Rule Odering Necessary in Phonology?, in Kachru, B. B. et al. (eds.) 1973.
Kisseberth, C. W. (ed.) (1973b) *Studies in Generative Phonology,* Linguistic Research Inc.
Koutsoudas, A. (1973) Unordered Rule Hypothesis, in Koutsoudas, A. (ed.) 1976.
Koutsoudas, A. (ed.) (1976) *The Application and Ordering of Grammatical Rules,* Mouton.
Koutsoudas, A., G. Sanders and C. Noll (1974) The Application of Phonological Rules, Language 50-1.
黑田成幸 (1967) 促音及び撥音について, 言語研究 50.
Liberman, M. and A. Prince (1977) On Stress and Linguistic Rhythm,

Linguistic Inquiry 8-2.
Lighther, T. M. (1965) On the Description of Vowel and Consonant Harmony, Word 21.
李基文 (1969) 中世國語音韻論의 諸問題, 震檀學報 32.
李庸宰 (1986) 音韻的 辨別資質에 관한 硏究, 人文論集 31.
McCawley, J. D. (1968) *The Phonological Component of Grammar of Japanese,* Mouton.
Mohaman, K. P. (1982) *Lexical Phonology,* Indiana University Linguistic Club.
Muraki, M. (1970) A Sound Change in Tohoku Dialect, Papers in Linguistics 3-2.
根間弘海 (1978) 初步生成音韻論, 中部日本敎育文化会.
根間弘海 (1980) 音声構造と規則性, 文化評論出版.
根間弘海 (1985) 韻律理論と英語の強勢, 晃学出版.
오정란 (1993) 현대국어음운론, 형설출판사.
吳鍾甲 (1988) 國語音韻의 通時的 硏究, 啓明大學校出版部.
Otsu, Yukiko (1980) Some Aspects of Rendaku in Japanese and Related Problem, MIT Working Papers in Linguistics 2.
朴英壽 (1988) 新英語音韻学, 学文社.
Postal, P. M. (1968) *Aspects of Phonological Theory,* Harper and Row.
Selkirk, E. O. (1982) The Syllable, in Harry van der Hulst and N. Smith (eds.) 1982.
Shane, S. A. (1973) *Generative Phonology,* Prentice-Hall, Inc. (桑原輝男 外訳 生成音韻論, 硏究社出版, 1980.)
Shibatani, M. (1971) The Role of Surface Phonetic Constraint in Generative Phonology, Project on Linguistic Analysis 13.
Shibatani, M. (1973) The Role of Surface Phonetic Constraints in Generative Phonology, Language 49-1.
島岡丘外 (1987) 最新の音声学・音韻論-現代英語を中心に一, 硏究社出版.

清水克正 (1978) 生成音韻論槪說, 篠崎書林.

Shuy, R. W. and C-J. N. Balley (eds.) (1974) *Towards Tomorrow's Linguistics,* Georgetown Univerty Press.

Sloat, C. et al. (1978) *Introduction to Phonology,* Prentice-Hall, Inc. (李乙煥外譯 音韻論槪說, 學文社, 1983.)

Son, Hyang-sook (1987) *Underspecification in Korean Phonology,* Hanshin Publishing Co.

Stamp, D. (1969) The Acquisitions Phonetic Representation, CLS 5.

Stamp, D. (1979) *A Dissertation on Natural Phonology,* Indiana University Linguistic Club.

Stockwell, R. P. et al. (1972) *Linguistic Change and Generative Theory,* Indiana University Press.

Teruya, Seitoku (1979) *A Concrete Approach to Generative Phonology,* The University of Texas at Auston.

Vago, R. M. (1973) Abstract Vowel Harmony Systems in Uralic and Altaic Languages, Language 49-3.

Vennemann, Theo (1974) Phonological Concretness in Natural Generative Grammar, in Shuy, R. W. and C-J. N. Balley (eds.) 1974. (田相範外編 1979.)

Williams, E. (1981) On the Notions 'Lexically Related' and 'Head of a Word', Linguistic Inquiry 12.

색 인

ㄱ

강력자연성조건 22
강세부여규칙 28, 137
강세종속규약 28, 29
강화과정 20
개방지연성 65
경계 83
경계기호 135
경계표시 135
경상표기 141
경음절 39
계속성 55, 65
계수 137
고대일본어 107
고립적 대립 15
고음성 62
공기호 146
공명성 61
공명자질 51, 53
공시적 변동 161
공전적용 129
과도음삽입규칙 111
광성 65
교체조건 20, 86
구강자질 60, 62

구개음화 91, 142, 169
구개음화규칙 92, 170
구경계 83, 135
구분자질 104
구음성 54
구조기술 128
구조변화 128
구조보존(의 원리) 186, 187, 188
구조주의음운론 15, 16, 47, 85
국소성 183, 185, 186
국소성의 원리 191
굴곡성조 24
규칙의 단순화 161
규칙의 첨가 153
규칙재배열 154
규칙 적용순 151
규칙접근 183, 185, 187, 195
급여 154
/g/ 삭제규칙 21, 23
기본 멜로디 26
기본범주원리 22
기본적 교체형 86
기저음운표시 85
기저형 /ng/설정 22
기저형 85
기저형의 설정 88

기초자질 52
기초적 음원자질 51
긴장성 55

ㄴ

내재적 규칙순 152
Nupe어 90

ㄷ

다분적 대립 46
다치질 자질 118
단모음규칙 160
단모음화규칙 159
단선음운론 23
단어 경계 135
단어경계 83
독일어 155
동화현상 121, 142
Docking 236
頭高형 243
등가적 대립 46
Default 성조부여 238

ㄹ

rime 규칙 184
레벨 분리의 원칙 17
Layman 법칙 214
Rendaku 208
Rendaku 규칙 211

류큐방언 163
r삭제 147
r 삭제규칙 124
r탈락 167, 181

ㅁ

metrical grid 223
모음 /i/삽입규칙 157
모음교체규칙 113
모음교체현상 111
모음무성화규칙 156
모음변화 164
모음부가 규칙 190
모음비음화규칙 131
모음삭제규칙 189
모음상승규칙 168
모음성 52
모음의 무성화 142
모음조화 103
모음축약 150
모음탈락규칙 160
무규칙순가설 160
무규칙순의 원리 22
무악센트형 244
무표적 규칙순 154
무한식형 139
물결이론 161
미고(尾高)형 244
彌陀懺略抄 180

ㅂ

방향성 183, 186
방향성 parameter 183, 186
배열잉여성 75
범어적규칙순의 원칙 159
범어적 잉여규칙 76, 78
변별적 자질 46
변음조성 54
변항 137
변형부 128
보충규칙 76, 77, 78
보편적 규약 35
보편적 핵음절조건 183, 184
복선음운론 23
복합어강세규칙 29
복합어규칙 136, 250, 253
복합어의 악센트 부여 225
부동성조 24
부유부 삭제 183, 187, 188
분류적 자질 118
분절음잉여성 72
분절음층위 40
불변적 대립 46
불어형용사 108
불투명원리 158
블룸필드학파 47
비례대립 15
비례적 대립 46
비모음화 19
비변별적 자질 47

비음동화규칙 21
비음성 54, 65
비음화 규칙 122
비음화규칙 162
비음화현상 145
비자음의 역행동화 142
비자음탈락규칙 152
뿌리 이름붙이기 242

ㅅ

산스크리트어 89
3층이론 40, 83
삽입규칙 148
삽입현상 126, 202
상보적 분포 16
상음조성 54
상호출혈 154, 155
생성음운론 17, 85
설정성 64
설측성 64
성조언어 24
성조의 상존성 24
성조층렬 25
소괄호 132
순수자음 67
순음화규칙 92
순음화분절음 70
순행동화규칙 122
CV층위 40, 83
十九史略諺解 179

ㅇ

IPA 47
악센트 219
악센트부여규칙 219
악센트 이동 222
알파표기 137
Yawelmani어 88, 89, 157, 159
약화과정 20
양분대립 46
양음절성 82
양음절적 35, 37
어강세규칙 28, 136
어두 n음 탈락현상 147
어두 r음탈락현상 147
어두저하규칙 234
어말모음탈락 143
어말 무성화 규칙 153
어말유성자음 무성화 19, 81
어말자음탈락 146
어중모음탈락 148
어중무성음의 유성화 18
어중음탈락규칙 201
어중중복비자음 196
어중 중자음 192
어휘목록 14
어휘부 11, 41
어휘음운론 41
어휘적 조건 188
어휘표시 12, 42
S-구조 11

SPE 50, 59
echo규칙 89
echo동사 88
역급여 154
역출혈관계 154
역행동화규칙 122
연결제약조건 194
연구개음 연화 20
연속음절화가설 188
연접적 순서 134
영어의 과거·복수 형태소 109
예성 56
5모음체계 70
오키나와방언 163, 168, 171
onset 규칙 183
외재적 규칙순 152
외치운율성 183, 187
우분지조건 205
/w/ 삭제규칙 166
운율나무 241, 245
운율음운론 26, 183
운율이론 26
운율자질 60
운율적 분석 216, 241
운율적인가 183, 185
원순성 63
원순화 91
원음소 15, 47
원자조건 207
월성 지역어 177
유무대립 15, 46

색 인 267

유성성 56, 65
유성음화 205
유성음화층 삽입 211
유성음 확산 213
유성화규칙 122, 156, 162
유표적 규칙순 154
융합현상 144
/i/ 모음탈락현상 142
음성자질 118
음소 45, 47
음운과정 121
음운규칙 121
음운단위 45
음운도치 149
음운론 11, 14, 43, 85
음운부 11, 14
음운자질 118
음운표시 85
음원자질 60, 65
음위전환현상 144
음절 81
음절경계 81, 135
음절부여규칙 34, 36
음절성 61
음절음운론 34
음절이론 183, 188
음절조작 40
음절층위 40
음절표시 187
음절형성규칙 184, 185, 195, 197
음절화 188

음절화조건 191
음조 26
음조곡선 단순화규칙 233
이완화규칙 112, 114
이음 47
이접적 순서 134
이중모음화규칙 111
이치적자질표시 118
이화작용 148
일본어 Coda 규칙 194, 195, 197
일본어의 음절형판 202
일본의 동북방언 161, 162
일본한자어 모음탈락 201
잉여규칙 76

ㅈ

자연부류 78
자연생성음운론 20
자연성조건 86
자연음운론 19
자유성조연결 235
자율분절음운론 23
자음삽입 143
자음삽입규칙 149
자음성 52, 61
자음성자질 54
자질모형 70
자질변경규칙 145
자질의 잉여성 71
잠재규칙 149

잠재명세 76, 77
장모음 규칙 153
재조정규칙 12, 42
저음성 62
저음조성 53
저지성 55
적격성의 조건 25
적형성조건 188, 198
전방성 64
전설모음화 168, 175, 177
전주방언 178
절대적 중화 88
제1강세 27, 28
제2강세 27, 28
제주방언 173
조음방식자질 64
조음법자질 60, 65
조음성 65
조음위치삽입규칙 149
조음점일치의 규칙 102
조음점자질 64
주강세규칙 30
주연결규칙 26
주요부류자질 60
중괄호 130
중단성 55
중음절 39
중화 15
중화적 대립 46
중화현상 143
진일반화조건 86

집약성 53

ㅊ

차등적 대립 46
차용어의 악센트 부여 227
찰음성 56
참자음 61
창원 지역어 176
체계적 음성레벨 45, 117
체계적 음소레벨 45
초중음절 192
村家救急方 180
최다적용원리 156
최소대립어 16
추상적 분절음 86, 87
축약규칙 150, 165
출혈관계 154
층융합 202
치환규칙 149

ㅋ

Cada 조건 185, 194
Coda 규칙 185, 197
k구개음화 173, 176, 177, 178

ㅌ

탄설음화규칙 135
탈락규칙 146

색 인　269

탈락현상　124, 143
터어키어　63, 139
Tone Melody　222
Tone 연결과정　223
Tone연결규칙　232
Tosa방언　169
통사론　12
통사부　11, 14
통사적 정보　12
통시적 변화　161
투명원리　158
t구개음화　175, 176, 177, 178, 179, 180

ㅍ

파생어의 모음교체　110
파생형　85
평판(平板)식　244
표면음성 제약　13
표면음성표시　117
표면형　85
프라구학파　46
PSA　48
핀란드어　104, 154
핀란드어 coda조건　200
필리핀 방언　144

ㅎ

H분리　238

H 삽입　235
하위제로표기　139
한자어 모음탈락현상　147
함유규칙　116
핵강세규칙　29
헝가리어　104
형식소경계　12
형태소 경계　83, 135
형태소교체형이론　86
형태음소　16
형판 접근　183, 187, 191
확산　235
확산성　53
환경부　128
후모음규칙　90
후설성　62
휴지　83, 135
h구개음화　177, 178

저자 약력

1934년생. 공주사범대학 국문과 졸업
일본 동북대학 대학원 언어학과에서 연구.
한국외국어대학교 대학원 일본어과 수료(문학석사).
일본 동경대학 대학원 일어일문과정에서 연구.
중앙대학교 대학원 일어일문학과 수료(문학박사).
현재, 제주대학교 인문대학 교수.
중앙대학교 대학원·동국대학교 대학원 일문과 강사 역임.

저서

방언학(1977년간), 일본어학개론(1978년간),
일본어문법론(1980년간), 일본어고전문법(1981년간),
일본어음운론(1983년간), 고대일본어문법의 연구(1)(1986년간)
일본어어휘론(1987년간), 언어연구의 기초이론(1989년간),
일어학개론(1994년간), 일어통사론(1995년간),
원시한일공통어의 연구(1995년간)

일어생성음운론

1996년 5월 15일 인쇄
1996년 5월 23일 발행

저 자 　김공칠
발행자 　김진수
발행처 　**한국문화사**

133-112 서울시 성동구 성수 1가 2동 13-156
　　　　TEL (02) 464-7708, 3409-4488
　　　　FAX (02) 499-0846

값9,000원

ISBN 89-7735-246-0